权力之翼
美国与国际制度

舒建中 著

南京大学出版社

图书在版编目(CIP)数据

权力之翼：美国与国际制度 / 舒建中著. — 南京 ：
南京大学出版社，2024.6
ISBN 978 - 7 - 305 - 27785 - 6

Ⅰ. ①权… Ⅱ. ①舒… Ⅲ. ①霸权主义－研究－美国
Ⅳ. ①D771.20

中国国家版本馆 CIP 数据核字(2024)第 076007 号

出版发行　南京大学出版社
社　　址　南京市汉口路 22 号　　　　邮　编　210093
书　　名　**权力之翼：美国与国际制度**
　　　　　QUANLI ZHI YI：MEIGUO YU GUOJI ZHIDU
著　　者　舒建中
责任编辑　官欣欣

照　　排　南京南琳图文制作有限公司
印　　刷　南京新世纪联盟印务有限公司
开　　本　635 mm×965 mm　1/16　印张 22.5　字数 300 千
版　　次　2024 年 6 月第 1 版　2024 年 6 月第 1 次印刷
ISBN 978 - 7 - 305 - 27785 - 6
定　　价　88.00 元

网址：http://www.njupco.com
官方微博：http://weibo.com/njupco
官方微信号：njupress
销售咨询热线：(025) 83594756

序　言

　　战后国际关系的一个基本特征就是国际关系制度化,从某种意义上讲,正是国际关系的制度化催生了国际机制理论和国际制度理论的兴起和发展。

　　从理论上讲,所谓国际制度经历了从国际机制到国际制度的发展历程。肇始于20世纪70年代的国际机制理论自诞生之日起就引发了激烈的争论,国际机制成为国际关系理论的核心概念之一。随着理论研究的发展,国际机制理论升华为国际制度理论并日臻完善,成为国际关系研究中运用广泛且最具解释力的理论之一。[①]

　　作为将国际机制概念引入国际关系理论研究范畴的首倡者,约翰·鲁杰对国际机制作了初步的界定,认为国际机制是指"被一组国家集团所接受的一系列共同预期、规则和规章、计划方案、组织能力以及财政承诺"。[②] 由此不难看出,鲁杰对国际机制的界定较为笼统,尤其没有阐明国际机制诸要素之间的层次关系。但鲁杰毕竟正式提出了国

---

① 有关国际制度理论发展历程及其理论争鸣的详细论述,参见舒建中:《解读国际关系的规范模式:国际机制诸理论及其整合》,《国际论坛》2006年第3期,第12－17页。

② John G. Ruggie, "International Responses to Technology: Concepts and Trends," *International Organization*, Vol. 29, No. 3, 1975, p. 570.

际机制的概念并为国际关系理论界所接受,从而初步确立了国际机制理论的研究议程。

在鲁杰将国际机制概念引入国际关系研究议程之后,罗伯特·基欧汉和约瑟夫·奈运用国际机制的概念,以阐明相互依赖关系及其理论范式,并对国际机制作出新的解释,认为"相互依赖关系发生在规约行为体行为并控制其行为结果的规则、规范和程序的网络之中,或受该网络的影响",基于此,基欧汉和奈将"对相互依赖关系产生影响的一系列控制性安排称为国际机制"。基欧汉和奈强调,各国政府正是"通过创立或接受某些活动的程序、原则或制度以调节和控制跨国关系以及国家间关系"。[①] 基欧汉和奈强调国际机制是一系列控制性安排,具有规范国际关系的作用,包含原则、规范、规则和程序等要素。但在基欧汉和奈的分析框架中,国际机制诸要素的层次界限仍不明确,因此,国际机制的概念仍然有待磋商和澄清。

国际机制概念的提出引起了国际关系理论学界的高度关注,但有关学者对国际机制内涵的解释却大相径庭,[②]这在很大程度上阻碍了国际机制理论的发展。因此,廓清国际机制的基本含义就成为国际机制理论研究的当务之急。

在1980年10月和1981年2月的两次学术会议上,国际机制的内涵再次成为争论的热点问题之一。根据会议讨论的结果,斯蒂芬·克拉斯纳对国际机制的含义作了更为准确和层次分明的界定,认为国际机制是指"国际关系特定领域行为体预期汇聚而成的一整套明示或默

Robert O. Keohane and Joseph S. Nye, *Power and Interdependence*: *World Politics in Transition*, Boston: Little, Brown and Company, 1977, pp. 5, 19.

② 有关国际机制含义的不同解释,参见 Stephan Haggard and Beth A. Simmons, "Theories of International Regimes," *International Organization*, Vol. 41, No. 3, 1987, pp. 492 – 495。

示的原则、规范、规则和决策程序。原则是指对事实、因果关系和公正的信念；规范是指根据权利和义务确定的行为标准；规则是指对行动的特别规定或禁止；决策程序是指作出和履行集体选择的通行方法"。随后，克拉斯纳对国际机制诸要素的不同层次进行了相应的区分，认为"原则和规范奠定了国际机制的基本的限定性特征，但可与原则和规范相匹配的规则和决策程序却很多。因此，规则和决策程序的变革只是机制内部的变革"，而"原则和规范的变革则意味着机制本身的变革"。① 克拉斯纳对国际机制的界定从原则、规范、规则和决策程序等四个层面清晰地阐明了国际机制的规约性含义和概念特征，明确划分了机制内部的变革和机制本身的变革，因而成为迄今为止最为全面和最为权威的国际机制概念表述。

尽管克拉斯纳对国际机制作了权威性界定，强调了国际机制的规约性含义，但没有阐明国际机制与操作机制规则的组织机构（即国际组织）之间的关系，因而难以分析国际机制的运行效果。鉴于此，基欧汉在国际机制分析模式的基础上，从更加广阔的视角提出了国际制度的概念。基欧汉认为，国际制度是指"规定行为角色、约束相关行动、塑造有关预期的持续作用并相互关联的正式或非正式的一系列规则"。基欧汉指出，国际制度可以体现为以下三种形式中的一种。1. 正式的政府间国际组织和跨国非政府组织。2. 国际机制。基欧汉坚信，国际机制是指"国际关系特定问题领域经各国政府同意而确立的具有明确规则的制度"。基欧汉还强调了国际机制与国际组织的密切联系，认为国际组织一般都包含在相应的国际机制中，"国际组织无一例外地镶嵌于国际机制之中，其主要功能就是监督、管理和调节机制的运转。组织和

---

① Stephen D. Krasner, "Structural Causes and Regime Consequences: Regimes as Intervening Variables," in Stephen D. Krasner, ed., *International Regimes*, Ithaca: Cornell University Press, 1983, pp. 2 - 4.

机制在理论分析中可加以区分,但在实践中却是紧密相联的"。3. 国际惯例。① 由此可见,国际制度理论是在国际机制理论的基础上发展起来的,是国际机制理论的扩大和延伸,国际机制仍然是国际制度理论探讨的基本问题,正因如此,国际机制理论从更广阔的意义上也被称为国际制度理论。更为重要的是,基欧汉倡导的国际制度理论确立了以国际制度为核心概念的分析框架,系统理顺了国际制度、国际机制、国际组织和国际惯例之间的关系,推动国际机制理论发展成为更具解释力的国际制度理论。

从实践上讲,第二次世界大战结束之后,有关国家通力合作,在国际关系的几乎所有领域构建了相应的国际制度和国际规则,制度化成为战后国际关系发展演进的一个基本特征,此即所谓国际关系制度化。鉴于此,国际制度的缘起、发展和变革就成为国际关系研究的一个重要议程,在战后国际关系史的研究中占据了不可或缺的一席之地。

一方面,谋求战后国际秩序中的霸权地位是美国对外政策和战略的核心目标,为此,早在第二次世界大战期间,美国就开始了战后世界秩序的设计和规划,范畴涵盖战后国际安全秩序和国际经济秩序。凭借综合性权力的绝对优势,美国在战后主导建立了一系列全球性国际政治和经济组织,确立了涉及国家间关系诸多领域的一系列国际制度规则。正因如此,美国在战后国际秩序中的霸权又被称为"制度霸权"。

另一方面,随着国际关系权力结构的变化,美国的"制度霸权"从20 世纪 60 年代起就开始面临挑战,国际制度规则的改革和发展被纳入国际议程,国际制度由美国霸权时期进入改革和发展时期;其中,国

---

① Robert O. Keohane, *International Institutions and State Power*: *Essays in International Relations Theory*, Boulder: Westview Press, 1989, pp. 3 - 5.

际经济制度的改革和发展尤其引人注目。①

　　世纪之交,国际秩序进入新的调整和发展阶段。面对百年未有之大变局,国际秩序的未来走向引发了国际社会的广泛讨论,国际制度的调整、改革、发展和创新无疑是百年变局的题中之义。知往鉴今,追溯战后国际制度的缘起和发展,梳理战后国际制度的改革历程,对于深入研究国际秩序的改革议程及其与百年变局的互动关系,具有重要意义。

　　本论文集探讨了美国与国际制度的关系,重点分析了战后美国与国际制度缘起的关系,以及国际制度的改革和发展议程,涵盖联合国制度、关贸总协定制度、国际货币金融制度、国际民用航空制度、国际海洋制度等议题。期盼本论文集的出版能够为思考国际制度的发展演进提供助益,为从历史沿革的视角探寻百年变局背景下的国际制度改革提供启发。

　　至此书稿付梓之际,感谢南京大学历史学院对本论文集出版的资助!

---

① 有关战后国际制度改革的论述,参见舒建中:《战后国际秩序的演进与启示:制度改革的视角》,《国际问题研究》2021 年第 1 期,第 86 - 98 页。

目 录

美国、敦巴顿橡树园会议与联合国的建立

【摘　要】　敦巴顿橡树园会议是筹建联合国的第一个重要步骤。为推动会议沿着美国预期的方向发展,美国进行了周密的政策设计,率先提出"美国方案",引领了敦巴顿橡树园会议的议程设置。敦巴顿橡树园会议期间,美国积极引导谈判围绕自身设置的议程有序展开,"美国方案"实际上圈定了谈判的基础。作为谈判成果,"敦巴顿橡树园计划"在普遍性国际组织的机构设置、安全理事会职权范围、国际经济和社会合作等方面的制度设计,主要体现了"美国方案"的政策构想,并为联合国的构建奠定了制度框架。因此,在"敦巴顿橡树园计划"的形成过程中,美国在政策引领、议程设置和外交推动等方面均施展了重要影响力,是联合国体系的主要倡导者和设计者,体现了美国在联合国筹建过程中的主导作用。

【关键词】　美国　敦巴顿橡树园会议　"敦巴顿橡树园计划"　联合国

联合国是最具权威性和普遍性的全球性国际组织,借助联合国主要机构及其相关附属和专门机构,联合国在世界事务中发挥着难以替代的作用,鉴于此,联合国成为学术界广泛探讨的话题。敦巴顿橡树园

会议是筹建联合国的第一个重要步骤,但国内学术界探讨敦巴顿橡树园会议的专门成果却凤毛麟角,尤其缺乏基于档案资料的历史分析,研究深度明显不足。鉴于美国是敦巴顿橡树园会议的发起者,是"敦巴顿橡树园计划"的主要设计者,利用美国外交档案资料探究美国与敦巴顿橡树园会议的关系,追溯"敦巴顿橡树园计划"的形成过程,对于厘清联合国的制度渊源及其与大国权力的关系,认识美国在联合国创建初期的主导地位,分析联合国及其制度体系的发展变革,无疑具有重要的学术价值和现实意义。

一、美国的政策方案与敦巴顿橡树园会议的准备

第二次世界大战结束后的国际秩序是一个以联合国为中心的全球秩序,国际关系制度化是战后世界秩序的基本特征,因此,联合国的建立是战后国际关系的重大制度创新。作为最具综合权力优势的大国,美国在联合国的创建过程中发挥了倡导者和引领者的作用。

第二次世界大战欧洲战场形成之际,美国政府就开始思考战后和平与安全问题。对于美国决策者而言,建立一个稳定的世界政治秩序是首要目标,和平与安全的政治问题被置于美国对外政策的第一位。[①]不仅如此,美国决策者深信,美国应在战后世界秩序的筹划和创建中发挥领导作用,美国将运用其道义和物质力量影响战后世界秩序的建构方向。[②]为此,国务卿科德尔·赫尔于 1940 年 1 月在国务院设立"对

---

① Thomas M. Campbell, "Nationalism in America's UN Policy, 1944 - 1945," *International Organization*, Vol. 27, No. 1, 1973, p. 25.

② Jacob A. Rubin, *Pictorial History of the United Nations*, New York: Thomas Yoseloff, 1963, p. 49.

外关系问题咨询委员会"，着手研究和平的世界秩序的基础。① 这是美国最早设立的筹划战后国际和平与安全秩序的政府机构，表明美国在正式参战之前就启动了相关的政策研究。由此可见，在美国的战后世界秩序蓝图中，安全领域的政策设计起步最早，彰显了和平与安全的制度设计在美国战后世界秩序规划中占据突出地位。

1941 年 8 月，美国总统罗斯福和英国首相丘吉尔联合发表《大西洋宪章》，宣布将致力于建立一个"广泛而永久的普遍安全制度"，显露了在战争结束之后建立一个普遍性国际组织的最初设想。同年 9 月，苏联宣布同意《大西洋宪章》的原则。12 月，美国正式参战，赫尔迅即组建了一个新的"战后对外政策咨询委员会"，目的是根据《大西洋宪章》的原则，制定全面的涉及普遍安全、经济关系以及其他领域国际合作的计划方案。

1942 年 1 月 1 日，美国、英国、苏联、中国等 26 个国家发表《联合国家宣言》，一致同意以《大西洋宪章》的政策原则为基础构筑战后世界秩序。随着反法西斯盟国就战后普遍安全制度的构建达成原则共识，"战后对外政策咨询委员会"的政策规划亦加紧进行，以便根据美国的构想提出具体方案。1943 年 3 月，"战后对外政策咨询委员会"拟定了有关战后国际组织的第一份计划草案，② 由此表明美国围绕战后普遍性国际组织的政策设计取得阶段性进展。

1943 年 10 月，美、英、苏、中四国外交部部长在莫斯科签署关于普遍安全的宣言，提出建立一个"普遍性国际组织"以维护世界和平与安

---

① Ruth B. Russell, *A History of the United Nations Charter*: *The Role of the United States* 1940 - 1945, Washington, D. C.: Brookings Institution, 1958, p. 218.

② 有关美国"战后对外政策咨询委员会"的政策设计及其提交的计划草案，参见 Robert C. Hilderbrand, *Dumbarton Oaks*: *The Origins of the United Nations and the Search for Postwar Security*, Chapel Hill: University of North Carolina Press, 1990, pp. 7 - 27。

全。至此,建立普遍性国际组织成为反法西斯盟国的共同目标。与此同时,罗斯福政府推动参议院于 11 月通过《康纳利法案》,授权总统谈判建立普遍性国际机构,从而为美国引领并参与战后国际组织的筹建铺平了道路。

在获得国会授权后,美国加紧了政策筹划,赫尔组建了由其担任主席的"政治议程非正式小组"。该小组在承继"战后对外政策咨询委员会"政策规划工作的基础上,围绕普遍性国际组织的建立进行了更加周密的政策设计。1943 年 12 月 23 日,"政治议程非正式小组"拟定了一份"关于建立一个维护国际和平与安全的国际组织的计划"(简称"12·23 方案",Proposal of December 23),并于 12 月 29 日提交罗斯福总统审阅。具体地讲,"12·23 方案"的政策构想主要包括:1. 普遍性国际组织应设立一个执行理事会,该理事会应拥有足够的权力和手段以履行相关职责;执行理事会应以美国、英国、苏联和中国作为无限期理事国,此外,执行理事会还应包括 3—11 个非无限期理事国;2. 普遍性国际组织应设立一个包括所有成员国的大会,其主要功能就是制定一般的政策框架;大会创始成员国应包括所有联合国家及联系国;此外,战后国际组织还应设立国际法院以及其他促进经济和社会合作的相关机构。①

1944 年 2 月 3 日,罗斯福批准了"12·23 方案"的政策原则。至此,美国筹划普遍性国际组织的政策框架初现端倪,"12·23 方案"成为代表美国官方立场的第一个政策计划。② 需要说明的是,"12·23方案"仅供美国政府内部讨论,美国并未将其递交有关国家。

---

① U. S., Department of State, *Foreign Relations of the United States* (cited as *FRUS*), 1944, Vol. 1, Washington, D. C.: U. S. Government Printing Office, 1966, pp. 614 - 620.

② Ruth B. Russell, *A History of the United Nations Charter*, p. 221.

2月8日,美国通知英国和苏联,声称根据1943年11月1日美英苏莫斯科外长会议达成的秘密议定书,美国已经着手研究普遍性国际组织的总体框架,为此,美方希望英国和苏联亦准备相关的政策文件,并在华盛顿就战后国际组织问题进行初步磋商。① 由此可见,在进行政策酝酿的同时,美国还开始着手为相关谈判的启动作出安排。

对于美国的倡议,英国很快作出回应。2月16日,英方向美国和苏联递交了英国准备的谈判议程清单。2月19日,美方向英国和苏联递交了美国准备的谈判议程清单。② 4月5日,苏联回复美英两国,认为国际安全组织的构建仍有一些重要问题待商榷,诸如普遍性国际组织与专门机构之间的关系、国际组织的决策方式等,为此,苏方愿同美英保持磋商。③

为敦促英苏两国尽快启动非正式磋商,美国加紧了外交努力,希望确定会谈时间并提出各自的谈判方案。与此同时,鉴于苏联和日本于1941年签署的《苏日中立条约》依然有效,苏联尚未对日宣战,美方遂向英苏中建议,拟议中的有关普遍性国际组织的非正式会谈可参照德黑兰会议和开罗会议的模式,分别以美英苏和美英中的方式分两个阶段进行。对于美方的建议,英国随即表示认可,同时强调美英苏应在会谈之前提交各自的政策方案。④

6月15日,美国总统罗斯福向媒体发表题为"战后安全组织计划"的声明,首次公开宣布了美国的政策原则。罗斯福指出,美国致力于构建一个普遍性国际组织,该组织的目的就是维护世界和平与安全,推动国际合作。罗斯福强调,普遍性国际组织应设立一个理事会,其主要任

---

① *FRUS*, 1944, Vol. 1, pp. 622 – 623.
② *FRUS*, 1944, Vol. 1, pp. 623 – 626.
③ *FRUS*, 1944, Vol. 1, p. 635.
④ *FRUS*, 1944, Vol. 1, pp. 637 – 641.

务就是关注国际争端的和平解决,阻止对和平的威胁与破坏;理事会成员除美英苏中四大国之外,还应包括经所有成员国选举产生的一定数量的其他国家。罗斯福声称,美国不寻求建立一个拥有警察部队或其他强制力量的超国家组织,而是主张达成有效的协定或安排,以便国际组织所有成员国保持足够的力量防止战争,并在必要时参加联合行动。① 至此,美国将构建普遍性国际组织的原则立场公之于世,昭示了美国力图引领议程设置的政策意图。

7月9日,苏联就建立国际安全组织的谈判安排回复美国,称苏联准备参加在华盛顿举行的非正式谈判,同意谈判分两个阶段进行,强调第一阶段谈判应限于讨论国际组织的成员构成和主要机构、维护国际安全的方式、创建国际组织的程序等问题。关于谈判的时间,苏联建议在8月初举行,具体日期再行协商。② 随着苏联原则上接受美国的程序安排,普遍性国际组织的谈判沿着美国设计的方向又迈出了一步。

在收到苏联的答复后,美国加紧了华盛顿会谈的准备工作。7月18日,美国向英国、苏联和中国递交一份题为"美国有关普遍性国际组织的建议草案"(United States Tentative Proposals for a General International Organization,简称"美国方案",U. S. Proposals)。该草案在沿袭"12·23方案"政策思路的基础上,就普遍性国际组织的构建作了更加完整的规划。③

概括地讲,"美国方案"的主要内容如下。1. 关于国际组织的总体框架。普遍性国际组织成员国应包括所有爱好和平的国家;联合国家、联系国,以及经联合国家确定的其他国家,应成为普遍性国际组织的创始成员国。普遍性国际组织的主要机构包括大会、执行理事会、国际法

---

① *FRUS*, 1944, Vol. 1, pp. 642 - 643.
② *FRUS*, 1944, Vol. 1, p. 645.
③ *FRUS*, 1944, Vol. 1, pp. 653 - 669.

院和秘书处;普遍性国际组织还应包括经济及其他领域的相关附属或专门机构。2. 关于大会的构成和职权。大会应由国际组织所有成员国组成,每一成员国拥有一个投票权。大会的职权主要包括:就和平解决国际争端提出建议;协助执行理事会处理危及和平的国际争端;推进基本人权的国际保护;行使经济和社会等领域的职权,等等。3. 关于执行理事会的构成和职权。执行理事会应由 11 个成员国组成,其中,美国、英国、苏联和中国为无限期理事国;在新政府建立之后,法国亦成为无限期理事国。执行理事会负有维护世界和平与安全的主要责任,其职权主要包括:和平解决国际争端、确定对和平的威胁及破坏和平的情势并采取相应行动。执行理事会成员国均拥有投票权;涉及和平解决争端的条件、确定对和平的威胁及破坏和平的情势、使用强制措施等问题时,执行理事会决议应以包括所有无限期理事国赞成票在内的多数票通过为依据;其他决议则以简单多数通过为依据;当无限期理事国成为争端当事国时,应制定相关的投票程序。为履行维护世界和平与安全的职责,执行理事会可组建相应的机构。4. 关于争端的和平解决。所有国家均应通过和平方式——包括谈判、调解、仲裁等——解决争端;执行理事会有权调查并确定危及国际和平与安全的情势,有权采取相应措施执行国际组织的决议。5. 关于执行理事会的行动。(1)不使用武力措施。执行理事会有权要求成员国采取非武力措施支持其决议,包括共同的外交、经济、贸易和金融措施,以及提供救济、援助等行动。(2)使用武力措施。在其他措施均不足以维护和平与安全的情况下,执行理事会有权使用武力;国际组织成员国应根据执行理事会的要求或根据相关协定,提供武装力量和装备;国际组织成员国还应向使用武力的国际行动提供经济政策、资金及其他支持(包括提供通行便利和基地等)。6. 关于经济和社会合作。大会以及经济和社会理事会应承担经济、社会、教育、文化等领域国际合作的责任;专门机构在各自领域承担相应的责任。7. 关于普遍性国际组织的建立程序。美国、英国、苏联和中国应首先就国际组织的基本原则和主要结构达成协议，最后以联合国家及联系国大会的方式通过基本文件并建立普遍性国际组织。除此之外，"美国方案"还就普遍性国际组织的秘书处、国际法院等问题作出政策规划。

在收到"美国方案"之后，英国于7月22日递交了一份有关普遍性国际组织的方案（简称"英国方案"）。和"美国方案"相比，"英国方案"具有以下特点。1. 普遍性国际组织创始成员国限于联合国家。2. 世界理事会是维护国际和平与安全的主要机构；在涉及争端解决的程序性问题时，世界理事会应采用简单多数的表决方式；世界理事会有关实质性问题的表决应采用2/3多数方式而非大国一致方式；世界理事会中的争端当事国不应参加投票。3. 建立一个服务于世界理事会的军事参谋委员会，由美英苏中四大国组成。4. 区域性国际组织是国际安全体系的组成部分，是普遍性国际组织的重要补充。①

在互换政策方案的同时，美国还加紧了谈判的组织安排。一方面，美国国务院官员于7月24日同中国驻美使馆官员举行会谈，告知华盛顿会谈将分美英苏和美英中两个阶段进行，美方将及时向中方通报美英苏谈判的进展。对此安排，中方表示认可。② 另一方面，美国还敦促英苏两国尽快确定华盛顿会谈的具体日期。鉴于苏联以需要认真研究"美国方案"为由提出推迟会期，美国最终同意于8月21日开始第一阶段谈判。③

在研究了美英两国的方案后，苏方于8月12日递交了普遍性国际组织的政策方案（简称"苏联方案"）。与"美国方案"和"英国方案"相

① *FRUS*, 1944, Vol. 1, pp. 670 – 693.
② *FRUS*, 1944, Vol. 1, pp. 696 – 697.
③ *FRUS*, 1944, Vol. 1, pp. 704 – 705.

比，"苏联方案"的最大不同之处在于：1. 国际安全组织的创始成员国应为签署或加入《联合国家宣言》的联合国家；2. 经济和社会领域的国际合作应组建独立于国际安全组织的机构，国际安全组织则专注于维护世界和平与安全；3. 理事会有关防止和抵制侵略的决议应以包括所有永久成员国赞成票在内的多数票通过，程序性问题以简单多数通过；4. 理事会可以采取强制方式，包括海陆封锁等，为实施紧急军事措施，应组建附属于国际安全组织的国际空中力量。①

通观"美国方案"、"英国方案"和"苏联方案"不难看出，"美国方案"最为详细，涉及和平与安全、经济和社会等广阔领域。在普遍性国际组织创始成员国方面，美国主张包括联合国家及联系国；英国和苏联的立场基本相同，主张创始成员国仅限于联合国家。在执行理事会投票规则上，美国和苏联的立场相近，均支持大国一致原则；英国则主张理事会中的争端当事国不应参加投票。美国主张建立一个职责范围广泛的普遍性国际组织；出于对自身安全的高度关注，苏联力主建立一个致力于安全事务的国际安全组织。

总之，为构建战后普遍性国际组织，美国在 1940 年就开始了政策规划，抢先发出政策倡议并公开宣示美国的政策原则，率先提出以"美国方案"为指南且涵盖领域广泛的详细的政策计划，从而在客观上发挥了议程设置和议程引领的作用。另外，美国发出了尽快启动筹建普遍性国际组织具体磋商的倡议，并得到英国和苏联的积极回应，由此从外交推动的层面展示了美国的主导作用。

---

① *FRUS*, 1944, Vol. 1, pp. 706 – 711.

二、美国与敦巴顿橡树园会议的多边谈判

按照约定,美英苏阶段谈判于 1944 年 8 月 21 日在华盛顿郊外的敦巴顿橡树园举行,美国代表团团长为副国务卿斯退丁纽斯、英国代表团团长为副外交大臣卡多根、苏联代表团团长为驻美大使葛罗米柯。当天的磋商主要协调会议程序,并未涉及具体问题的讨论。

在 8 月 22 日和 23 日的会议上,美英苏就普遍性国际组织的主要机构达成原则一致。8 月 24 日的会议着重讨论了和平与安全问题,理事会投票权的分歧开始凸显。美国和苏联的初步观点是,有关和平与安全问题的决议应由包括所有常任理事国赞成票在内的简单多数通过;英国则强调,关于程序性事务,理事会决议由包括所有常任理事国赞成票在内的简单多数通过,其他事项则需 2/3 多数通过;作为争端当事方的常任理事国不应行使否决权。①

8 月 24 日中午,斯退丁纽斯前往白宫汇报谈判情况。对于美国的谈判立场,罗斯福作了新的指示:关于投票权问题,如果大国是争端当事方,则该大国不应参加投票;美国还应调整立场,接受执行理事会2/3多数而非简单多数的投票程序。② 由此不难看出,罗斯福的新指示背离了"美国方案"的原有立场,执行理事会投票规则成为敦巴顿橡树园会议的最大争议点。

8 月 25 日,美英苏阶段的谈判议题逐步扩大,首次全面讨论了与普遍性国际组织相关的经济和社会事务。英方接受美方的立场,同意设立一个经济和社会理事会并将其作为大会的附属机构。苏方则认

---

① *FRUS*, 1944, Vol. 1, pp. 728 – 730.

② *FRUS*, 1944, Vol. 1, pp. 730 – 732.

为,在同一个国际组织中混合维护和平责任与经济社会责任将有损该组织致力于安全事务的效力;普遍性国际组织的唯一使命就是维护和平与安全,关于经济问题应成立独立的国际组织予以处理。美国辩称,普遍性国际组织应关注为和平创造条件的所有事务,"美国方案"正是立足于这一前提,将安全领域的主要责任赋予执行理事会,经济和社会理事会则负责经济等领域的国际事务。① 至此,除执行理事会投票规则外,经济和社会领域的国际合作,以及经济和社会理事会的设立成为敦巴顿橡树园会议的另一个重大争议问题。

8 月 28 日,美英苏继续围绕相关问题展开争论,并首先讨论了执行理事会的构成。关于非常任理事国问题,美英苏原则上同意非常任理事国的数量应限定为 6 个,任期为两年。执行理事会的投票程序是谈判面临的最大难题,美英苏就此展开了激烈争论。美英声称,有条件的大国一致原则是基本的出发点,作为争端当事方的常任理事国不应参加投票;苏方指出,美方立场是大国一致原则的倒退,重申根据先前达成的原则,普遍性国际组织的重大决策应建立在大国一致的基础上;如果执行理事会常任理事国是争端当事方,则应确立特殊的投票程序。关于普遍性国际组织的创始成员国,苏联原则上同意普遍性国际组织创始成员国包括联合国家及联系国,但提出苏联的 16 个加盟共和国应成为创始成员国。对于苏联的这一提议,美国认为不可接受。② 作为颉颃美英之举,苏联随即改变立场,重申普遍性国际组织的创始成员国

---

① *FRUS*, 1944, Vol. 1, pp. 732 - 736.

② *FRUS*, 1944, Vol. 1, pp. 737 - 744. 根据葛罗米柯回忆录的记载,苏联提出将其 16 个加盟共和国作为创始成员国的考量是:英联邦在大会拥有超过一席的成员数量,美国则控制着美洲国家,因此,为防止陷入孤立,苏联自然要求在大会中获得更多的席位。参见 Georg Schild, *Bretton Woods and Dumbarton Oaks: American Economic and Political Postwar Planning in the Summer of 1944*, New York: St. Martin's Press, 1995, p. 157。

应限于联合国家。① 至此,普遍性国际组织创始成员国成为敦巴顿橡树园会议的第三个重大争议点。

8月30日的会议着重讨论了与强制行动有关的军事力量问题。美国建议普遍性国际组织成员国应根据一个总的协定安排一定比例的陆海空军力量,以便履行执行理事会的决议。英国对此表示认同;苏联则认为,应建立一支受执行理事会直接控制的国际空中力量。② 至此,美英苏围绕普遍性国际组织的重大分歧展露无遗,敦巴顿橡树园会议的政治博弈全线展开。

9月1日的会议重点讨论国际和平与安全问题并达成原则共识:执行理事会有权确定威胁或破坏和平的情势,有权根据普遍性国际组织的宗旨和原则,采取所有必要措施维护和平;在其他措施不足以应对局势的情况下,执行理事会有权动用军事力量,所有成员国均有义务为执行理事会履行职责提供支持;所有成员国应根据特别协定及执行理事会的要求,提供必要的军事力量和装备以维护世界和平与安全。③ 由此可见,美英苏有关国际和平与安全问题的共识基本采纳了"美国方案"的原则,其中,所有成员国应根据特别协定履行执行理事会决议并提供必要军事力量和装备的构想,实际上为联合国维和行动的创设提供了原始依据。

9月8日,美英苏阶段会议继续举行,并就经济和社会问题达成原则协议,同意根据"美国方案"的原则起草经济和社会理事会条款。④ 至此,美英苏围绕经济和社会领域国际合作的争论告一段落,美国有关普遍性国际组织囊括经济和社会事务的政策构想基本实现。

---

① *FRUS*, 1944, Vol. 1, pp. 776 - 778.
② *FRUS*, 1944, Vol. 1, pp. 753 - 754.
③ *FRUS*, 1944, Vol. 1, pp. 761 - 762.
④ *FRUS*, 1944, Vol. 1, pp. 783 - 784.

9 月 9 日的会议继续磋商未竟事宜,重点谈判人权保护问题。美方要求讨论有关人权和基本自由的条款。对此,苏联明确反对,认为保障人权和基本自由不是国际安全组织的使命。英国主张对人权和基本自由条款加以限定,强调国际组织不应干涉成员国的内部事务,国际组织成员国则负有确保其管辖范围内的事态不致危及国际和平与安全的责任,基于这一目标,成员国应根据正义原则尊重人权和基本自由。① 实际上,推进人权的国际保护是"美国方案"为大会设计的重要职能,借助人权的国际保护树立美国的道义优势,增进美国在战后世界秩序中的主导地位,是美国力主将人权问题纳入普遍性国际组织的首要政治考量。

经过两天的稍事休整,美英苏会谈于 9 月 12 日继续举行。葛罗米柯宣布,为表明推进谈判的政治意愿,苏方撤回有关国际空中力量的提议。② 从根本上讲,苏联倡议的国际空中力量是以大国一致原则作为前提和基础的;只有在大国一致原则的政治框架下,国际空中力量的组建才有可能。③ 因此,大国一致原则问题的悬而未决是苏联放弃国际空中力量建议的主要原因。随着苏联撤回相关建议,国际空中力量的争议不复存在。

在 9 月 13 日的会谈中,美英苏再度围绕执行理事会投票权问题展开争论。葛罗米柯开门见山地指出,苏方在执行理事会投票权问题上的立场没有改变,指责美英的方案违背了大国一致原则。斯退丁纽斯和卡多根异口同声地回应称,世界舆论以及中小国家不会接受争端当事国拥有投票权的方案,苏联的立场对战后秩序的构建是一个沉重打击。葛罗米柯辩称,中小国家的愿望是生活在和平与安全的国际环境

<hr>

① *FRUS*, 1944, Vol. 1, pp. 789 - 791.
② *FRUS*, 1944, Vol. 1, pp. 794 - 795.
③ Georg Schild, *Bretton Woods and Dumbarton Oaks*, p. 145.

中,期盼建立一个有效的国际安全组织;鉴于大国拥有维护和平与安全的必要资源和军事力量,大国在国际安全组织中享有特殊地位。[1]

面对谈判僵局,美英苏均不愿敦巴顿橡树园会议无果而终。经斯退丁纽斯提议,一个由美英苏组成的专门小组旋即就执行理事会投票权问题进行紧急磋商,并根据美国的建议达成一个非正式方案(简称"9·13公式",Formula of September 13),其主要内容是:安全理事会(这是美英苏敦巴顿橡树园会议谈判文件中第一次使用"安全理事会"的称谓)每一成员国拥有一个投票权;涉及强制行动时,安全理事会常任理事国可行使否决权;涉及争端的和平解决时,安全理事会常任理事国不拥有否决权。[2] 对于"9·13公式",赫尔立即表示认可和支持,认为"9·13公式"是美国对苏联作出的实质性让步,是美国可以接受的绝对的最低标准。[3]

但是,非正式的"9·13公式"依然遭到苏联和英国最高决策者的反对。9月14日,斯大林致电罗斯福,强调大国一致原则是执行理事会运转的基础;"美国方案"亦建议,当常任理事国成为争端当事方时,执行理事会应确立特别的投票程序。斯大林指出,鉴于对苏联的偏见依然存在,有关国家应权衡抛弃大国一致原则的后果。[4] 英国政府在权衡斟酌之后决定坚持原有的立场,卡多根于9月16日通知美国和苏联,称英国政府拒绝接受"9·13公式"。作为强化苏联立场的表态,葛罗米柯于9月17日上午告知斯退丁纽斯,再度表示苏联政府拒绝接受"9·13公式"。[5] 对于苏联而言,基于西方国家对苏联的长期敌意以

① *FRUS*, 1944, Vol. 1, pp. 798 – 800.
② *FRUS*, 1944, Vol. 1, pp. 805 – 806.
③ Cordell Hull, *The Memoirs of Cordell Hull*, Vol. 2, New York: Macmillan Co., 1948, p. 1701.
④ *FRUS*, 1944, Vol. 1, pp. 806 – 807.
⑤ *FRUS*, 1944, Vol. 1, pp. 815 – 816.

及美英等国孤立和围攻苏联的历史经历,苏方坚持大国一致原则的一个关键考量,就是防止西方国家利用拟议中的国际组织结成新的反苏联盟。① 因此,苏联的立场是:坚持无条件的大国否决权。

面对相持不下的局面,美国仍不愿放弃利用敦巴顿橡树园会议向苏联施加压力的最后一丝机会并展开了新的外交努力。在 9 月 17 日下午的会谈中,美方向英苏递交了一份"美国的程序方案"文件,其主要内容是:1. 中止美英苏阶段谈判并开启美英中阶段谈判;2. 在美英中阶段谈判结束后,美英苏中各自发表一份内容相同的公报,宣布敦巴顿橡树园会议已经就广泛的议题达成协议;出于为公众研究和讨论提供机会的考量,四大国同意公布一份有关敦巴顿橡树园会议的备忘录,展示除安全理事会投票权条款之外的所有谈判成果(美国暗藏的意图就是将安全理事会投票权的分歧公之于世);在 11 月 15 日之前,美英苏将举行新的会谈,以便形成一个完整的方案,并将其作为谈判基础提交联合国家会议审议。②

围绕"美国的程序方案"中有关公布敦巴顿橡树园会议备忘录的问题,美国政府内部进行了暗中筹划,罗斯福和赫尔均认为,美方可在必要时发表声明,澄清美国在安全理事会投票权问题上的立场,③这事实上意味着将美英苏的政策分歧包括苏联的立场昭告天下。在获得罗斯福和赫尔的支持后,斯退丁纽斯在 9 月 18 日同葛罗米柯的会谈中毫不掩饰地威胁称,如果将苏联在安全理事会投票权问题上的立场公之于众,那么,苏联将面临中小国家的批评,同时引发美国舆论的反苏争论;出于对苏联的善意,美国政府不愿此种情况发生,希望苏联考虑调整其

---

① Dwight E. Lee, "The Genesis of the Veto," *International Organization*, Vol. 1, No. 1, 1947, p. 37.
② *FRUS*, 1944, Vol. 1, pp. 817 - 820.
③ *FRUS*, 1944, Vol. 1, p. 821.

立场。葛罗米柯强硬地回应,有关安全理事会投票权解决方案的讨论纯粹是学术性的,苏联在安全理事会投票权问题上的立场不会改变,哪怕由此导致四大国关系的破裂。①

显然,美国的胁迫言辞并未改变苏联在安全理事会投票权问题上的立场。在威胁无果的情况下,美英不得不调整谈判策略,9 月 20 日的会议着重围绕美英苏阶段谈判的修订文本进行了讨论。由于无法就创始成员国达成协议,修订文本删除了相关内容。鉴于安全理事会投票权问题分歧依旧,修订文本删除了与此相关的所有实质性内容并作出特别注释,称安全理事会投票程序仍在磋商之中。② 修订文本的达成意味着,美英苏阶段尚存的分歧不会予以公布,美国随之放弃了通过公布分歧以向苏联施加压力的政策选项。

与此同时,美英苏围绕人权保护问题的谈判取得新的进展。在 9 月 19 日的会谈中,作为政治妥协的姿态,英国和苏联接受了美国有关增加人权和基本自由条款的提议。③

9 月 28 日,美英苏阶段最后一次全体会议举行,三国代表团团长签署了会谈最终版本的计划草案。④ 至此,敦巴顿橡树园会议美英苏阶段谈判宣告结束。

9 月 29 日,敦巴顿橡树园会议美英中阶段启动。为参与谈判,中方进行了相应的政策准备和筹划,在敦巴顿橡树园会议美英苏阶段谈判开启之际,中方于 8 月 23 日向美国、英国和苏联递交了一份题为"国际组织宪章要点"的计划方案(简称"中国方案")。与美英苏各自提出的方案相比较,"中国方案"的亮点是:强调国际法和正义原则、关注劳

---

① *FRUS*, 1944, Vol. 1, pp. 822 - 823.
② *FRUS*, 1944, Vol. 1, pp. 828 - 830.
③ *FRUS*, 1944, Vol. 1, pp. 824 - 825.
④ *FRUS*, 1944, Vol. 1, p. 844.

工等社会福利问题、主张加强国际文化合作,由此集中体现了中国为寻求构建战后国际秩序所作的努力。①

在美英中谈判阶段,一方面,美英接受了中方有关普遍性国际组织应遵循国际法和正义原则、大会承担编纂和发展《国际法》、推进教育和其他国际文化合作的建议。另一方面,美国却无意同中方展开实质性磋商。斯退丁纽斯在谈判开始之际就明确表示,希望中方接受美英苏达成的最终版本的计划草案而不进行任何修改,美英同意的中方建议将以补充声明的方式予以公布。② 从根本上讲,美方向中方施加的压力昭示了美国力图主导敦巴顿橡树园会议的意图。由于美国已经敲定了美英中谈判的基调,敦巴顿橡树园会议并没有为中方提供足够的谈判空间。③

10月7日,美英中阶段谈判最后一次会议举行,一致通过了普遍性国际组织最终版本的计划草案。至此,敦巴顿橡树园会议美英中阶段谈判宣布结束。

总之,敦巴顿橡树园会议的有关谈判基本上是围绕"美国方案"展开的,所有的争论几乎都与"美国方案"设置的议题密切相关。其中,有关经济和社会领域国际合作问题以及基本人权保障问题的争论直接源于"美国方案"的议程设置;美国在安全理事会投票规则问题上的政策反复则是导致大国一致原则成为关键争论点的重要诱因;"美国方案"将普遍性国际组织的创始成员国设定为联合国家及联系国的构想,促使苏联质疑美国的意图,进而引发了围绕创始成员国资格的争论。由

---

① 有关"中国方案"的具体内容,参见 *FRUS*, 1944, Vol. 1, pp. 718 – 728。

② *FRUS*, 1944, Vol. 1, pp. 861, 865 – 867.

③ Beverley Loke, "Conceptualising the Role and Responsibility of Great Power: China's Participation in Negotiations toward a Post-Second World War Order," *Diplomacy & Statecraft*, Vol. 24, No. 2, 2013, pp. 219 – 220.

此可见,在敦巴顿橡树园会议上,"美国方案"始终处于谈判的中心地位,并从议程设置和议题博弈的角度体现了美国的主导作用。

三、美国与敦巴顿橡树园会议的谈判成果

按照约定程序,美国、英国、苏联和中国于 1944 年 10 月 9 日同时发表声明,宣布就维护和平与安全的国际组织达成广泛一致。在进一步研究后,四大国将采取必要步骤尽快准备一份完整的计划,以便为联合国家会议提供谈判基础。①

根据美英苏中敦巴顿橡树园会议于 10 月 7 日最终达成一致的"关于建立普遍性国际组织的计划"(Proposals for the Establishment of a General International Organization, 简称"敦巴顿橡树园计划",Dumbarton Oaks Proposals),普遍性国际组织的名称初定为"联合国"。概括地讲,"敦巴顿橡树园计划"的主要内容如下。1. 普遍性国际组织的主要目的是维护世界和平与安全,推动经济、社会以及人道主义领域的国际合作。2. 普遍性国际组织的基本原则是所有爱好和平的国家主权平等,其成员国资格将向所有爱好和平的国家开放。3. 普遍性国际组织的主要机构包括大会、安全理事会、国际法院、秘书处,以及相关附属机构。4. 大会应由普遍性国际组织所有成员国组成,每一成员国拥有一个投票权。大会的职权主要包括审议维护和平与安全的国际合作原则,就维护世界和平与安全提出建议;行使经济和社会领域的职权等。5. 安全理事会由 11 个成员国组成,美国、英国、苏联、中国和法国为常任理事国,另外 6 个席位为非常任理事国;基于快速和有效行动的目的,安全理事会负有维护世界和平与安全的主要责任,普遍性

---

① *FRUS*, 1944, Vol. 1, pp. 889 – 890.

国际组织所有成员国均负有接受并执行安全理事会决议的义务;安全理事会投票程序仍在磋商之中。6. 关于维护国际和平与安全的安排。安全理事会有权调查危及国际和平与安全的情势和争端,有权要求争端各方通过谈判、调解、仲裁等和平方式解决争端。安全理事会有权确定威胁和平以及侵略行动的情势,有权采取必要行动维护国际和平与安全。一方面,安全理事会有权决定采取外交、经济等不涉及武力的措施以执行其决议,包括中断铁路、海运、空运、邮政、电话、无线电通信等交通通信联系。另一方面,如果上述措施不足以应对局势,安全理事会有权动用包括陆海空军事力量在内的强制措施以维护或恢复国际和平与安全,包括示威、封锁等行动。为执行安全理事会决议,普遍性国际组织成员国应通过特别协定的方式向安全理事会提供武装力量、装备以及其他必要的援助。7. 普遍性国际组织应促进经济、社会和人道主义领域的国际合作,保障人权和基本自由。为此,普遍性国际组织应设立经济和社会理事会作为经济和社会领域国际合作的统领机构,同时设立相关的专门机构或组织。①

纵观联合国的创建历程,敦巴顿橡树园会议是迈向建立一个有效的普遍性国际组织的最重要的步骤,②作为谈判成果,"敦巴顿橡树园计划"是美英苏中围绕普遍性国际组织的制度设计达成的第一个总体方案。诚然,"敦巴顿橡树园计划"是妥协的产物,美国、英国、苏联和中国分别提出的方案在"敦巴顿橡树园计划"中均有不同程度的体现。同样不容否认的是,敦巴顿橡树园会议的谈判主要以"美国方案"为中心,美英苏中联合达成的"敦巴顿橡树园计划"在形式和内容上均体现了

① *FRUS*, 1944, Vol. 1, pp. 890 - 900.
② Leo S. Rowe, "Comments on Dumbarton Oaks Proposals," *World Affairs*, Vol. 107, No. 4, 1944, pp. 242 - 243.

"美国方案"的政策理念和构想。① 对比"美国方案"和敦巴顿橡树园会议的谈判进程以及"敦巴顿橡树园计划",美国的主导作用集中体现在以下五个方面。

第一,美国在敦巴顿橡树园会议的筹备进程中发挥了议程引领的作用。为按照自身擘画的战略蓝图推动创建普遍性国际组织,美国组建了专门的政策规划机构,有关的政策设计起步于 1940 年年初,其间数易其稿,到 1944 年 7 月,美国有关战后普遍性国际组织的政策方案才最终定型,这在美国战后世界秩序的政策谋划中堪称独一无二,其政策设计周期和缜密程度远远超过了英国、苏联和中国。因此,在提交敦巴顿橡树园会议谈判的四个方案中,"美国方案"是最详细和最全面的,实际上奠定了敦巴顿橡树园会议的谈判框架和基础,②所有重要的争论基本上以"美国方案"设置的议题作为主线展开。对比"英国方案"、"苏联方案"和"中国方案"亦不难看出,英苏中的方案在很大程度上均参照了"美国方案"的构想,从根本上讲是对"美国方案"的回应。③ 因此,"美国方案"可谓先声夺人,抢占了政策倡议的主动地位。从政策引领和议程设置的角度看,美国在筹划并发起敦巴顿橡树园会议的进程中发挥了主导作用。

第二,"敦巴顿橡树园计划"关于普遍性国际组织主要机构以及相关附属机构和专门机构的设计,几乎完全采纳了"美国方案"的构想。按照《联合国家宣言》确立的原则,战后国际组织将是一个普遍性国际组织,其职责范畴涉及国际关系的所有领域。因此,作为拟议中的普遍性国际组织,其功能的履行除借助大会、安全理事会等制度平台之外,

---

① *FRUS*, 1944, Vol. 1, p. 714.

② Ruth B. Russell, *A History of the United Nations Charter*, p. 417.

③ Evan Luard, *A History of the United Nations*, Vol. 1, London: The MacMillan Press, 1982, pp. 24, 27.

还需要相关的专门机构网络加以支撑。厘清普遍性国际组织各相关机构的职责范围成为无法回避的问题。对此,"美国方案"率先进行了勾画。一方面,"美国方案"对大会和执行理事会的职责作了明确的界定并得到英苏中三国的认同,"敦巴顿橡树园计划"有关大会和安全理事会职责的条款实质性地采纳了"美国方案"的建议,①由此体现了美国对普遍性国际组织主要机构职权设置的影响力。另一方面,根据"美国方案",普遍性国际组织有关维护和平与安全的职责同促进经济和社会合作的功能是紧密相连的,"敦巴顿橡树园计划"据此将安全领域的机构以及经济社会领域的专门机构整合为一个以普遍性国际组织为中心的世界网络,堪称最重大的制度创新,②同时体现了美国在联合国机构设置中所发挥的主导作用和影响力。

第三,和平与安全问题是敦巴顿橡树园会议的谈判焦点,更是建立普遍性国际组织的核心议题。尽管"英国方案"和"苏联方案"均提及争端解决问题,但"美国方案"率先设计了较为完整的有关国际争端解决的政策框架,"敦巴顿橡树园计划"关于维护国际和平与安全的制度构想包括和平解决争端的条款、确定对和平的威胁与破坏和平的情势,以及安全理事会可以采取的行动等内容,主要基于"美国方案"的设计。③更为重要的是,基于国际联盟的历史经验和教训,"美国方案"率先勾画了安全理事会采取强制措施的条款并得到"英国方案"和"苏联方案"的积极回应。因此,从制度设计的层面看,安全理事会有关强制行动的程序和规则主要源自美国的政策构想,强制行动亦成为联合国与国际联

---

① Leland M. Goodrich, "The UN Security Council," *International Organization*, Vol. 12, No. 3, 1958, p. 276.
② F. P. Walters, "Dumbarton Oaks and the League: Some Points of Comparison," *International Affairs*, Vol. 21, No. 2, 1945, pp. 145 – 146, 149 – 150.
③ *FRUS*, 1944, Vol. 1, pp. 907 – 912.

盟最突出的区别。①

　　第四,相较于"美国方案",苏联和英国的方案要么没有涉及国际经济与社会合作,要么没有提出具体措施,敦巴顿橡树园会议关于国际经济和社会问题的讨论是以"美国方案"为基础的。诚然,国际联盟低估经济和社会问题的重要性,以及缺乏国际管理而带来的世界经济混乱和战端,是有关国家思考国际经济合作的历史根源。② 但更为重要的是,美国的政策设计为战后国际经济合作及其制度框架的建构提供了最为重要的依据。为此,除着力筹划普遍性国际组织之外,美国国务院还组建了一系列专门工作组,负责经济和社会等领域的政策规划。③在美国方面看来,维护世界和平与安全无疑是普遍性国际组织的首要功能,但同样不应忽视经济和社会领域的国际合作。作为战后普遍性国际组织的主要机构,大会可通过组建相关附属机构和专门机构的方式履行经济和社会领域的国际职责,而经济和社会理事会则是美国寻求构建普遍性国际组织附属机构的第一个优先考量。④ 作为美国外交推动的结果,"敦巴顿橡树园计划"有关经济和社会国际合作的建议条款,包括经济和社会理事会的职权和功能等,几乎完全源自美国的政策设计。⑤ 基于此,国际经济和社会合作以及设立经济和社会理事会的构想是"敦巴顿橡树园计划"最具特色之处,是联合国筹建过程取得的

① Leland M. Goodrich, "From League of Nations to United Nations," *International Organization*, Vol. 1, No. 1, 1947, p. 16.
② 有关国际经济合作以及经济和社会理事会起源的论述,参见 A. G. B. Fisher, "International Economic Collaboration and the Economic and Social Council," *International Affairs*, Vol. 21, No. 4, 1945, pp. 459 - 462。
③ 有关美国国务院筹划的战后经济和社会领域国际合作的机构设置及其政策设计,参见 Lincoln P. Bloomfield, "The Department of State and the United Nations," *International Organization*, Vol. 4, No. 3, 1950, pp. 405 - 411。
④ Townsend Hoopes and Douglas Brinkley, *FDR and the Creation of the U. N.*, New Haven: Yale University Press, 1997, p. 142.
⑤ *FRUS*, 1944, Vol. 1, p. 913.

创新性进展。① 同样值得重视的是，在美国的倡导下，保障人权和基本自由的内容被列入"敦巴顿橡树园计划"，由此表明人权的国际保护成为普遍性国际组织的重要使命，因而是国际组织建设取得的实质性进步。② 正因如此，经济和社会合作以及保障基本人权条款载入"敦巴顿橡树园计划"，从一个侧面再度体现了美国在联合国筹建进程中所发挥的主导作用和影响力。

第五，敦巴顿橡树园会议讨论的"9·13公式"虽然遭到英苏的拒绝，但基本符合美国的最初构想。对于执行理事会的投票规则，美国政府内部存在不同观点，因此，"美国方案"并未就作为争端当事方的执行理事会常任理事国的投票规则作出明确设计，仅表示应制定相关的投票程序。面对执行理事会投票权问题的谈判僵局，在美国的倡议下，美英苏谈判团队达成了一个非正式的"9·13公式"。表面上看，"9·13公式"是对苏联的妥协，但不容否认的是，"9·13公式"同样符合美国的利益。一方面，"9·13公式"意味着，没有美国的同意，普遍性国际组织将不得动用美国的武装力量，因此，"9·13公式"有利于维护美国在普遍性国际组织中的军事独立性，避免美国政府在国会遭遇被动局面。另一方面，美国设计"9·13公式"还有更深层次的战略考量：利用否决权阻止苏联或其他大国在美国的后院——拉丁美洲——制造麻烦并染指拉美事务。③ 因此，"9·13公式"是解决安全理事会投票权困境的最佳选择，并为"雅尔塔公式"提供了依据，因为广泛的否决权将导致普遍性国际组织陷入瘫痪；另一方面，没有大国否决权，不仅苏联，甚至美国都有可能拒绝或因国会阻挠而无法加入这样的普遍性国际

① Leland M. Goodrich, "From League of Nations to United Nations," pp. 19 – 20.

② Evan Luard, *A History of the United Nations*, Vol. 1, p. 32.

③ Charles G. Nelson, "Revisionism and the Security Council Veto," *International Organization*, Vol. 28, No. 3, 1974, pp. 549 – 551.

组织。

对于敦巴顿橡树园会议遗留的两个最具争议性的问题——大国否决权问题和普遍性国际组织创始成员国资格问题,美英苏随即展开了密集磋商。关于大国否决权问题,"9·13公式"再度进入美国决策层的视野。在1944年11月致罗斯福的一份备忘录中,国务院坚持认为,"9·13公式"符合美国利益,是处理大国否决权问题的基础。[①] 1945年2月,美英苏首脑会议在雅尔塔举行,最终就大国否决权问题和普遍性国际组织创始成员国资格问题达成一致意见。

关于大国否决权问题,雅尔塔会议根据美国的建议并以"9·13公式"为基础,达成投票程序方案:安全理事会关于程序事项的决议,应以7个理事国的赞成票通过;安全理事会有关其他一切事项的决议,应以包括全体常任理事国在内的7个理事国的赞成票通过;对于和平解决争端的决议,争端当事国不得参与投票。这就意味着,在涉及强制措施时,安全理事会常任理事国均享有否决权,此即"大国一致原则",又称"雅尔塔公式"。[②] 由此不难看出,"雅尔塔公式"承继了"9·13公式"的构想,同时符合"美国方案"最初的政策思路。因此,"雅尔塔公式"依然是美国政策设计的产物,最大限度地体现了美国的政策目标和利益取向。

关于普遍性国际组织创始成员国资格问题,雅尔塔会议达成两项妥协:1. 美国和英国接受苏联的建议,同意苏联的两个加盟共和国——乌克兰和白俄罗斯——作为普遍性国际组织的创始成员;2. 美英苏同意于4月在美国旧金山召开联合国家会议,受邀参加联合

---

① *FRUS, The Conferences at Malta and Yalta*, 1945, Washington, D. C.: U. S. Government Printing Office, 1955, p.51.

② 在旧金山会议上,有关国家就"雅尔塔公式"展开了激烈争论,但大国一致原则最终得以保留。有关谈判进程,参见 Dwight E. Lee, "The Genesis of the Veto," pp. 37 - 42.

国家会议的应是 1945 年 2 月 8 日前在《联合国家宣言》上签字的国家，以及在 1945 年 3 月 1 日前向轴心国宣战的国家。至此，关于普遍性国际组织创始成员国的争论亦画上句号。

总之，尽管美英苏围绕大国否决权问题和创始成员国资格问题的争论在雅尔塔会议上才最终达成妥协，但敦巴顿橡树园会议的意义依然不容低估。作为筹建联合国及其制度体系的第一个重要步骤，敦巴顿橡树园会议及其谈判成果确定了普遍性国际组织的基本轮廓，绘制了联合国的总体蓝图，为旧金山会议的召开及联合国的建立奠定了基础。①

综上所述，在敦巴顿橡树园会议的酝酿和谈判进程中，美国发挥了主导作用。普遍性国际组织是美国战后世界秩序设计的核心组成部分，为此，美国率先提出了"美国方案"，从而引领了筹划普遍性国际组织的议程设置。与此同时，美国还展开了相应的外交努力，为敦巴顿橡树园会议的举行作出周密安排，推动敦巴顿橡树园会议集中围绕"美国方案"设置的谈判议题有序展开。作为敦巴顿橡树园会议的谈判成果，"敦巴顿橡树园计划"的基本框架和主要内容均体现了"美国方案"的政策构想。正因如此，敦巴顿橡树园会议的召开及"敦巴顿橡树园计划"的达成在很大程度上是美国政策推进的结果，并从政策设计、议程引领、外交推动和方案形成的层面，展示了美国在联合国筹建过程中的主导作用。

（本文原载《史学月刊》2021 年第 6 期，收入本论文集时作了适当修改。）

---

① 王绳祖主编：《国际关系史》（第 6 卷），北京：世界知识出版社 1995 年版，第 501 页。

关贸总协定制度的建立与美国对外政策

【摘　要】　构建美国领导的战后国际贸易体系是美国的既定目标,是美国战后世界秩序构想的重要组成部分。为此,美国进行了周密的政策设计,先后提出了"克莱顿计划""2·6备忘录""国际贸易组织宪章草案"等政策方案。与此同时,美国展开了积极的外交努力,推动有关国家以美国的政策计划为中心,进行了一系列双边和多边谈判,最终促成了关贸总协定制度的建立。因此,关贸总协定制度是美国政策设计的产物,是美国外交推动的结果,关贸总协定的制度规则亦体现了美国的政策构想和利益取向,标志着美国主导的以关贸总协定制度为核心的多边贸易体系正式建立,美国的政策目标基本实现。

【关键词】　美国　对外政策　关贸总协定制度　多边贸易体系

1944年7月,在美国的倡导和主持下,44个国家签署《布雷顿森林协定》,美国在国际货币金融领域的霸主地位得以确立。但美国认为,仅此尚有所不足,各国还应在国际贸易领域寻求合作途径,达成相应协议,确立贸易规则。为此,美国相继提出了一系列计划和建议,并积极展开外交活动,促成美国的计划付诸实施,最终主导了关贸总协定制度的建立。

一、多边自由贸易的提出

美国政府对待战后国际贸易的基本思想是多边自由贸易,其核心内容是:1. 取消国际贸易中的非歧视待遇,目标是实现普遍的最惠国待遇,取消帝国特惠制和排他性经济集团;2. 降低关税和非关税贸易壁垒,目标是多边关税减让和制订非贸易壁垒条款。对此,美国决策者多有论述,助理国务卿艾奇逊在 1944 年 11 月的一次谈话中对这一思想作了比较系统的归纳。[①]

美国之所以提出多边自由贸易的构想,除了对 20 世纪 30 年代"大萧条"的反思,更为重要的是,美国既具有迫切的现实需要,也拥有雄厚的实力基础,因此,多边自由贸易构想具有明显的美国利益取向。首先,为维持战时扩张了的生产和就业水平,保持战后经济的持续发展与繁荣,美国需要广阔的国外市场进行贸易扩张。国务卿斯退丁纽斯指出,"扩张和有利的国际贸易对美国高水平的生产和就业必不可少",美国"战后对外经济政策的核心就是私人贸易的扩张"。[②] 为此,消除国际贸易障碍、建立自由贸易体系就显得尤为重要。其次,第二次世界大战期间,美国作为民主国家的兵工厂,经济实力大为增强,成为世界上唯一具有经济优势和经济扩张能力的国家,突出地表现在美国成为世界上最大的债权国,国际收支大量顺差和拥有巨额黄金外汇储备,具备了推行自由贸易的实力。与此相对应的是,其他国家实施的贸易保护措施,特别是英联邦集团的帝国特惠制,无疑是自由贸易的巨大障碍。为确保美国经济利益的实现,多边自由贸易计划应运而生,且在战争期

---

① World Peace Foundation, *Documents on American Foreign Relations* (cited as *DAFR*), Vol. 7, 1944 – 1945, p. 474.

② *DAFR*, Vol. 7, 1944 – 1945, pp. 33 – 35.

间就开始了初步尝试。

　　美英两国在 1941 年 8 月联合发表的《大西洋宪章》中,就国际经济关系规定了诸如公平贸易、经济合作、公海航行自由等重要原则,[1]体现了贸易自由的思想,为美国的战后国际贸易政策构筑了初步的框架。

　　此后,美国以租借援助为筹码,首先将英国引导到实施上述原则的谈判中来。经过艰苦的谈判,美英于 1942 年 2 月 23 日在华盛顿签署《联合王国政府与美利坚合众国政府关于在进行反侵略战争中相互援助所适用原则的协定》,其中的第 7 条明确规定,美英两国应"通过适当的国际或国内措施……导向国际商业中一切歧视待遇形式的消除以及税则和其他贸易障碍的降低"。[2] 在此之后,美英两国就"第 7 条"的具体目标进行了 14 轮谈判。由于固守帝国特惠制,英国在消除歧视待遇和降低关税等问题上不肯轻易让步,谈判毫无成果,这更使美国认识到通过多边谈判以解决战后国际贸易问题的重要性。

　　消除歧视待遇和降低贸易壁垒是美国多边自由贸易的两个关键内容,因之,在美国随后同苏联等其他国家签订的"租借协定"中,均载有内容完全相同的"第 7 条",使有关国家在原则上就多边自由贸易承担了义务。

二、建立"国际贸易组织"的最初努力

　　布雷顿森林会议刚结束不久,美国又提出了建立国际贸易组织的建议。艾奇逊在 1944 年 11 月曾谈到,在国际货币基金组织之外,还需

---

[1]　U. S. , Department of State, *Foreign Relations of the United States* (cited as *FRUS*), 1941, Vol. 1, p. 368.

[2]　《国际条约集 1934—1944》,北京:世界知识出版社 1961 年版,第 349 页。

要"一个国际机构作为继续探讨国际贸易、商务安排等问题的论坛"。①
1945 年 11 月,美国国务卿贝尔纳斯呼吁在联合国经济和社会理事会
的主持下建立一个"国际贸易组织"(International Trade
Organization),建议由联合国发起召开贸易和就业国际会议。② 这样,
美国在有关战后世界贸易安排及筹建国际贸易组织等问题上率先发出
倡议,并积极地作了一系列准备工作。

　　1945 年 11 月,负责国际经济事务的助理国务卿威廉·克莱顿拟
订出一份"供贸易和就业国际会议审议之计划",论述了"国际贸易组
织"的有关原则,指出建立"国际贸易组织"的目的是:1. 在国际贸易领
域为成员国提供协商和合作;2. 在互惠均益和公平原则的基础上,为
成员贸易和经济的发展提供更广阔的机会;3. 降低关税和其他贸易
壁垒,消除一切形式的歧视待遇。此外,该计划还论述了国际贸易组织
的其他有关条款,如一般商业政策、政府间的商务安排、贸易组织的运
行机制等。③ 由此可见,"克莱顿计划"是美国为建立多边自由贸易体
系而提出的一个系统方案,该计划以降低贸易壁垒和消除歧视待遇为
核心,充分体现了美国的政策目标和利益取向,展示了美国主导建立多
边贸易体系的政治意愿。

　　美国首先就"克莱顿计划"征询了英国的意见。其时,美英正在华
盛顿进行财政和贸易谈判。"山姆大叔"一方面宣布与英国清算租借账
目,另一方面又许诺给予英国 37.5 亿美元的信用贷款,但美国的谈判
立场很明确:如果英国想要获得美国的贷款,就必须完全取消或大幅度
改变其特惠贸易控制和英镑经济集团。面对美国凭借提供援助所形成

---

① *DAFR*, Vol. 7, 1944 – 1945, p. 478.
② *DAFR*, Vol. 8, 1945 – 1946, p. 12.
③ Harley Notter, *Postwar Foreign Policy Preparation*: 1939 – 1945, Washington, D.
　C.: Government Printing Office, 1949, p. 626.

的巨大压力,英国不得不接受了美国的立场。1945年12月6日,《美英财政协定》在华盛顿签署。① 同一天,美英两国政府发表联合声明,英国表示完全赞同"克莱顿计划"中的基本原则,承认以此作为国际谈判的基础。② 贝尔纳斯事后得意地称,美国从《美英财政协定》中得到的最重要的利益,就是迫使英国承担了"支持美国的贸易计划的义务",③美国的多边自由贸易计划开局先得一分。

也是在12月6日,美国政府公布了"关于扩展世界贸易和就业的计划"。④ 除重申"克莱顿计划"的内容外,该计划还呼吁联合国在1946年召集一次国际会议,以寻求贸易和就业领域的国际合作。与此同时,美国向15个"核心国家"发出邀请,希望在1946年初举行由"核心国家"参加的预备会议,商讨降低关税和非关税贸易壁垒,制订世界贸易会议议程,以期达成初步谅解。⑤ 美国在作了充分准备之后,率先提出了有关多边自由贸易的系统计划和建议,并以美国的利益为中心,占据了主动地位。

截至1946年1月9日,除苏联以外的其他"核心国家"均接受美国的邀请,表示愿意出席预备会议。⑥ 与此同时,美国积极敦促联合国经济和社会理事会作出召开联合国贸易和就业会议的决定。1月22日,在伦敦举行的联合国大会上,美国正式提出提案,要求授权经济和社会理事会发起召开贸易和就业国际会议,以便谈判解决国际贸易壁垒和歧视待遇问题,筹建"国际贸易组织"并将其作为联合国的专门机构。美国还建议成立一个筹备委员会,谈判并草拟有关文件,筹委会由"核

---

① *DAFR*, Vol. 8, 1945 - 1946, pp. 643 - 650.
② *DAFR*, Vol. 8, 1945 - 1946, p. 627.
③ *DAFR*, Vol. 8, 1945 - 1946, p. 655.
④ *FRUS*, 1945, Vol. 2, p. 1328.
⑤ *FRUS*, 1945, Vol. 2, p. 1344.
⑥ *FRUS*, 1946, Vol. 1, p. 1268.

心国家"组成。①

2月6日，美国又制订出"关于贸易和就业预备性国际会议的准备工作"(以下简称"2·6备忘录")，作为美国的政策指导。谈到预备会议的目标时，"2·6备忘录"认为，首先预备会议应在"克莱顿计划"的基础上，规定各国应遵循的降低贸易和非贸易壁垒的义务；其次，在预备会议上，关于关税减让的谈判必须是多边的。关于预备会议与贸易和就业国际会议的关系，"2·6备忘录"认为，如果预备会议的谈判是成功的，会议就应提出"国际贸易组织宪章"草案和议定书，"宪章草案"将提交大会审议，但议定书规定的关税减让表将不经大会审议，因此，议定书——包括关税表和宪章草案中的非贸易壁垒条款——应在预备会议结束时由与会各国签署和公布，并独立于"宪章"而生效；同时，宪章草案中有关非贸易壁垒的条款在大会上发生变动时，议定书将承认这种变动。② 可见，美国已预见到国际贸易组织前景莫测，因此建议议定书独立生效，该议定书包含了美国多边自由贸易思想和"克莱顿计划"的最重要的内容。这是关税贸易总协定的伏笔。2月20日，美国将"2·6备忘录"通知有关"核心国家"。③

2月17日，联合国接受了美国的提案，决定在1946年召开贸易和就业国际会议，并成立筹备委员会进行准备工作，筹委会由美、英、苏、中、法等国组成(苏联实际未参与筹委会的工作)。④ 至此，美国的多边自由贸易计划被提上了国际社会的议事日程。

① *FRUS*, 1946, Vol. 1, pp. 1277 - 1280.
② *FRUS*, 1946, Vol. 1, pp. 1280 - 1289.
③ *FRUS*, 1946, Vol. 1, p. 1290.
④ *FRUS*, 1946, Vol. 1, pp. 1290 - 1291.

三、"国际贸易组织宪章"草案的提出

为促使筹备委员会尽快召开,美国就会议的时间、地点以及会议议程(包括关税谈判)同有关国家进行了磋商。1946 年 4 月 25 日,美国提出进一步的建议:筹委会于 7 月 1 日在纽约举行,就美国的计划进行初步讨论;在 1947 年 3 月开始贸易壁垒的谈判,届时各国应提出自己的关税减让计划。① 这一建议将有关贸易壁垒的谈判作了推迟,避开了最容易爆发争议的问题,为筹委会的顺利召开创造了条件。

5 月 16 日,英国回复美国,同意将关税谈判推迟至 1947 年 3 月,赞成筹委会的目的在于就美国的计划交换意见。但英国认为,在美国国会就《美英财政协定》作出决定并批准对英贷款之前,英国无法出席筹委会。因此,英国建议将会期推迟至秋天,会址应设在欧洲(伦敦或日内瓦)。美国迅速同意将会期定在 10 月 15 日,会址设在伦敦。② 经过近三个月的努力,美英两大国终于就筹委会的召开达成了一致。

5 月 28 日,联合国发表声明,宣布贸易和就业国际会议将推迟至1947 年,其筹委会会议将于 10 月 15 日在伦敦举行。③

7 月 23 日,美国国务卿贝尔纳斯召见有关国家驻美外交官,告知美国拟在 8 月初向各国通报美国起草的宪章草案并予以公布。随后,美国将就"克莱顿计划"、"2·6 备忘录"和宪章草案同有关国家先期进行专家级双边会谈。④ 英国反对公布宪章草案,美国怒称"自负其责",并不顾反对邀请智利、挪威和黎巴嫩参加关税谈判。英国以拒绝出席

---

① *FRUS*, 1946, Vol. 1, p. 1319.
② *FRUS*, 1946, Vol. 1, pp. 1323 – 1325.
③ *FRUS*, 1946, Vol. 1, p. 1325.
④ *FRUS*, 1946, Vol. 1, pp. 1337 – 1338.

筹委会相抗衡。美国作了适当让步,同意在保密的基础上将宪章草案通知有关 18 个国家,近期内不予公布。[1]

8 月 12 日,美国将"联合国国际贸易组织宪章建议草案"通知筹委会其他 18 个国家。9 月 14 日,"国际贸易组织宪章草案"送达联合国秘书长,20 日,美国予以公布。[2] 该草案以"克莱顿计划"为基础,阐述了具体实施的详细条款,美国的立场和利益再次得到充分体现。

四、伦敦会议和纽约会议

1946 年 10 月 15 日至 11 月 26 日,联合国贸易和就业会议筹备委员会第一次会议在伦敦举行。会议的主要议程是:以美国的多边自由贸易计划为基础,讨论美国提出的宪章草案;成立一个起草委员会以完成正式宪章的拟订工作;由筹委会发起关税减让谈判。

为促成多边自由贸易体系的建立,美国与会的主要目标是:1. 原则上取消进口限制和其他数量限制措施;2. 寻求降低关税的意向性磋商,减少或取消特惠制。[3]

在 6 周的时间里,与会 18 个国家就非贸易壁垒的大部分问题达成一致,并应不发达国家的要求增加了经济发展的条款。具体地讲,宪章草案 89 个条款中的 74 个得到了与会国的原则性认可,"这包括所有最重要的实质性问题",美国代表团团长威尔科克斯因此坚信,美国获得了"谈判中的巨大优势"。[4] 总之,伦敦会议关于非贸易壁垒的谈判取得一定成效,国际贸易体系正按照美国设计的方向发展,这就是各国应

---

① *FRUS*, 1946, Vol. 1, pp. 1341 - 1343.
② *FRUS*, 1946, Vol. 1, p. 1343.
③ *FRUS*, 1946, Vol. 1, pp. 1360 - 1361.
④ *FRUS*, 1946, Vol. 1, pp. 1364 - 1365.

共同承担多边自由贸易的义务。

根据伦敦会议的决定,1947 年 1 月,起草委员会在纽约举行会议,整理伦敦会议的有关文件,充实和完善美国提出的宪章草案,形成了一个修订草案。[①] 至此,美国宪章草案中的主要原则以各国认同的方式确定下来。

五、日内瓦会议

"国际贸易组织宪章"和多边关税减让被美国视为建立多边自由贸易体系的两个重要组成部分。相比之下,关税谈判困难得多,不仅含有原则上的问题,而且包括技术上的处理,直接触及各国的切身利益。在关于宪章草案的谈判取得顺利进展后,一再"晚点"的关税减让谈判不可回避地摆在了各国面前,成为日内瓦会议的主要议题。

1947 年 4 月 2 日,美国国务院贸易协定委员会主席温斯洛普·布朗向杜鲁门总统呈报了美国的关税减让表,建议以此"作为讨价还价的基础",杜鲁门随即予以批准。[②]

1947 年 4 月 10 日,联合国贸易和就业会议筹委会第二次会议在日内瓦举行。由于关税谈判内容庞杂,与各国利益攸关,各国进行了长时间的艰苦角逐,谈判一直持续到 10 月。会议最重要的成果,就是有关国家签署了《关税和贸易总协定》(GATT)。

会议刚开始,美国国内就为这台大型"音乐会"奏出了弦外之音。4月中旬,美国国会开始审议"羊毛法案",对于羊毛及其制成品课以进口附加税。此举在日内瓦引起严重不安,认为这"不仅会危及关税谈判,

---

① *FRUS*, 1947, Vol. 1, p. 909.
② *FRUS*, 1947, Vol. 1, pp. 911–915.

而且会危及国际贸易组织宪章的谈判",澳大利亚甚至以退出会议相威胁。① 日内瓦会议一开始就陷入僵局,主要症结就是"羊毛法案"引起的美国与英联邦成员国之间的矛盾。南部英联邦国家如澳大利亚、新西兰等均是主要的对美羊毛出口国,因此对美国的"羊毛法案"抱强烈不满,英国趁机强调由于国际贸易收支的差异,美国应作出更多的让步;美国则认为有关国家应同等地降低关税并取消特惠制,指责英联邦成员国的关税减让远远不够,尤其不满其在取消帝国特惠制上的漠然态度。由于"羊毛法案"的纠葛,美国在谈判中处境被动,英联邦国家借机在关税和特惠制上拒不让步,关税谈判无力推进。

经过两个月的僵持,美国政府深感会议的失败无疑等于美国多边自由贸易计划的幻灭,为此,美国不得不作出妥协姿态。在杜鲁门总统于 6 月否决"羊毛法案"②的同时,国务卿马歇尔宣布"马歇尔计划"。这一计划的出台对于日内瓦会议具有更为现实的意义:一方面,美国政府认识到,只有欧洲的经济复兴了,"国际贸易组织"才会有实现的可能和基础,"在马歇尔计划下,国际贸易组织变得更加重要"③;另一方面,美国还将"马歇尔计划"视作"讨价还价的武器",④以此换取欧洲国家在关税减让及其他非贸易壁垒问题上作出让步,促使有关国家采取实际有效的步骤支持美国的多边自由贸易计划。

美国的上述姿态收到了一定的效果。至 7 月初,大部分国家包括南部自治领,就关税减让和国际贸易组织宪章基本达成一致。⑤ 唯英国仍坚持其立场,或拒绝承诺取消特惠制,或提出减少和取消特惠制须

---

① *FRUS*, 1947, Vol. 1, pp. 917 - 918, 957.
② *FRUS*, 1947, Vol. 1, p. 957.
③ *FRUS*, 1947, Vol. 1, p. 960.
④ *FRUS*, 1947, Vol. 1, p. 976.
⑤ *FRUS*, 1947, Vol. 1, pp. 961 - 964.

由美国作出补偿,或称由于美元匮乏将继续采取歧视政策,致使美英谈判阴霾迷漫,险象环生。美国在权衡利弊后认为,应寻求"最妥当的协议",①于是对英作了有限度的让步:美国在现阶段不坚持要求完全取消所有帝国特惠关税,而是逐步减少和取消;英国可以在一定条件下采取部分歧视措施。美国之所以这样做,主要是担心日内瓦会议如果再拖延下去,一方面会在国内遇到严重阻力,在国际上授苏联以宣传的把柄;另一方面,恐怕连获得最低限度协定的机会也要丧失,进而危及国际贸易组织和多边自由贸易体系的建立。鉴于美国的上述立场,英国的态度亦趋缓和,日内瓦会议朝着达成协议的方向发展。

日内瓦会议期间,根据美国的建议,由美国、英国、法国、加拿大、比利时、荷兰等6国组成一个"小型工作组"研究并起草一个有关关税减让的总协定。② 该工作组于7月向筹委会提交了关税和贸易总协定的第一个草案,内容包括关税减让表、最惠国待遇条款和非贸易壁垒条款,规定总协定将于11月1日起在有关国家范围内生效(由于英国的反对而使最终生效日期推迟),除非"国际贸易组织宪章"取而代之,否则,总协定将在3年内继续有效。③

根据上述草案形成的《关税和贸易总协定》包括三个部分。第一部分是总协定的核心,主要规定缔约国在关税与贸易方面相互提供无条件最惠国待遇(也就是非歧视待遇)和关税减让表;第二部分为非关税贸易壁垒的原则性条款;第三部分为总协定的运行程序等问题。总协定的指导方针是"降低关税及其他贸易壁垒","取消国际商业上之差等待遇"。④

① *FRUS*, 1947, Vol. 1, p. 997.

② *FRUS*, 1947, Vol. 1, p. 958.

③ *FRUS*, 1947, Vol. 1, pp. 967 - 968.

④ 《国际条约集 1945—1947》,北京:世界知识出版社 1959 年版,第 539 页。

为确保总协定顺利生效,有关国家还订立了"临时适用议定书"。该议定书规定:只要澳大利亚、巴西、比利时、荷兰、卢森堡、加拿大、法国、英国和美国在 1947 年 11 月 15 日之前签署议定书,签字国将确认《关税和贸易总协定》自 1948 年 1 月 1 日起正式生效。各国还商定,直至"国际贸易组织宪章"获得批准,总协定将持续有效。①

在日内瓦会议结束之际,布朗代表美国于 1947 年 10 月 30 日在议定书上签字,其他各国也相继签署了议定书。这样,有关国家正式确认了关贸总协定的效力。11 月 18 日,联合国秘书长赖伊公布了关贸总协定及其议定书。②

关贸总协定制度的建立表明美国的外交努力取得积极成果,体现了拥有结构性权力优势的美国的政策意志和利益取向。首先,美国提出的一系列计划和建议,特别是"2·6 备忘录"的程序设计,为关贸总协定制度的建立奠定了基础;关贸总协定的指导方针亦反映了美国多边自由贸易计划的基本原则。其次,关贸总协定制度中的重要内容——关税减让、无条件最惠国待遇、非关税贸易壁垒的基本规则——正是美国多边自由贸易计划的政策目标,通过关贸总协定制度,有关国家共同承担了多边自由贸易的义务。最后,关贸总协定的制度规则有利于美国的经济扩张,有助于美国继续维持经济繁荣,符合美国战后总的经济战略利益。因此,关贸总协定制度的建立既是美国多边自由贸易计划的实施成果,又是美国政策意图和经济利益的具体体现,美国努力追求的多边自由贸易体系以关贸总协定制度的形式正式确定下来。

---

① *FRUS*, 1947, Vol. 1, pp. 1018, 1024.
② *FRUS*, 1947, Vol. 1, p. 1018.

六、哈瓦那会议

1947 年 11 月 21 日,正式的联合国贸易和就业国际会议在哈瓦那开幕。参加会议的有 58 个国家,会议的主要议程是完成正式的"国际贸易组织宪章",促成国际贸易组织的建立。

在日内瓦会议期间,筹委会就纽约会议形成的宪章"修订草案"再度拟就了一个修订本——日内瓦草案,提交哈瓦那会议审议。①

在哈瓦那会议上,与会各国围绕着美国的多边自由贸易计划以及日内瓦草案展开了激烈争论,并纷纷从本国利益出发提出修正建议,总计达 602 个,其中有 432 个修正建议与日内瓦草案严重不符。② 争论主要涉及经济发展、特惠政策、数量限制、贸易补贴、战后过渡时期的特殊经济政策等问题。③ 会议持续到 1948 年 2 月尚无任何结果,以至于整个哈瓦那笼罩着"对前景的普遍悲观",有人甚至建议"将整个计划冷却一年或更长的时间"。④ 哈瓦那会议上的巨大分歧反映了战后各国之间,特别是与美国之间经济实力的悬殊以及由此引起的不同利益取向,在某种意义上也表明建立国际贸易组织的时机尚不成熟。

面对会议失败的危险,美国在经济发展、过渡时期非歧视待遇等问题上作了较大让步,从而使会议出现转机。⑤ 1948 年 3 月 24 日,与会各国草签了《国际贸易组织宪章》(又称《哈瓦那宪章》),联合国贸易和就业会议宣布结束。

---

① *FRUS*, 1948, Vol. 1, p. 802.
② *FRUS*, 1948, Vol. 1, p. 816.
③ *FRUS*, 1948, Vol. 1, pp. 810 - 813.
④ *FRUS*, 1948, Vol. 1, pp. 852 - 853, 873.
⑤ *FRUS*, 1948, Vol. 1, pp. 867 - 873.

哈瓦那会议期间,关贸总协定缔约国第一次会议于 1948 年 2 月 28 日至 3 月 24 日在哈瓦那同时举行。正式出席会议的有 9 个缔约国,参与签署了日内瓦最后决议案但尚未正式加入关贸总协定的中国、捷克斯洛伐克、挪威、智利等 14 国派观察员列席会议。会议的主要目的是将关贸总协定的有关条款与《国际贸易组织宪章》相协调,[①]即根据《国际贸易组织宪章》对关贸总协定的有关条款进行补充和修改。

然而,由于美国国会不愿承认美国政府在哈瓦那谈判中所作的让步,拒绝审议《哈瓦那宪章》,国际贸易组织终成画饼。由于事先有所准备,关贸总协定已先期生效,美国的多边自由贸易计划仍取得了重要成果。

纵观关贸总协定的建立过程,美国的大国外交始终贯穿其中,并呈现出以下特点。1. 精心策划,先声夺人。为建立多边自由贸易体系,美国作了周密准备,提出了"克莱顿计划""2·6 备忘录"等一系列计划和建议,并不失时机地通报各国和予以公布,始终处于主动地位,影响了谈判的整个过程,决定了关贸总协定的基本格局。2. 将欲取之,必先予之。这一策略最典型地运用于"马歇尔计划"。在日内瓦会议陷入严重困难之时,美国公布了援助欧洲的"马歇尔计划",成功地促使欧洲国家在日内瓦谈判中作出相应妥协,这是日内瓦会议走出低谷的一个重要因素。3. 恩威并用,调人就范。英国是美国最重要的谈判对手,简单地用威胁或赏赐都不一定能使英国承诺放弃帝国特惠制、开放英联邦市场。于是,美国一方面宣布与英国清算租借账目,另一方面提出给予英国大宗贷款,最终促使英国承担了多边自由贸易的义务。

总之,为推动关贸总协定的建立,美国进行了周密的政策规划与设计,同时展开了积极的外交努力,最终以美国的政策计划为基础,构筑

---

① *FRUS*, 1948, Vol. 1, p. 901.

起符合美国利益的多边贸易体系。因此,在关贸总协定制度的建立过程中,美国发挥了难以替代的主导作用,关贸总协定亦成为美国主导的战后国际秩序的重要组成部分。①

(本文原载《世界历史》1999 年第 2 期,收入本论文集时作了适当修改)

---

① 有关美国与关贸总协定制度建立过程的详细论述,参见舒建中:《多边贸易体系与美国霸权:关贸总协定制度研究》,南京:南京大学出版社 2009 年版。

美国与关贸总协定制度的早期演进（1949—1962）

【摘　要】　在关贸总协定制度的发展历程中,20世纪40年代末到60年代初的四轮多边关税和贸易谈判具有承前启后的意义。一方面,通过"安纳西回合"、"托基回合"、"第二次日内瓦回合"和"狄龙回合",有关缔约国达成程度不等的多边关税减让,巩固了关贸总协定制度在战后国际经济秩序中的地位。另一方面,美国与有关缔约国围绕进出口数量限制措施、歧视待遇、农业贸易政策等议题的较量不仅表明多边贸易谈判议程进一步深化,而且展示了关贸总协定制度作为多边平台所具有的合作与竞争的属性和特征。随着欧共体的建立,国际经济关系的权力结构出现新的变化。以"狄龙回合"为标志,多边关税和贸易谈判呈现新的特点。"狄龙回合"不仅体现了国际权力结构变化对多边关税和贸易谈判的影响,而且预示着关贸总协定制度即将迈入一个新时期,美国在多边贸易体系中的霸权地位将面临新格局和新议题的挑战。

【关键词】　美国　关贸总协定制度　安纳西回合　托基回合　第二次日内瓦回合　狄龙回合

作为美国擘画的战后国际经济秩序的组成部分,关贸总协定于1947 年 10 月完成谈判并于 1948 年 1 月 1 日正式生效。鉴于美国在政策设计和谈判进程中均发挥了关键作用并主导了关贸总协定的制度规则,关贸总协定制度的建立标志着美国在战后多边贸易体系中的霸权地位的确立。① 为巩固关贸总协定制度并借助贸易规则维护自身利益,美国在 20 世纪 40 年代末至 60 年代初先后发起了四轮多边关税和贸易谈判,进一步夯实了关贸总协定制度在战后国际经济秩序中的地位。关贸总协定制度生效并运转之后,有关国家与美国的政策博弈和规则竞争始终贯穿其中,从一开始就呈现出合作与竞争并存的特点。战后多边贸易体系的早期演进表明,关贸总协定制度既是美国霸权的产物,又是有关国家在国际贸易领域展开合作和竞争的平台。对于关贸总协定制度发展进程中的这一重要时期,国内外学术界并没有进行深入的历史考察,从而无法完整解读以关贸总协定制度为核心的多边贸易体系的发展历程。本文利用美国外交档案资料,致力于探讨美国与关贸总协定制度的早期运转,梳理美国同有关国家的合作与纷争,以期为思考多边贸易体系的发展和变革提供历史借鉴。

一、美国与"安纳西回合"及相关谈判

关贸总协定制度建立之后,通过新的多边关税和贸易谈判推动其运转和巩固成为美国对外政策的一个重要议题。与此同时,国际贸易组织(International Trade Organization, ITO)的筹建尚未可期,前景难料。鉴于此,美国更觉需要加强关贸总协定制度在战后国际经济秩

---

① 有关美国对外政策与关贸总协定制度建立的详细论述,参见舒建中:《多边贸易体系与美国霸权:关贸总协定制度研究》,南京:南京大学出版社 2009 年版。

序中的支柱地位,确保战后多边贸易体系的持续运作。在此背景下,美国凭借主导地位发起了关贸总协定制度建立后新一轮的多边关税和贸易谈判。

1948 年 8—9 月,关贸总协定缔约国第二次会议在日内瓦举行。根据美国的提议,会议决定在 1949 年召开关贸总协定缔约国第三次会议,同时举行第二轮多边关税和贸易谈判。[①]

按照约定程序,关贸总协定第二轮多边关税和贸易谈判于 1949 年 4—8 月在法国安纳西如期举行,此即"安纳西回合"(Annecy Round)。

经过紧张谈判,有关各方于 8 月 27 日签署包括《安纳西议定书》在内的相关文件,"安纳西回合"宣布结束。[②] 尽管"安纳西回合"的多边关税谈判已于 7 月中旬基本完成,但因美国国会迟迟没有批准《互惠贸易协定法》的延期法案,关税谈判成果无法公布。[③] 根据美国政府的提议,一个工作小组在"安纳西回合"临近结束时宣布建立,目的是在"安纳西回合"结束后继续完善关税谈判成果并将其作为"安纳西回合"的组成部分。9 月 26 日,美国国会批准《1949 年贸易协定延长法》并经杜鲁门签署生效。按照约定程序,"安纳西回合"的关税谈判成果随即公布。[④] 此外,关贸总协定 23 个创始缔约国还同 10 个申请加入国举行关税谈判。作为"安纳西回合"的谈判成果,多米尼加、丹麦、芬兰、希腊、海地、意大利、利比里亚、瑞典、尼加拉瓜和乌拉圭成为关贸总协定

---

① 刘同舜、姚椿龄主编:《战后世界历史长编 1953》(第 8 册),上海:上海人民出版社 1992 年版,第 423 - 424 页。

② United Nations, *Yearbook of the United Nations* (cited as *YUN*), 1948 - 1949, New York: Department of Public Information of United Nations, 1950, p.1109.

③ IO Editorial Office, "International Trade Organization (Interim Commission)," *International Organization*, Vol.3, No.3, 1949, p.543.

④ U.S., Department of State, *Foreign Relations of the United States* (cited as *FRUS*), 1949, Vol.1, Washington, D.C.: U.S. Government Printing Office, 1976, pp.723 - 724.

新的缔约国,①由此实现了关贸总协定制度的第一次扩员。

总之,作为关贸总协定制度的第二轮多边谈判,"安纳西回合"的主要目的是同申请加入国进行关税谈判,关贸总协定创始缔约国之间并未展开关税谈判。② 因此,"安纳西回合"尽管达成新的关税减让协议,但加权关税减让幅度仅为1.9%,③谈判成果极其有限。与此同时,"安纳西回合"首次实现了缔约国扩员,拓展了关贸总协定的地域覆盖范围。从这个意义上讲,"安纳西回合"的关税减让和新成员的加入进一步巩固了关贸总协定的基础,④夯实了关贸总协定制度在战后国际经济秩序中的支柱地位。

除"安纳西回合"的关税谈判外,关贸总协定缔约国第三次会议在安纳西同时举行。在此期间,美国就关心的贸易问题同有关国家展开博弈,主要争论涉及两个方面:一是日本与关贸总协定制度的关系问题;二是南非的贸易限制和歧视措施问题。

(一)日本与关贸总协定制度的关系问题

随着冷战格局的形成和发展,美国于1948年提出将关贸总协定制度的多边最惠国待遇原则适用于美国占领下的日本,但由于英法等国

---

① *FRUS*, 1949, Vol. 1, p. 668.

② Douglas A. Irwin, "The GATT's Contribution to Economic Recovery in Post-War Western Europe," in Kevin H. O'Rourke, ed., *The International Trading System: Globalization and History*, Vol. 1, Northampton: Edward Elgar Publishing, 2005, p. 133.

③ Andreas Dür, "Bargaining Power and Trade Liberalization: European External Trade Policies in the 1960s," *European Journal of International Relations*, Vol. 14, No. 4, 2008, p. 655.

④ Thomas W. Zeiler, *Free Trade, Free World: The Advent of GATT*, Chapel Hill: The University of North Carolina Press, 1999, p. 179.

的反对未能如愿。① 在安纳西会议筹划之际,美国再次试图将日本问题纳入会议议程,目的就是以最惠国待遇原则适用于日本作为桥梁,将日本纳入美国主导的战后国际经济秩序,在寻求减轻美国占领负担的同时,按照美国的政策构想和目标重建战后日本的经济和政治秩序。

作为利用酝酿中的安纳西会议推进美国政策目标的举措,美国国务卿迪安·艾奇逊于 1949 年 2 月致电相关驻外使团,要求其同驻在国政府探讨将多边最惠国待遇原则的"西德模式"适用于日本的可能性。② 艾奇逊宣称,美国正代表所有盟国承担在日本的责任,以期在推进日本民主进程的同时,依据非歧视原则重建日本的贸易和经济秩序,因此,拒绝将多边最惠国待遇原则适用于日本对美国而言是不公平的。③ 至此,延续 1948 年以来的政策轨迹,美国启动了将日本问题纳入安纳西会议的外交努力。

对于美国的建议,英国率先表示反对,认为最惠国待遇原则适用于日本对美国并没有任何实际的经济意义,双边贸易协定是处置日本贸易问题的最佳途径。英方坚称,在日元汇率确定并付诸实施之前,英国不会考虑将最惠国待遇原则适用于日本。除英国之外,其他英联邦国家及法国、比利时等国家亦明确反对将关贸总协定制度的最惠国待遇原则适用于日本,④美国有关日本问题的政策立场在安纳西会议酝酿期间就面临出师不利的局面。

在安纳西会议启动后,美国依然没有放弃将多边最惠国待遇原则

① *FRUS*, 1948, Vol. 1, Part. 2, Washington, D. C.: U. S. Government Printing Office, 1976, pp. 855 - 858, 862 - 865.
② 有关美国在关贸总协定制度下的对德政策以及所谓"西德模式"的详细论述,参见舒建中:《多边贸易体系与美国霸权:关贸总协定制度研究》,第 211 - 219 页。
③ *FRUS*, 1949, Vol. 1, pp. 656 - 657.
④ *FRUS*, 1949, Vol. 1, pp. 658 - 660, 663 - 664.

适用于日本的努力,声称日本问题是整个安纳西会议的中心议题。[1]
但英国不为所动,同时联合澳大利亚、南非等英联邦国家共同反对美国
在日本问题上的立场,捷克斯洛伐克、荷兰、比利时、卢森堡、古巴、叙利
亚、黎巴嫩等国亦反对将多边最惠国待遇原则适用于日本。鉴于此,美
国赴"安纳西回合"及安纳西会议代表团团长伍德伯里·威洛比
(Woodbury Willoughby)于 5 月 10 日致电艾奇逊,强调美国在日本问
题上的挫折将严重损害美国的威望,为此,威洛比建议美国主动将最惠
国待遇原则适用于日本的议题撤出安纳西会议的谈判议程。[2] 在权衡
利弊之后,美国政府不得不于 5 月 26 日作出决策,放弃在安纳西会议
上谈判最惠国待遇原则适用于日本的主张,同时保留在后续的多边贸
易谈判中继续支持日本的政策立场。6 月 9 日,威洛比正式宣布,美国
决定将日本问题撤出安纳西会议的谈判议程。[3] 至此,面对关贸总协
定其他缔约国的反对,美国试图将日本纳入多边贸易体系的外交努力
再度铩羽而归。

(二)南非贸易限制和歧视措施问题

早在 1948 年 11 月,南非就以贸易收支严重失衡为由,宣布对来自
非英镑区的进口施加限制措施。美国认为,南非的贸易限制政策违背
了关贸总协定制度的事先协商程序以及国际货币基金组织的相关规
定。[4] 至此,南非的贸易限制和歧视措施成为美国关注的议题。

南非是英联邦特惠贸易体系的成员,维护英联邦特惠贸易体系以

---

[1] Kendall W. Stiles, "The Ambivalent Hegemon: Explaining the 'Lost Decade' in Multilateral Trade Talks, 1948–1958," *Review of International Political Economy*, Vol. 2, No. 1, 1995, p. 8.

[2] *FRUS*, 1949, Vol. 1, pp. 670–672.

[3] *FRUS*, 1949, Vol. 1, p. 689.

[4] *FRUS*, 1949, Vol. 1, pp. 651–653.

及英镑区的贸易安排亦是英国的坚定立场。尽管废除英联邦特惠贸易体系是美国擘画多边贸易体系的目标之一,但由于冷战因素的影响,在1947年筹建关贸总协定制度的日内瓦谈判中,美国不得不有条件地同意继续保留英联邦特惠贸易体系。[1] 在此背景下,南非提出的针对非英镑区的贸易限制措施自然符合英国的利益并得到英国的支持。安纳西会议期间,美国以强硬的态度表达了对南非进口限制措施的极度不满,指责英国支持甚至怂恿南非贸易限制政策的举措旨在强化英国和南非之间的特惠贸易关系,这是无视关贸总协定制度及其非歧视原则的勒索行为,将严重损害关贸总协定制度下的国际经济合作以及美英和美南关系。[2]

尽管遭遇美国的反对,南非依然于1949年5月23日宣布实施新的进口限制措施,美国立即提出抗议。威洛比认为,由于英国的影响,南非的进口限制措施明显有利于英镑区,而西半球国家尤其是美国则将承受南非贸易歧视政策的全部压力。更为重要的是,南非的举措将强化英镑区及其特惠贸易集团,严重削弱美国主导的关贸总协定制度和多边贸易原则。为寻求化解分歧,美国同英国、南非等进行了密集磋商。面对南非和英国毫不妥协的立场,美国不得不承认,继续向英国和南非施加压力将招致外交挫折的风险,为此,美国极不情愿地默认了南非的贸易歧视措施,并声称将择机与有关各方展开进一步磋商。[3]

总之,在关贸总协定制度的早期发展进程中,"安纳西回合"及安纳西会议具有不容忽视的意义。诚然,关贸总协定制度的建立是美国政

---

① 有关1947年"日内瓦回合"期间美国和英国之间围绕英联邦特惠贸易体系之争的详细论述,参见舒建中:《多边贸易体系与美国霸权:关贸总协定制度研究》,第151-162页。

② *FRUS*, 1949, Vol. 1, pp. 678-679.

③ *FRUS*, 1949, Vol. 1, pp. 688-692.

策设计和外交推动的产物,但同时,关贸总协定制度建立后,美国独自操控多边关税和贸易谈判的权力始终面临挑战,安纳西会议中有关多边最惠国待遇原则适用于日本以及南非贸易限制和歧视措施问题的谈判充分表明,英国等有关缔约国的反对是美国遭遇挫折的主要原因。从这个意义上讲,"安纳西回合"及安纳西会议的一个重要启示是:国家间的利益纠葛和政治博弈从一开始就与多边贸易体系的发展进程相伴相生,作为贸易霸主的美国并非可以完全主宰关贸总协定制度的议程设置和谈判进程。

二、美国与"托基回合"及相关谈判

鉴于"安纳西回合"成果有限,美国遂着手筹划新的多边关税和贸易谈判。在 1950 年 2—4 月举行的关贸总协定缔约国第四次会议上,美国提议启动新一轮多边关税和贸易谈判,以便围绕关税减让、数量限制以及歧视待遇等问题展开磋商。[①]

基于美国的倡议和推动,关贸总协定第三轮多边关税谈判于 1950 年 9 月 28 日在英国托基启动,此即"托基回合"(Torquay Round)。11 月 2 日,关贸总协定缔约国第五次会议在托基同时举行。总体上讲,"托基回合"及相关谈判主要涉及关税谈判和贸易政策两个议题。

(一) 美国与"托基回合"的关税谈判

鉴于关税谈判是拟议中的"托基回合"的关键议程之一,英国早在 7 月 7 日就向美国方面表示,希望美方在"托基回合"期间提供实质性且不对等的关税减让,以便推动英镑区和美元区贸易收支失衡问题的

---

① 刘同舜、姚椿龄主编:《战后世界历史长编 1953》(第 8 册),第 427 - 428 页。

解决。① 8 月 10 日,英方向美方递交题为《关于美国在托基提供单方面关税减让的建议案》,正式要求美方在"托基回合"期间提供非互惠的单方面关税减让。英国方面声称,作为债权国,美国负有政策调整的责任以便为其他国家开放市场,进而解决贸易收支失衡问题。如果美国不能提供单方面的关税减让,英国将继续维护英联邦特惠贸易体系。②

8 月 11 日,美英双方在华盛顿举行会谈,就英方提议以及拟议中的关税谈判交换看法。会谈开始之际,美方向英方递交了一份美国对英国的关税谈判方案并指出,英方提出的由美国提供非互惠的单方面关税减让在经济上和政治上都是不可行的。美方强调,如果英国继续坚持维护贸易保护措施和特惠贸易体系,美国就不可能提供进一步的关税减让。9 月 15 日,美英双方再度举行会谈,但仍未达成一致。英方重申,"托基回合"谈判的目的是围绕矫正美国和英镑区之间的贸易不平衡达成相应安排。③ 不难看出,美英双方在"托基回合"启动前就展开了激烈的政策较量,预示着关税以及特惠贸易体系问题将成为"托基回合"的博弈焦点。

整个"托基回合"期间,美国和英国之间的争论最为激烈,谈判的核心问题有二:一是关税问题,二是英联邦特惠贸易体系问题。关于关税问题,美国认为,英国一方面要求美国提供实质性的关税减让,另一方面,英国仅仅提出了微弱的关税减让方案,同时鼓动其他英联邦国家采取类似行动。英方则声称,英国的立场基于三个缘由:1. 美元短缺导致英国和英联邦国家无法提供实质性的关税减让;2. 特惠关税是维系英联邦的重要纽带,削弱英联邦特惠贸易体系同样不符合美国的利益;

① *FRUS*, 1950, Vol. 1, Washington, D. C. : U. S. Government Printing Office, 1977, p. 791.
② *FRUS*, 1950, Vol. 1, pp. 794 - 795.
③ *FRUS*, 1950, Vol. 1, pp. 791 - 797.

3. 英国和英联邦国家提供的关税减让与美国大致持平。直至 1950 年年底,美英谈判仍然毫无进展。在 1951 年 1 月举行的美英代表团会议上,美方强调,有关缔约国均希望在 2 月 28 日完成所有的关税谈判,为此,英方应在 1 月 22 日之前提出新的关税减让方案。对于美方的要求,英方没有作出任何回应。①

关于英联邦特惠贸易体系问题,在敦促英国和其他英联邦国家实质性削减特惠关税差额的同时,美国尤其要求削减农产品特惠关税差额,但此举遭到英国和澳大利亚的强烈反对。② 英国的关税减让争论同削减英联邦特惠关税差额的分歧相互叠加,导致美国同英国以及其他英联邦国家的关税谈判险象环生,举步维艰。

经过几轮交锋后,英方于 3 月 14 日向美方递交新的关税谈判清单,但对于美国特别关注的农产品贸易问题,英方却拒绝提供关税减让。在美国看来,英方的谈判清单意味着英国甚至不愿签署一个有限的协定。③ 面对谈判僵局,美国于 3 月 19 日照会英国,强调 3 月 31 日是"托基回合"关税谈判的截止日期,敦促英国尽快调整谈判方案以便美英之间达成关税协定。美国警告称,如果英国拒绝提供互惠关税减让,包括英联邦特惠关税差额减让,那么,美英之间将不可能达成任何协定,而关税谈判的失败将严重损害美英关系。对于美方施加的压力,英方不为所动,美国同英国和英联邦国家之间的关税谈判(包括特惠关税谈判)依然难以推进。④

鉴于"托基回合"临近结束,美国于 3 月 26 日再度照会英国,指责

① *FRUS*, 1951, Vol. 1, Washington, D. C. : U. S. Government Printing Office, 1979, p. 1266.
② *FRUS*, 1951, Vol. 1, pp. 1285 – 1287.
③ *FRUS*, 1951, Vol. 1, p. 1274.
④ *FRUS*, 1951, Vol. 1, pp. 1253 – 1255, 1287 – 1288.

英国违背关贸总协定制度规则,严重干扰"托基回合"谈判,要求英国在3月28日之前就是否继续美英之间的关税谈判作出答复。① 同样是在3月26日,美国国务卿艾奇逊致函澳大利亚,对澳方拒绝提供农产品特惠关税差额减让深表不满,强调澳大利亚的立场对于美国同其他英联邦国家的谈判具有至关重要的意义,为此,美方要求澳方重新考虑立场,推动相关谈判取得进展。②

3月28日,美英代表团官员在托基举行了长达5小时的会谈。英方声称,英国已经提供了足够的关税减让,除非获得英联邦国家的认可,否则,英方将无法提供农产品特惠关税差额的减让。③ 至此,美英"托基回合"的关税谈判不欢而散。3月31日,澳大利亚回复美国,称澳大利亚已经扩大了对美国的关税减让,同时承诺提供特定产品的特惠关税差额减让。为促成美澳之间达成关税协议,澳方愿意提供额外的关税减让。但对于美国特别关注的农产品特惠关税差额减让,澳大利亚却没有正面回应。④

鉴于美国同英国和澳大利亚的谈判在最后阶段依然没有实质性突破,美方遂于4月2日作出决定,中止同英国和澳大利亚的关税谈判。对此,英国于4月3日致函美国,强调关贸总协定制度的基本理念不仅包括互惠原则,而且包括互利原则。英方重申,在"托基回合"的最后阶段,英国已经作出巨大努力以寻求美英之间达成协议,但英方绝不接受美方的施压,英方也不会在特惠关税问题上向英联邦伙伴施加压力。⑤

---

① *FRUS*, 1951, Vol. 1, pp. 1298 – 1301.
② *FRUS*, 1951, Vol. 1, pp. 1304 – 1305.
③ *FRUS*, 1951, Vol. 1, pp. 1306 – 1307.
④ *FRUS*, 1951, Vol. 1, pp. 1307 – 1309.
⑤ *FRUS*, 1951, Vol. 1, pp. 1314 – 1316.

尽管美英之间存在激烈争论,但"托基回合"的关税谈判总体进展顺利。截至 1951 年 4 月初,除同英国、澳大利亚、新西兰和南非的谈判尚未完成外,美国同其他缔约国之间的关税谈判基本结束。4 月 9 日,美国政府部门间贸易协定委员会向杜鲁门提交备忘录,总结了"托基回合"的谈判成果。美方认为,与相关缔约国达成的新的关税减让基本满足了美国的要求,有利于美国贸易的拓展。此外,"托基回合"还吸纳西德、奥地利、土耳其、韩国、菲律宾、秘鲁等六国作为新缔约国,进一步巩固了关贸总协定制度在战后国际经济秩序中的地位。[①] 其中,西德的加入对美国具有特别重要的意义。自 1948 年以来,美国一直致力于将西德纳入多边贸易体系并借此巩固美国领导的西方联盟。在美国看来,西德成为关贸总协定缔约国是"托基回合"成功的重要标志,[②]表明美国借助多边贸易体系的制度平台实现了既定的战略目标。

4 月 17 日,杜鲁门批准了美国政府部门间贸易协定委员会提交的有关"托基回合"谈判成果的文件。4 月 21 日,除英国、澳大利亚、新西兰和南非之外的其他缔约国签署了包括《托基议定书》在内的最后文件,"托基回合"的关税谈判宣布结束。[③]

(二) 美国与托基会议的贸易政策谈判

基于美国的政策计划,关贸总协定制度规定了"数量限制的一般取消"条款以及贸易收支平衡的例外规则,但应该看到,"数量限制的一般取消"主要体现为一种原则规定,缺乏具体的执行规则和标准,因此,在

---

① 有关美国"托基回合"谈判成果的详细总结,参见 FRUS, 1951, Vol. 1, pp. 1247 - 1259。

② John H. Barton, Judith L. Goldstein, Timothy E. Josling and Richard H. Steinberg, *The Evolution of the Trade Regime: Politics, Law, and Economics of the GATT and the WTO*, Princeton: Princeton University Press, 2006, p. 44.

③ *FRUS*, 1951, Vol. 1, pp. 1259 - 1260.

多边贸易体系中,有关缔约国依然继续实施各种名目的进出口数量限制措施。在美国的推动下,关贸总协定缔约国第四次会议作出决定,将审查缔约国进出口数量限制措施的运转作为托基会议的一项重要议程。①

随着托基会议的启动,美国再度将英镑区国家实施的针对美元区的进口限制措施问题纳入谈判议程。1950 年 11 月 6 日,美国国务卿艾奇逊致电美国赴"托基回合"及托基会议代表团,强调与英联邦国家的谈判不仅包括进口限制措施的实质性问题,而且应涉及进口限制措施的程序性问题,首要目标是要求英镑区国家放宽贸易限制和歧视措施。对于美方的谈判要求,英方回应称,英镑区的形成以及英联邦国家的贸易安排具有独特的历史背景,这是考量英镑区国家进口限制措施的前提。更为重要的是,鉴于英国和英联邦国家普遍面临贸易收支失衡和美元短缺问题,英方不会考虑放宽或取消目前的歧视措施。②

在美国的竭力推动下,参加托基会议的有关缔约国于 11 月 10 日设立工作组,专门讨论基于贸易收支问题的进口限制措施。11 月 17 日,美国赴托基会议代表团官员在工作组会议上发表长篇声明,强调自 1950 年年初以来,英国等英联邦国家的贸易收支状况以及黄金和美元储备大为改善,为此,美方呼吁英国恪守关贸总协定规则,带头放宽并最终取消进口限制措施,尤其是针对美元区的歧视性进口限制措施。③对于美国的呼吁,英国没有正面回应,而是强调英镑区对于英联邦国家的历史和现实意义,声称美国已经承认了英镑区存在的事实。对此,美

---

① IO Editorial Office, "International Trade Organization (Interim Commission)," *International Organization*, Vol. 4, No. 3, 1950, pp. 494 – 495.

② *FRUS*, 1950, Vol. 1, pp. 759 – 761.

③ *FRUS*, 1950, Vol. 1, pp. 766 – 770.

方怒斥英方的言辞是故意挑衅。① 显然,英国的目的就是强调英镑区的存在以便作为实施歧视性进口限制措施的借口,因而招致美方的强烈反对,美英之间围绕进口限制措施尤其是歧视性进口限制措施的政策博弈仍在继续。

12月13日,关贸总协定缔约国第五次会议发表《托基会议通告》,宣布有关缔约方依据关贸总协定规则围绕英联邦国家进口限制措施的协商已经结束。由于分歧巨大,相关磋商没有达成任何政策建议,但有关各方均表示愿意继续保持沟通。② 至此,托基会议期间美国试图迫使英国放宽甚至取消针对美元区的贸易歧视政策的努力无果而终。

尽管围绕英联邦国家进口限制措施的协商毫无进展,但美国仍然试图为后续谈判预留政策空间。根据美国的提议,托基会议于12月16日作出决定,授权秘书处要求缔约国提交进出口限制措施的报告,包括进出口限制的产品清单和具体的限制措施等,以便关贸总协定缔约国展开谈判。③ 至此,关贸总协定缔约国启动了磋商进出口数量限制规则的历程。

总之,美国同以英国为首的英联邦国家间的关税和贸易政策博弈是"托基回合"及托基会议的主线,双方围绕关税减让问题、英联邦特惠贸易体系及农产品特惠关税差额问题、进出口数量限制和歧视待遇问题等展开了激烈较量。在所有这些谈判议题上,美国均未实现预期的政策目标,并以英国、澳大利亚、新西兰和南非拒绝签署包括《托基议定书》在内的最后文件而告结束,这在关贸总协定制度历史上尚属首次,美国在关贸总协定制度中的主导地位以及美国的贸易政策遭遇一次重

---

① *FRUS*, 1950, Vol. 1, pp. 771 - 772.
② *FRUS*, 1950, Vol. 1, pp. 778 - 779.
③ *FRUS*, 1950, Vol. 1, pp. 719 - 720.

挫。① 一方面,"托基回合"及托基会议再次表明,围绕多边贸易规则的争论甚至对弈是国家间贸易关系的常态,美国可以凭借绝对的权力优势主导关贸总协定制度的建立,但无法垄断多边贸易规则的运作,以关贸总协定制度为核心的多边贸易体系从建立之日起就具有合作与竞争并存的政治特征。另一方面,"托基回合"及托基会议的激烈争论本身就是对多边贸易规范的一次检验,尽管步履蹒跚,但多边贸易体系并未坍塌,②关贸总协定依然是有关国家磋商关税和贸易政策的最重要的制度平台。

三、美国与"第二次日内瓦回合"

"托基回合"结束后的五年时间内,关贸总协定制度下的多边关税和贸易谈判处于停滞状态。由于美国在关贸总协定制度中居于主导地位,多边关税和贸易谈判的发起主要取决于美国的政策立场,但"托基回合"结束后,美国国内的贸易保护主义日益增长,美国国会更是在贸易谈判授权上屡屡设置障碍,授权延期只有两年甚至一年,导致美国政府几乎没有时间准备新的多边关税和贸易谈判。鉴于此,美国的贸易保护主义是"托基回合"结束后多边关税和贸易谈判难以推进的主要原因。③

经过长时间的内部辩论,美国国会最终通过《1955 年贸易协定延长法》并经艾森豪威尔签署生效,将美国政府的谈判授权延期三年,从而为美国发起新一轮多边关税和贸易谈判铺平了道路。在美国的倡导下,关贸总协定第四轮多边关税和贸易谈判于 1956 年 1 月 18 日至 5

---

① Thomas W. Zeiler, *Free Trade*, *Free World*, pp. 181 - 183.

② Thomas W. Zeiler, *Free Trade*, *Free World*, p. 194.

③ Karin Kock, *International Trade Policy and the GATT* 1947 - 1967, Stockholm: Almqvist & Wiksell, 1969, pp. 82, 271.

月 23 日在日内瓦举行,①此即"第二次日内瓦回合"(Second Geneva Round)。由于美国在多边贸易体系中依然处于主导地位,美国的贸易政策成为影响谈判环境的重要因素。

早在 1954 年 10 月至 1955 年 3 月举行的关贸总协定缔约国第九次会议上,有关缔约国就对美国的农产品进口数量限制政策提出强烈质疑。② 但面对国内巨大的农业保护主义压力,美国在会议期间依然竭力寻求关贸总协定制度下农产品进口数量限制的最大限度的豁免权。对于美国的立场,英国、澳大利亚、新西兰等缔约国明确表示反对,强调美国主张农产品进口数量限制豁免的举措将招致一系列连锁反应,进而危及关贸总协定制度的完整性。③

尽管遭遇多方质疑和反对,但美国仍然一意孤行,强推农产品进口数量限制的豁免。1955 年 3 月 5 日,关贸总协定缔约国第九次会议通过豁免美国农产品进口数量限制的决议,④开创了农产品贸易游离于关贸总协定制度之外的先例,同时为其他缔约国寻求强化数量限制和补贴措施提供了借口。因此,正是美国在关贸总协定制度中制造了农业贸易政策的特殊模式,⑤恶化了关贸总协定制度的运行环境,增加了多边关税和贸易谈判的难度。

在获得农产品进口数量限制豁免之后,美国又马不停蹄地推进新的贸易保护举措。3 月 18 日,美国关税委员会提出报告,建议援引关

---

① YUN, 1956, New York: Department of Public Information of United Nations, 1957, p. 482.

② IO Editorial Office, " International Trade Organization," *International Organization*, Vol. 9, No. 2, 1955, pp. 278 - 279.

③ *FRUS*, 1955 - 1957, Vol. 9, Washington, D. C.: U. S. Government Printing Office, 1987, pp. 73 - 78, 80 - 83.

④ *FRUS*, 1955 - 1957, Vol. 9, p. 99.

⑤ David Greig, "The GATT and Multilateral Trade Negotiations," *The Australian Quarterly*, Vol. 59, No. 3/4, 1987, p. 307.

贸总协定制度的免责条款,以国内相同产业面临严重损害威胁为由,撤回关税减让承诺并对进口自行车加征关税。此举立即引起英国以及西欧国家的极大关注,英方更是措辞强硬地表示,美国对进口自行车加征关税将影响英美贸易关系的发展。① 但美国不顾英国和其他西欧国家的反对,继续推进自行车进口关税的审议程序。在此背景下,英国首相艾登于7月1日亲自致函美国总统艾森豪威尔,声称美国的举措与自由贸易的原则背道而驰,将对英美关系造成严重损害。②

面对国际压力,艾森豪威尔仍然决定接受关税委员会的建议,于8月18日宣布对进口自行车加征关税。对此,英国立即作出强烈回应,宣布对来自美国的农产品和汽车等实施更严格的进口数量限制,声称美国的举措为贸易谈判营造了恶劣的环境。③

由此可见,1954年以来美国的贸易政策引发诸多争议,"第二次日内瓦回合"正是在这样的背景下举行的。由于美国政策行为的影响,"第二次日内瓦回合"成果甚微。一方面,"第二次日内瓦回合"仅仅达成有限的关税减让;另一方面,尽管数量限制问题是有关缔约国关注的贸易政策议题,但议而不决,分歧犹存。④

除关税和数量限制规则等议题外,美国和英国在"第二次日内瓦回合"期间围绕英联邦特惠贸易体系再度展开了新一波争论。为实现取消英联邦特惠贸易体系的目标,美国要求英国在三年内暂停实施英联邦特惠关税,并在十年内逐步取消英联邦特惠关税。对于美国的立场,英国表示坚决反对。另一方面,美英双方意识到,"托基回合"期间美英

---

① *FRUS*, 1955-1957, Vol. 9, pp. 110-112.

② *FRUS*, 1955-1957, Vol. 9, pp. 124-125.

③ *FRUS*, 1955-1957, Vol. 9, pp. 150-151.

④ 有关美国对"第二次日内瓦回合"以及关贸总协定现状的评估,参见 *FRUS*, 1955-1957, Vol. 9, pp. 197-203。

谈判破裂的重演将损害西方世界的团结,美英均无法承担谈判失败的严重后果。鉴于此,美英最终达成妥协,英国和其他英联邦国家原则上承诺在更大范围内逐步削减特惠关税差额。从历史演进来看,"第二次日内瓦回合"是美英在关贸总协定制度框架内围绕英联邦特惠体系展开的最后一次激烈博弈,①多边贸易体系中持续经年的英联邦特惠贸易体系之争基本画上句号。

总之,美国的保护主义政策导致"第二次日内瓦回合"面临严重不利的国际环境,多边关税谈判成果有限,关税减让幅度约为 2.5%。②更为重要的是,美国强推的农产品进口数量限制豁免严重违背了多边贸易规则,导致农产品贸易开始游离于关贸总协定制度之外。就其国际影响而言,美国的农产品进口数量限制豁免不仅是关贸总协定历史上最著名的义务豁免,③而且是最具争议性的义务豁免。从此以后,农业贸易政策成为关贸总协定多边贸易谈判,尤其是美国和欧洲经济共同体(欧共体)长期争论不休的议题。从某种意义上讲,正是美国强推的农产品进口数量限制豁免为欧共体共同农业政策的制定提供了依据和基础。④

四、美国与"狄龙回合"

面对"第二次日内瓦回合"收效甚微的局面及其造成的国际影响,

① Karin Kock, *International Trade Policy and the GATT* 1947 – 1967, p. 114.
② Andreas Dür, "Bargaining Power and Trade Liberalization: European External Trade Policies in the 1960s," p. 655.
③ Bernard M. Hoekman and Michel M. Kostecki, *The Political Economy of the World Trading System: From GATT to WTO*, New York: Oxford University Press, 1995, p. 166.
④ Kendall W. Stiles, "The Ambivalent Hegemon: Explaining the 'Lost Decade' in Multilateral Trade Talks, 1948 – 1958," p. 17.

美国认为应采取措施巩固由其主导的关贸总协定制度。更为重要的是,随着欧共体于1958年1月1日正式建立,美国的战后贸易政策开始面临前所未有的挑战。一方面,基于冷战战略,美国鼓励和支持欧洲一体化进程,另一方面,美国又对欧共体的贸易政策予以关注。

早在欧共体酝酿期间的1956年,美方官员就不无担忧地指出,欧洲经济一体化将导致针对美国的关税歧视,因此,在继续支持欧洲经济一体化的同时,美国应运用其影响力,指导欧洲经济一体化沿着为美国出口创造更好市场的方向发展。[1] 在1958年6月有关欧共体与关贸总协定关系的会谈中,美方再次强调,关贸总协定制度是欧共体与其他国家之间贸易关系的首要互动机制,声称关贸总协定缔约国均担忧欧共体贸易政策与关贸总协定制度规则的一致性。欧共体则回应称,1957年《欧洲经济共同体条约》完全符合关贸总协定的有关规则,在关贸总协定制度下没有"共同市场问题"。[2] 由此可见,随着欧共体的建立,美欧贸易政策争论初现端倪。

面对欧共体六国的强硬立场,美国政府深感应调整贸易政策及其实施力度,推进多边关税和贸易谈判,并以此应对因欧共体的建立而带来的新的贸易议题。1958年1月30日,艾森豪威尔向国会提交特别咨文,强烈要求将《互惠贸易协定法》的谈判授权延长5年,同时授权美国政府在贸易谈判中可将美国现行关税降低25%。[3]

经过半年多的激烈辩论,美国国会于8月11日通过《1958年贸易协定延长法》并于8月20日经艾森豪威尔签署生效,将美国政府的关

① U. S. *Declassified Documents Online* (cited as *USDDO*), Gale Group, Inc. , No. CK2349443849, pp. 6 - 7.

② *USDDO*, No. CK2349032090, pp. 3 - 4.

③ *FRUS*, 1958 - 1960, Vol. 4, Washington, D. C. : U. S. Government Printing Office, 1992, pp. 152 - 153.

税和贸易谈判授权延长4年,并规定可谈判削减现行关税20%,[1]从而为美国发起新一轮多边关税和贸易谈判创造了条件。

在1958年10—11月举行的关贸总协定缔约国第十三次会议上,美国负责经济事务的副国务卿道格拉斯·狄龙(Douglas Dillon)提议在1960年启动新一轮多边谈判。鉴于欧共体六国正在酝酿共同对外关税,美国认为应通过多边谈判影响欧共体贸易政策的制定,应对欧共体共同关税政策的挑战,[2]这是美国发起新一轮多边关税和贸易谈判的主要动因。

在美国的推动下,1959年5月举行的关贸总协定缔约国第十四次会议通过决议,决定于1960年9月发起新一轮多边关税和贸易谈判。该轮谈判分为两个阶段:第一阶段聚焦欧共体六国的关税安排和重新谈判,预计于1960年年底结束;第二阶段谈判于1961年年初启动,主要议程是在缔约国之间展开新的关税减让谈判并与申请加入国举行关税谈判。[3]

1960年9月1日,新一轮多边关税和贸易谈判第一阶段谈判在日内瓦举行,主要议题是商讨在关贸总协定制度规则的框架下,以欧共体新的单一关税减让安排取代西欧六国先前的关税减让,并就欧共体共同对外关税的影响及其补偿问题展开磋商。[4]

在第一阶段谈判举行前,美国就作出相应的政策筹划,认为与欧共体六国的谈判将是美国面临的最棘手的问题。关于关税问题,美国的目标是:共同市场新确立的关税(即共同对外关税)不应高于共同体六

---

① *FRUS*, 1958-1960, Vol. 4, pp. 177-178.

② *FRUS*, 1958-1960, Vol. 4, pp. 189-190.

③ *YUN*, 1959, New York: Office of Public Information of United Nations, 1960, p. 529.

④ Francine McKenzie, *GATT and Global Order in the Postwar Era*, New York: Cambridge University Press, 2020, p. 127.

国原先关税的平均水平,在此基础上,欧共体作为整体应提供 20% 的关税减让。与此同时,美国认为,鉴于欧共体六国正在酝酿共同的农业关税和贸易政策,且农产品贸易对美国具有特别重要的意义,因此,欧共体的农业政策将是关税和贸易谈判的最大绊脚石。与此同时,美国不得不承认,由于在 1955 年强力推动关贸总协定赋予其普遍性农产品进口数量限制豁免,欧共体可能以此作为先例,拒绝谈判包括农产品关税和补贴在内的农业政策问题。① 由此可见,基于应对欧共体挑战的考量,美国刻意将新一轮多边关税和贸易谈判分为两个阶段,目的就是将第一阶段谈判聚焦欧共体,利用关贸总协定的制度规则和谈判过程作为限制和影响欧共体共同对外关税政策的杠杆。② 尽管农业贸易政策并非第一阶段的谈判议题,但美国已经开始政策筹划,以便为相关谈判的铺展作出准备。

由于艾森豪威尔政府的任期即将届满,美国抱有强烈的意愿以期在 1960 年年底之前完成第一阶段谈判。但欧共体六国认为,共同对外关税的制定并非其他国家要求欧共体提供补偿的理由。由于欧共体六国坚持强硬立场,第一阶段谈判没有取得任何进展。③

1961 年 1 月,肯尼迪就任美国总统,已经启动的关贸总协定第五轮多边关税和贸易谈判成为肯尼迪政府对外政策的重要议题之一。在 2 月 6 日致国会的特别咨文中,肯尼迪强调,美国将竭力推动关贸总协定主持的多边关税和贸易谈判达成全面的关税减让协议,敦促其他国家削减关税,促进美国的出口以矫正美国的贸易赤字。④

---

① *FRUS*, 1958 - 1960, Vol. 4, pp. 273 - 274.
② David A. Deese, *World Trade Politics: Power, Principles, and Leadership*, New York: Routledge, 2008, p. 54.
③ Francine McKenzie, *GATT and Global Order in the Postwar Era*, p. 127.
④ *FRUS*, 1961 - 1963, Vol. 9, Washington, D. C.: U. S. Government Printing Office, 1995, pp. 2 - 3, 455.

农业贸易以及酝酿中的欧共体共同农业政策是美国最为关注的谈判议题之一,作为继续参与新一轮多边关税和贸易谈判的政策准备,肯尼迪政府提出一项农业谈判的一揽子计划(包括农产品关税和贸易政策)并递交欧共体,希望作为谈判的基础。[①] 4 月 15 日,美国和欧共体官员在布鲁塞尔就美国的一揽子农业谈判计划举行会谈。欧共体官员强调,共同农业政策对欧共体具有特别的重要性,在共同农业政策确立之前,欧共体不会与美方就农业贸易政策展开任何形式的谈判。由于分歧巨大,会谈没有达成一致。[②] 此后,美方持续向欧共体施加压力,声称欧共体拒绝农业贸易政策谈判的立场将削弱美国对欧共体的支持,迫使美国对欧共体采取贸易保护主义政策,进而危及关贸总协定制度以及跨大西洋联盟的团结。面对美国的施压,欧共体不为所动,双方在农业贸易政策上的分歧悬而未决。[③]

尽管农业贸易政策的磋商遭到欧共体的抵制,但关贸总协定第五轮多边关税和贸易谈判第二阶段谈判仍然于 1961 年 5 月 29 日在日内瓦举行,此即"狄龙回合"(Dillon Round)。[④]

但"狄龙回合"的谈判并不顺利,直至 9 月中旬,谈判依然没有取得积极进展,其主要原因是:一方面,自 1954 年以来,美国贸易政策中的保护主义倾向蠢蠢欲动,因此,其他国家对美国的关税减让方案持怀疑态度,甚至认为美国没有提供互惠的关税减让;[⑤]另一方面,欧共体在第二阶段谈判启动之际提出新方案,主张采用综合性关税减让法谈判削减关税 20%,而美国政府获得的授权却是传统的"产品对产品"的关

---

① *FRUS*, 1961 – 1963, Vol. 9, pp. 462 – 463.

② *FRUS*, 1961 – 1963, Vol. 7 – 9, Washington, D. C. : U. S. Government Printing Office, 1997, pp. 1738 – 1739.

③ *FRUS*, 1961 – 1963, Vol. 7 – 9, pp. 1739 – 1741.

④ *FRUS*, 1961 – 1963, Vol. 9, p. 466.

⑤ *FRUS*, 1961 – 1963, Vol. 9, pp. 474 – 476.

税谈判方式。① 鉴于此,美国和欧共体之间在关税谈判方式上出现重大分歧,导致"狄龙回合"的关税谈判难以推进。

面对其他国家的质疑及其对"狄龙回合"的影响,肯尼迪于 9 月作出决定,同意向欧共体和英国提供额外的关税减让,以换取欧共体和英国作出实质性关税减让。截至 11 月底,"狄龙回合"的工业品关税谈判取得进展,此后,农产品关税和贸易问题成为谈判焦点。尽管欧共体从一开始就拒绝谈判农业贸易问题,但美国仍然没有放弃利用"狄龙回合"推进一揽子农业谈判计划并影响欧共体农业贸易政策的努力。欧共体六国则异口同声地强调,"狄龙回合"不应影响甚至阻碍共同农业政策的制定。②

鉴于欧共体六国在农业问题上持毫不妥协的立场并得到英国的支持,美国推进一揽子农业谈判计划的努力难有进展。为此,美国赴"狄龙回合"代表团于 12 月 11 日提出建议,认为除农业问题之外的谈判成果总体上对美国有利,因而主张暂停与欧共体六国之间基于一揽子农业计划的谈判,待欧共体共同农业政策确立后,美国再寻求重启与欧共体的农业谈判。③

根据赴日内瓦代表团的建议,美国调整谈判策略,暂时搁置有关农业贸易政策的争论,专注关税谈判。1962 年 2 月底,"狄龙回合"的多边关税谈判(包括工业品和农产品关税谈判)基本结束,柬埔寨、以色列、葡萄牙成为关贸总协定新缔约国。④ 尽管与欧共体的农业贸易政

---

① Francine McKenzie, "The GATT-EEC Collision: The Challenge of Regional Trade Blocs to the General Agreement on Tariffs and Trade, 1950 - 67," *The International History Review*, Vol. 32, No. 2, 2010, p. 239.

② *FRUS*, 1961 - 1963, Vol. 9, pp. 478 - 479, 502 - 503.

③ *FRUS*, 1961 - 1963, Vol. 9, pp. 506 - 509.

④ 有关美国对"狄龙回合"谈判的详细总结,参见 *FRUS*, 1961 - 1963, Vol. 9, pp. 520 - 527。

策谈判遭遇挫折,但美方对关税谈判结果却深表满意,认为"狄龙回合"的关税减让成果有利于美国赢得更多的贸易盈余,改善美国的贸易收支状况。①

在进一步协商后,参与"狄龙回合"的有关各方于 7 月 16 日签署包括最后议定书在内的相关文件,"狄龙回合"宣布结束。在关税减让方面,美国同包括欧共体六国在内的相关缔约国达成新的关税减让协议,加权关税削减幅度约为 4%,②体现了"狄龙回合"的谈判成果。在贸易政策方面,美国试图将农业贸易政策纳入"狄龙回合"谈判议程并影响欧共体共同农业政策的努力遭到欧共体六国的坚决反对,美国不得不撤回一揽子农业计划的谈判立场,美欧在多边贸易谈判中围绕共同农业政策的第一场遭遇战以美国鸣金收兵而暂时落下帷幕,进而预示着农业规则将成为美欧贸易博弈的核心议题之一。

总之,欧共体的建立标志着国际经济关系出现新的格局,"狄龙回合"则是对这一新格局作出的第一次回应。③ 对于美国而言,应对欧共体酝酿中的共同关税政策和共同农业政策是美国决定发起"狄龙回合"的最重要的动因。面对国际经济领域权力结构的历史性变迁以及新的多边贸易议程,"狄龙回合"为美国和欧共体合作重塑多边贸易机制提供了一个试验场,④再度展示了有关各方依托关贸总协定制度展开的贸易合作和规则竞争,鉴于此,"狄龙回合"堪称美欧贸易博弈的历史起

① *USDDO*, No. CK2349013024, p. 1.
② Douglas A. Irwin, *Clashing over Commerce*: *A History of US Trade Policy*, Chicago: The University of Chicago Press, 2017, p. 521.
③ Andrew G. Brown, *Reluctant Partners*: *A History of Multilateral Trade Cooperation*, 1850-2000, Ann Arbor: The University of Michigan Press, 2003, p. 101.
④ Thomas W. Zeiler, *American Trade and Power in the 1960s*, New York: Columbia University Press, 1992, p. 59.

点。除关税和农业贸易政策的较量外,欧共体还充分利用"狄龙回合"的谈判平台,竭力倡导新的关税谈判方式和议程——综合性关税减让法,并据此向美国的贸易领导地位发出挑战;美国则固守传统的"产品对产品"的关税谈判方式,无法在"狄龙回合"的多边关税谈判中发挥领导作用。[1] 鉴于关税谈判方式是影响关税谈判成果的直接因素,"狄龙回合"期间的关税谈判方式之争是美国和欧共体贸易规则较量的另一个突出标志,进而迫使肯尼迪政府不得不寻求国会制定新的贸易立法,赋予美国政府新的关税谈判授权,包括新的关税谈判方式的授权。因此,"狄龙回合"是关贸总协定制度关税谈判方式的第一个转折点,[2]从一个侧面表明多边贸易体系的新格局正在悄然生成。

综上所述,在关贸总协定制度的发展历程中,20世纪40年代末到60年代初的四轮多边关税和贸易谈判具有承前启后的意义,标志着关贸总协定作为国际贸易领域的多边制度平台投入运转,同时开启了多边贸易制度发展变革的进程。

首先,在关贸总协定制度的早期发展进程中,关税谈判是最重要的多边议程。通过"安纳西回合"、"托基回合"、"第二次日内瓦回合"和"狄龙回合",有关缔约国达成程度不等的多边关税减让,由此表明关贸总协定制度在促进多边关税谈判和贸易合作方面开始发挥不可替代的作用,进一步巩固了关贸总协定制度在战后国际经济秩序中的地位,关贸总协定成为国际贸易领域最重要的制度平台和规则载体。

其次,在"安纳西回合"、"托基回合"、"第二次日内瓦回合"和"狄龙回合"及相关的贸易谈判中,有关缔约国围绕进出口数量限制措施、歧视待遇、农业贸易政策等议题展开了激烈较量。尽管没有达成协议,但

---

[1] David A. Deese, *World Trade Politics*, pp. 55 - 56.

[2] Gian Paolo Casadio, *Transatlantic Trade: USA-EEC Confrontation in the GATT Negotiations*, Lexington: Lexington Books, 1973, p. 3.

对贸易政策的争论不仅表明多边贸易谈判的议程逐步深化，而且展示了关贸总协定制度作为多边平台所具有的合作与竞争的属性和特征。从某种意义上讲，正是国家间围绕贸易政策的合作与竞争推动了关贸总协定制度的发展。

第三，关贸总协定制度的早期演进表明，国际权力结构是影响多边贸易议程设置和谈判进程的关键因素。在"安纳西回合"、"托基回合"和"第二次日内瓦回合"期间，多边贸易谈判的议程主要是关税、歧视待遇和英联邦特惠贸易体系问题。这些议题既是多边关税和贸易谈判的传统议题，也是美国倡导的贸易议程，美英两国则是谈判的主角。随着欧共体的建立，国际经济关系权力结构发生一定程度的变化。以"狄龙回合"为标志，多边关税和贸易谈判的格局呈现新的特点。在对弈角色方面，美国和欧共体成为较量的主角。在谈判议程方面，除关税谈判外，美国力图将欧共体酝酿中的共同农业政策设置为多边贸易谈判的议题，但遭到欧共体的强烈抵制；与此同时，欧共体提出新的关税谈判方式——综合性关税减让法，并以此挑战美国主导的"产品对产品"的传统关税谈判方式。至此，美国和欧共体在农业贸易政策和关税谈判方式问题上形成颉颃之势。从这个意义上讲，"狄龙回合"不仅体现了国际权力结构变化对多边关税和贸易谈判的影响，而且预示着关贸总协定制度即将迈入一个新的时期，美国在多边贸易体系中的霸权地位将面临新格局和新议题的挑战。

（本文原载《西南大学学报（社会科学版）》2023 年第 2 期，收入本论文集时作了适当修改）

美国对外政策与"肯尼迪回合"

【摘 要】 "肯尼迪回合"首先是美国应对欧共体挑战的产物,是以国际格局变迁作为历史背景的。一方面,通过"肯尼迪回合",关贸总协定制度和大西洋联盟进一步巩固,美国的主要战略目标基本实现。另一方面,在与美国的角逐过程中,欧共体坚持捍卫共同农业政策,成功将农业贸易政策排除在"肯尼迪回合"之外,由此展示了欧共体对多边贸易谈判议程和规则调整的影响力。以"肯尼迪回合"为标志,关贸总协定制度初步形成美欧共同主导的新格局。

【关键词】 美国 对外政策 欧共体 "肯尼迪回合" 关贸总协定制度

作为关贸总协定制度下第六轮多边关税和贸易谈判,"肯尼迪回合"(1964—1967 年)在多边贸易体系的演进中具有历史性意义,"是多边贸易合作史上的一个重要里程碑"。① 一方面,美国发起"肯尼迪回

---

① Andrew G. Brown, *Reluctant Partners: A History of Multilateral Trade Cooperation 1850 - 2000*, Ann Arbor: The University of Michigan Press, 2003, p. 101.

合"的主要动因就是应对欧洲经济共同体(简称欧共体)的挑战,而"肯尼迪回合"的成功举行则进一步加强了发达国家之间的政治经济关系,巩固了关贸总协定制度,由此体现了美国在关贸总协定制度中的关键作用;另一方面,"肯尼迪回合"及其谈判成果亦充分表明,关贸总协定制度框架内的权力结构发生了转折性变化,关贸总协定制度初步形成美欧共同主导的新格局。因此,分析"肯尼迪回合"及其与美国对外政策的关系,将有助于了解以关贸总协定制度为核心的多边贸易体系的发展脉络及其对国际关系的影响。

自20世纪70年代以来,美国学术界就对"肯尼迪回合"展开了研究,并涌现了一批专门探讨"肯尼迪回合"的学术成果。但由于缺乏档案资料的支撑,这些研究均存在不足,尤其是没有深入探究美国对外政策和战略,以及美欧农业政策博弈对"肯尼迪回合"谈判进程与结果的影响。中国学术界对"肯尼迪回合"的研究尚处于空白状态,迄今尚未出现"肯尼迪回合"的专题研究成果,因而无法完整解释关贸总协定制度的发展历程及其对战后国际关系的影响。鉴于此,本文主要依据美国新近解密的外交档案材料,从国际关系格局变迁和美国对外政策的角度对"肯尼迪回合"进行初步探讨,以期抛砖引玉并就教于同人。

一、美国发起"肯尼迪回合"的主要原因

以关贸总协定制度为核心的多边贸易体系的建立是以美国在战后初期国际关系中的绝对优势地位作为基本前提的,标志着美国在关贸总协定制度中霸权地位的确立。[①] 鉴于此,随着国际关系及其权力结

---

① 舒建中:《关贸总协定的建立与美国对外政策》,《世界历史》1999年第2期,第33 - 40页。

构的发展变化,美国和西欧国家在关贸总协定制度中的地位亦出现了相应的调整,关贸总协定制度由此进入一个新时期。

20 世纪 60 年代是战后国际关系发生深刻变化的时期,其突出标志之一就是美国霸权地位的相对削弱,以及西欧经济的联合复兴和欧共体的建立。随着经济地位的变化,美国与其盟国的经济摩擦频繁发生,60 年代初期美国与西欧之间的"冻鸡战"就清楚地表明,美欧经济关系亟待调整。在国际政治领域,美国与其盟国之间同样龃龉迭生:美国于 1962 年提出的"多边核力量"计划因法国的强烈反对而最终流产;基于削弱和抵消西欧日渐增长的对美离心倾向的战略考量,美国竭力支持与其保持特殊关系的英国于 1961 年申请加入欧共体,但此举因法国的坚决反对而未能如愿;法美矛盾在 60 年代的持续发酵则成为美欧关系出现重大裂痕的集中体现。面对错综复杂的局势及国际关系的新发展,美国深感必须调整对外政治经济政策,通过一次成功的国际谈判改善美欧关系并巩固大西洋联盟,这是美国积极倡导"肯尼迪回合"的国际大背景。换言之,通过一次成功的多边贸易谈判,美国力图与新兴的欧共体建立新的伙伴关系,并为大西洋联盟奠定牢固的经济基础。[1]正因如此,在美国看来,"肯尼迪回合"既具有重要的贸易利益,又具有高度的政治利益。[2]

除总的对外政策考虑之外,美国倡导并发起"肯尼迪回合"的直接动因就是应对欧共体的挑战。[3] 1957 年 3 月,法国、西德、意大利、比利时、荷兰、卢森堡等六国签署关于建立欧共体的《罗马条约》并于 1958

① Timothy E. Josling, Stefan Tangermann and Thorald K. Warley, *Agriculture in the GATT*, London: MacMillan Press, 1996, p. 53.
② Donna Lee, "Endgame at the Kennedy Round: A Case Study of Multilateral Economic Diplomacy," *Diplomacy & Statecraft*, Vol. 12, No. 3, 2001, p. 116.
③ Sophie Meunier, *Trading Voices: The European Union in International Commercial Negotiations*, Princeton: Princeton University Press, 2005, p. 75.

年1月1日生效。诚然,出于冷战战略的考虑,美国对欧共体的建立基本持支持态度。但相伴而生,在推动国际贸易关系发展演进的诸多因素中,欧共体对美国的贸易地位产生了最具深远意义的影响。[1] 其中,欧共体的共同对外关税政策和共同农业政策成为美国关注的核心问题。鉴于此,"肯尼迪回合"谈判主要在美国与欧共体之间展开。

根据《罗马条约》及有关建立关税同盟的规定,欧共体国家自1958年开始依据综合性关税削减法削减内部关税并逐步实行共同对外关税,因此,欧共体国家在多边关税谈判中自然不愿采用产品对产品的传统谈判方式。在此背景下,美国认为,在欧共体发展的关键阶段,美国必须调整贸易政策与立法,确立水平式(综合性)关税谈判原则,以期削减欧共体的对外关税壁垒,维护开放的自由贸易机制,同时通过新的贸易政策计划以影响欧共体的政策方向。[2]

共同农业政策是欧共体的两大经济支柱之一,包括共同价格改革、农产品进口差额税和出口支持与补贴政策三个基本环节,目的就是保护欧共体的农业市场并增强欧共体农业的国际竞争能力。美国认为,随着欧共体的建立以及共同农业政策的逐步实施,美国农产品的欧洲市场正在经历革命性变化,因此,确保并改善美国农产品在欧共体的市场准入条件就成为美国优先关注的政策问题。为实现这一目标,美国政府深感必须调整美国的贸易立法,以期获得新的谈判授权和谈判筹码。[3] 与此同时,美国还从战略和政治的高度看待欧共体的共同农业政策,认为共同农业政策是影响美欧关系和大西洋联盟的最重要的因

---

[1] U. S. , Department of State, *American Foreign Policy*: *Current Documents* (cited as *AFP*), 1961, p. 1244.

[2] U. S. , Department of State, *Foreign Relations of the United States* (cited as *FRUS*), 1961 - 1963, Vol. 13, pp. 46 - 47.

[3] *FRUS*, 1961 - 1963, Vol. 13, pp. 97 - 100.

素,因而应予以充分关注。①

由此可见,随着欧共体的建立,尤其是共同对外关税和共同农业政策的逐步实施,美国的对外经济政策以及美国主导下的关贸总协定制度面临新的挑战。于是,确保欧洲市场对美国的开放就成为美国必须直面的问题,而通过新一轮多边关税和贸易谈判以减轻欧共体共同关税和农业政策对美国的影响则是美国的主要政策目标。从这个意义上讲,欧共体的挑战是美国倡导发起"肯尼迪回合"的最重要的驱动力。②

正是基于上述考量,肯尼迪总统于 1962 年 1 月 25 日向国会发表咨文,阐述了美国新的贸易政策构想。肯尼迪指出,欧共体的建立标志着大西洋联盟的经济关系发生了明显变化,世界市场已经形成美国和欧共体两大中心,在此背景下,基于选择性关税削减法的贸易政策已无法确保美国产品有效进入欧共体市场。肯尼迪同时强调,面对严峻的国际收支平衡压力,美国必须增加出口以巩固美元的国际地位,阻止美国黄金储备的持续外流,实现美国国际收支的合理平衡,促进美国的经济增长;此外,苏联与发展中国家贸易关系的发展亦促使美国必须调整贸易政策以抗衡苏联的竞争。为应对新的挑战,肯尼迪强烈呼吁扩大美国政府的关税和贸易谈判授权,此种授权包括两个方面:1. 一般授权,即授权美国政府在互惠谈判中可将现行关税削减 50%,并授权美国政府采取各种灵活方式以行使此项职权,包括在总的产品分类及次分类的基础上进行谈判;2. 特别授权,即授权美国政府在与欧共体的谈判中可以采用综合性方式以期削减或取消相关领域的所有关税。肯尼迪声称,美国必须谱写大西洋联盟的新篇章,美国与西欧的贸易伙伴

---

① *FRUS*, 1961–1963, Vol. 13, pp. 134–135.

② C. Fred Bergsten, "Fifty Years of Trade Policy: The Policy Lessons," *The World Economy*, Vol. 24, No. 1, 2001, p. 6.

关系将推动世界的力量对比朝着有利于"自由世界"的方向发展。①

在美国政府的推动下,美国国会于 1962 年 10 月通过了《1962 年贸易拓展法》并经肯尼迪签署生效。该法明确规定其宗旨为:刺激美国的经济增长,以及维持并扩大美国产品的国外市场份额;通过开放和非歧视的多边贸易发展加强"自由世界"的经济联系;阻止共产主义的经济渗透。为此,该法授权总统以 1962 年 7 月 1 日的关税税率为基准,可谈判削减关税 50%,同时授权总统可在商品综合归类的基础上同欧共体展开关税谈判,包括农产品关税以及贸易协定的谈判。《1962 年贸易拓展法》同时规定,上述授权的期限为 1962 年 7 月 1 日至 1967 年 6 月 30 日。为整合贸易谈判资源,《1962 年贸易拓展法》还授权总统任命美国贸易谈判特别代表,具体负责贸易协定的谈判与实施。② 由此可见,《1962 年贸易拓展法》扩大了美国政府的关税谈判授权,有关商品综合归类谈判方式的规定更是弥补了产品对产品谈判方式的不足,实际上确立了综合性关税削减法(又称水平式关税削减法)的谈判原则,预示着多边关税谈判方式的"重大转变",③为更大范围的多边关税谈判奠定了基础。从应对欧共体挑战的角度来看,美国始终坚信,《1962 年贸易拓展法》有助于推动欧共体的制度规则建立在自由贸易的基础上。④ 正因如此,《1962 年贸易拓展法》旨在开启美国领导下的西方世界经济伙伴关系的新时代,⑤体现了美国为加强大西洋联盟而

---

① Council on Foreign Relations, *Documents on American Foreign Relations* (cited as *DAFR*), 1962, pp. 482 – 491.

② *AFP*, 1962, pp. 1383 – 1386, 1390.

③ Alice Enders, "Reciprocity in GATT 1947: From 1942 to the Kennedy Round," in Jagdish Bhagwati, ed. , *Going Alone: The Case for Relaxed Reciprocity in Freeing Trade*, Cambridge: The MIT Press, 2002, p. 104.

④ *FRUS*, 1961 – 1963, Vol. 13, p. 246.

⑤ *FRUS*, 1964 – 1968, Vol. 8, p. 935.

作出的战略、政治和经济努力,并为"肯尼迪回合"开辟了道路。[1]

就在美国积极酝酿制定新的贸易政策与立法以应对欧共体挑战之际,一场不期而至的"冻鸡战"再次彰显了美欧关系的变化,进而推动美国加速发起新一轮多边贸易谈判。

出于保护国内产业的考虑,美国于 1962 年 5 月宣布援引关贸总协定制度的免责条款,撤销地毯和玻璃制品的关税减让。此举招致欧共体的强烈反对,作为报复措施,欧共体于 6 月宣布对从美国进口的家禽征收进口差额税,提高家禽进口的门槛税。美国旋即指责欧共体的政策违背了关贸总协定制度的基本原则,并将损害美国与欧共体国家之间的贸易伙伴关系。[2] 至此,美欧"冻鸡战"拉开帷幕。1963 年 5 月,即"肯尼迪回合"紧张酝酿之际,欧共体再次宣布提高美国家禽的进口税。震惊之余,美国立即要求就日趋恶化的"冻鸡战"与欧共体展开谈判并寻求基于平衡目的的补偿。[3] 在谈判无果的情况下,美国遂于 1963 年 12 月宣布,由于欧共体对美国的家禽产品施加了不合理的进口限制并拒绝提供相应补偿,美国将不得不中止对欧共体国家的部分关税减让。[4] 毫无疑问,"冻鸡战"是欧共体农产品进口差额税政策的第一次尝试,也是美国与欧共体之间因共同农业政策的实施而爆发的第一场遭遇战,[5]并为即将举行的"肯尼迪回合"蒙上了一层阴影,预示着美欧之间将围绕农业贸易政策展开艰苦的较量。

---

[1] William S. Borden, "Defending Hegemony: American Foreign Economic Policy," in Thomas G. Paterson, ed., *Kennedy's Quest for Victory: American Foreign Policy, 1961–1963*, Oxford: Oxford University Press, 1989, pp. 70, 77.

[2] *FRUS*, 1961–1963, Vol. 13, pp. 100, 104.

[3] *AFP*, 1963, pp. 458–459.

[4] *FRUS*, 1961–1963, Vol. 13, pp. 213–214, 218.

[5] Timothy E. Josling, Stefan Tangermann and Thorald K. Warley, *Agriculture in the GATT*, p. 58.

1963 年 5 月，关贸总协定缔约国大会及部长级会议在日内瓦举行，在此期间，美国贸易谈判特别代表克里斯迪安·赫脱明确表示，在即将举行的新一轮多边贸易谈判中，美国尤其关注两个核心问题：一是关税谈判，二是农业谈判。赫脱指出，为实现最大限度的贸易自由化，关税谈判应根据水平式关税削减法寻求达成 50% 的关税减让，水平式关税谈判的例外应限制在最低水平。鉴于农业谈判的内容与方式尚未确定，赫脱则强调，新一轮多边贸易谈判必须包含农业并就世界市场的农产品准入达成协议，进而实现农业贸易自由化的目标。否则，美国将不会结束谈判并拒绝接受谈判结果。①

在美国的推动下，日内瓦会议决定于 1964 年 5 月启动新一轮多边关税和贸易谈判(即"肯尼迪回合")，为此，日内瓦会议确立了有关的谈判原则：1."肯尼迪回合"的谈判范围将涵盖所有产品，包括工业制成品、农产品和初级产品；2."肯尼迪回合"将涉及关税壁垒和非关税壁垒；3."肯尼迪回合"的关税谈判将采用互惠与对等的水平式关税削减法，其例外应控制在最低限度内；4.鉴于农业在世界贸易中的重要性，"肯尼迪回合"应为世界农产品市场的准入创造有利的条件；5."肯尼迪回合"应努力削减针对发展中国家的贸易壁垒，发达国家不期望发展中国家作出互惠的关税和贸易减让。② 至此，美国最为关注的农业谈判被纳入"肯尼迪回合"的谈判范畴，由此体现了美国在"肯尼迪回合"议程设置中的主导作用。随着有关谈判原则的确立，"肯尼迪回合"进入实质性运作阶段。

---

① *AFP*, 1963, pp. 1121 – 1125.
② *AFP*, 1963, pp. 1126 – 1127.

二、美国与"肯尼迪回合"的主要谈判进程

鉴于农业问题对美国和欧共体均至关重要,在"肯尼迪回合"正式启动之前,美国和欧共体先后确立了各自的农业谈判政策和立场。

在"肯尼迪回合"酝酿期间,欧共体于1961年就农产品进口差额税政策达成协议,但共同农业政策的其余部分——包括共同谷物政策——尚在谈判之中。为此,欧共体表示,在共同农业政策制定完成之前,欧共体将不会参与任何国际农业协定。由此可见,欧共体国家在"肯尼迪回合"期间的"中心目标是防止因与美国的谈判而阻碍共同农业政策的制定",即确保在"没有外来干涉的情况下拟定共同农业政策"。[①] 在此背景下,欧共体农业委员西科·曼肖特于1964年2月就欧共体的农业谈判政策提出"曼肖特计划"。根据该计划,"肯尼迪回合"有关谈判各方应首先评估各自的农业支持、补贴和保护水平(统称农业支持幅度),然后在谈判中承诺约束经确定的农业支持幅度,且约束农业支持幅度应视同约束关税;此外,当进口农产品价格低于谈判议定的参考价格时,进口方可以征收进口差额税。[②] 由此可见,"曼肖特计划"的核心就是以承认欧共体的农业支持政策为前提,力图冻结欧共体的农业支持政策,继续实施农产品进口差额税。鉴于此,美国贸易谈判特别代表赫脱旋即指责"曼肖特计划"旨在固定欧共体的农业保护水平,而不是削减贸易壁垒并推动农业贸易自由化,因而是不可接受的。[③]

---

① Sophie Meunier, *Trading Voices*, p. 83.
② Timothy E. Josling, Stefan Tangermann and Thorald K. Warley, *Agriculture in the GATT*, pp. 57, 62 - 63.
③ *AFP*, 1964, pp. 1204 - 1206.

与此同时,在反复权衡之后,美国于 1964 年 2 月设计完成了系统完整的农业谈判政策,这就是"赫脱计划"。该计划认为,"肯尼迪回合"的农业贸易谈判将是复杂的,而欧共体则是美国在农业谈判中的主要对手。鉴于此,"赫脱计划"提出了农业谈判的基本原则:1. 对于以固定关税作为主要贸易壁垒的农产品,应最大限度地实施关税减让;2. 对于以进口差额税及其他保护方式作为主要贸易壁垒的农产品,美国的目标是谈判并确保可接受的市场准入条件;3. 对于大宗农产品,如谷物、肉制品和乳制品等,应在国际商品协定的框架内展开谈判,以期在互惠的基础上削减农业贸易限制。① 由此可见,通过削减农产品关税和非关税贸易壁垒并确保公平的市场准入条件,美国的政策意图就是将形成中的欧共体共同农业政策圈定在多边贸易规则的框架内,② 而确保开放的农产品市场准入条件和贸易环境则是"赫脱计划"的核心。

1964 年 5 月 4 日,"肯尼迪回合"在日内瓦正式启动,且谈判从一开始就陷入了僵局。究其原因,一是欧共体坚持以"曼肖特计划"及其农业支持幅度方案作为谈判基础,而美国则明确表示反对;二是美国坚持工业品谈判和农产品谈判应同时举行,但欧共体却以其成员国尚未达成共同谷物政策为由,拒绝实质性参与"肯尼迪回合"的所有谈判。③ 由此可见,农业问题是"肯尼迪回合"陷入僵局的主要原因,进而导致整个谈判议程无力推进。

面对"肯尼迪回合"的开局不利,美国不得不调整谈判立场。7 月 13 日,美国贸易谈判副特别代表迈克尔·布卢门撒尔发表声明,承认农业谈判不同于工业谈判,因而应采用切合实际的谈判方法。为此,布

---

① *FRUS*, 1964 - 1968, Vol. 8, pp. 614 - 617.
② Sophie Meunier, *Trading Voices*, pp. 77, 80.
③ *FRUS*, 1964 - 1968, Vol. 8, pp. 642 - 643, 648 - 649.

卢门撒尔宣布了美国调整后的农业谈判政策:对于大宗农产品,应在国际商品协定的框架内达成全球安排,美国将愿意考虑"曼肖特计划"所提出的农业支持幅度方案,只要此种方法能够确保并改善市场准入条件;对于以进口差额税作为主要贸易壁垒的农产品,美国同样愿意考虑农业支持幅度方案,只要此种方法的谈判不是仅仅旨在约束现行的农业支持措施,而是导向农业贸易自由化并增加贸易机会;对于以固定关税作为主要贸易壁垒的农产品,美国坚持认为应采用水平式关税减让方法。布卢门撒尔强调,有关各方应尽快就农业谈判规则达成一致,以期推动"肯尼迪回合"农业谈判的展开。① 由此可见,尽管美国部分接受了农业支持幅度方案,但仍然强调了"赫脱计划"所确立的市场条件改善的政策目标。

1964 年 9—10 月,美国和欧共体围绕农业谈判规则举行了四次双边谈判。在此期间,欧共体坚持以"曼肖特计划"作为农业谈判的基础,尤其坚持维护农业支持政策和农产品进口差额税政策,拒绝谈判市场准入条件。不仅如此,欧共体还试图以参考价格和进口差额税取代现行的固定关税约束承诺,从而进一步扩大农产品进口差额税的适用范围。对于欧共体的农业谈判立场,美国明确表示难以接受。由于分歧巨大,美欧双边谈判无果而终。②

面对谈判僵局,美国政府相关部门于 10 月 27 日和 28 日连续两天举行会议,对"肯尼迪回合"的谈判局势进行评估。与会者均认为,按照约定程序,有关国家应于 11 月 16 日提交水平式关税谈判的例外清单,如果美国因农业谈判的拖延而拒绝提交例外清单,那么,其他国家亦将仿效,并将"肯尼迪回合"无法推进的责任归咎于美国。鉴于此,绝大多

---

① *FRUS*, 1964–1968, Vol. 8, pp. 646–648.
② *FRUS*, 1964–1968, Vol. 8, pp. 664–666.

数与会者认为美国应按期提交工业品例外清单(但推迟提交农产品例外清单),进而为"肯尼迪回合"创造有利的条件,并以此作为向欧共体施加压力的筹码。①

11月2日,美国通知"肯尼迪回合"有关各方,明确表示美国将于11月16日提交工业品例外清单,并期望在1965年年初就工业品和农产品展开实质性谈判。与此同时,美国政府强调指出,"肯尼迪回合"的成功取决于工业谈判和农业谈判均取得积极进展。②

12月15日,欧共体成员国就共同谷物政策达成协议,赫脱旋即致函欧共体负责对外事务的官员琼·雷伊并强调,随着欧共体就统一的谷物价格达成一致,"肯尼迪回合"农业谈判的障碍已经消除,为此,赫脱敦促欧共体迅速就农业问题展开谈判,以期打破"肯尼迪回合"的谈判僵局。③ 但是,赫脱的呼吁并没有得到雷伊的回应。

实际上,欧共体的共同谷物价格高出世界市场价格60%左右,在此条件下,进口差额税的征收将严重影响美国谷物在欧共体市场的竞争能力,削弱现行的关税约束,进而损害美国农业贸易自由化的目标。④ 正因如此,欧共体的共同谷物价格政策引起美国方面的极大关注。1965年2月9日,美国农业部部长奥维尔·弗里曼同已升任欧共体委员会副主席的曼肖特在华盛顿举行会谈,再次表达了对"肯尼迪回合"农业谈判和共同谷物政策的强烈关注,呼吁欧共体尽快提交农业谈判清单并就谷物问题展开谈判。同一天,美国副总统休伯特·汉弗莱亦同曼肖特举行了会谈。汉弗莱重申,美国高度关注"肯尼迪回合"的农业贸易谈判及欧共体的谷物价格支持政策,如果不能就农业问题达

---

① *FRUS*, 1964－1968, Vol. 8, pp. 668－672.
② *FRUS*, 1964－1968, Vol. 8, p. 680.
③ *FRUS*, 1964－1968, Vol. 8, pp. 690, 694－695.
④ *FRUS*, 1964－1968, Vol. 8, pp. 690, 714－715.

成协议,"肯尼迪回合"将归于失败,美欧关系亦将因此受到严重影响。曼肖特则辩称,欧共体国家面临同美国一样的农业难题,欧共体的农业支持政策旨在确保农民获得公平的收入,因此,"肯尼迪回合"农业谈判的基本问题就是寻求达成可接受的农业支持政策和支持水平。① 由此可见,欧共体在农业谈判中仍然坚持"曼肖特计划"的立场,曼肖特的华盛顿之行并未改变农业谈判的僵持局面。

与此同时,欧共体的农业谈判立场始终面临巨大的国际压力,而且,共同谷物政策的出台亦为欧共体参与农业谈判创造了条件。鉴于此,欧共体于 1965 年 3 月初表示同意在 4 月启动谷物谈判,并同意于 9 月 16 日提交全面的农业关税谈判清单。与此同时,欧共体再度强调,农业谈判的目标就是确认农业支持幅度和保护水平。美国立即对此作出回应并强调指出,农业关税谈判清单的提交应是无条件的。②

截至 1965 年 7 月中旬,"肯尼迪回合"的工业品谈判取得一定进展,有关各方围绕工业品的例外清单展开了广泛磋商。在农产品方面,谷物协定谈判已于 5 月正式启动,有关各方已承诺于 9 月 16 日提交其他农产品和热带产品的关税谈判清单。③

就在谈判出现转机之际,欧共体的内部危机再次为"肯尼迪回合"蒙上阴影。由于在共同农业政策融资机制和欧洲议会表决机制上同其他五国存在分歧(法国反对授予欧洲议会超国家权力,反对将共同农业政策融资机制的谈判与欧洲议会表决机制的谈判联系起来),法国于 1965 年 7 月宣布拒绝出席欧共体委员会会议,由此导致"空椅危机"。在缺乏欧共体委员会授权的情况下,欧共体亦无法有效参与"肯尼迪回

① *FRUS*, 1964 - 1968, Vol. 8, pp. 702 - 707.
② *FRUS*, 1964 - 1968, Vol. 8, pp. 711 - 712.
③ *FRUS*, 1964 - 1968, Vol. 8, pp. 730 - 732.

合"谈判,包括提交农业关税谈判清单。①

鉴于欧共体已不可能按照约定时间提交农业关税谈判清单,美国国内对农业关税谈判清单的提交亦出现分歧。为此,赫脱于8月9日向约翰逊总统递交一份备忘录,强调美国应对目前局势的"最佳选择"就是按时提交农业关税谈判清单,其理由为:鉴于"肯尼迪回合"的农业谈判对美国至关重要,为避免农业谈判的拖延及"肯尼迪回合"的失败,美国应率先行动并以此敦促其他国家仿效美国,同时对欧共体形成压力并促使其调整谈判立场;而且,美国的率先行动亦可确保谷物谈判及工业品谈判的继续进行;更为重要的是,美国的率先行动可以再次强化美国的政策立场,即工业品谈判和农产品谈判必须包含在"肯尼迪回合"之中。赫脱强调指出,为维护自身贸易利益,美国在宣布按时提交农业关税谈判清单时应声明,基于互惠原则,美国应收到互惠的农产品关税减让;在欧共体提交农业关税谈判清单之前,对欧共体的农业关税减让将不包括在美国的农业关税谈判清单之中。赫脱的建议立即获得约翰逊总统的赞同与支持。8月19日,赫脱宣布,美国将于9月16日提出美国的农业关税谈判清单。② 至此,除业已开始的谷物协定谈判之外,美国决定推动农业关税谈判的全面展开,而农业贸易政策(主要是农业支持政策)的谈判依然悬而未决。

在"肯尼迪回合"艰难行进之时,"美国销售价格体系"亦成为各方关注的问题。按照《1930年关税法》和《1956年关税简化法》的有关规定,美国对竞争性进口商品的关税征收将以基于美国销售价格的海关估价为准,这就是关于海关估价的"美国销售价格体系"。由于"美国销售价格体系"有违关贸总协定制度的海关估价标准且具有典型的非关

---

① Sophie Meunier, *Trading Voices*, pp. 88 – 90.
② *FRUS*, 1964 – 1968, Vol. 8, pp. 739 – 744, 746 – 747.

税壁垒性质,因而招致有关国家的强烈批评。在"肯尼迪回合"期间,欧共体就明确表示,除非美国同意谈判调整甚至取消"美国销售价格体系",否则,欧共体将拒绝与美国谈判化学制品领域的关税和非关税壁垒问题,英国亦将调整"美国销售价格体系"作为提供化学制品关税减让的前提条件。为推动"肯尼迪回合"的谈判进程,美国贸易谈判代理特别代表威廉·罗斯于1965年10月正式向约翰逊总统建议调整"美国销售价格体系"。在11月初同英国的会谈中,罗斯强调了调整"美国销售价格体系"的必要性,但同时表示,作为交换条件,美国应在关税和非关税壁垒领域获得互惠的减让。① 至此,在欧共体和英国的积极敦促下,"美国销售价格体系"的调整及相关谈判被正式纳入"肯尼迪回合"的谈判议程。

鉴于美国总统的关税和贸易谈判授权将于1967年6月30日到期,关贸总协定总干事埃里克·怀特于1966年1月初致函"肯尼迪回合"有关谈判各方,强烈呼吁采取措施推进"肯尼迪回合"。② 在此背景下,美国和欧共体于1966年1月11日在布鲁塞尔就"肯尼迪回合"的相关问题举行会谈。罗斯指出,1966年是"肯尼迪回合"的关键时期,因此,欧共体应毫不拖延地积极参与日内瓦的所有谈判。雷伊承认"肯尼迪回合"的进一步拖延将招致巨大风险,而"空椅危机"又使欧共体委员会无法就"肯尼迪回合"的谈判议题作出决策。在谈到农业贸易政策问题时,罗斯指出,农业谈判远远赶不上工业谈判的步伐,而欧共体尚未提交农业关税谈判清单则是影响农业谈判的关键因素。布卢门撒尔同样认为,"肯尼迪回合"有关各方提交的农业关税谈判清单均受到欧共体政策不确定性的影响,欧共体不应等待共同农业政策制定完成之

---

① *FRUS*, 1964 - 1968, Vol. 8, pp. 753 - 755, 761.
② *FRUS*, 1964 - 1968, Vol. 8, pp. 782 - 783.

后才提出农业关税谈判清单。曼肖特承认农业问题对"肯尼迪回合"产生了严重影响,但同时明确表示,在政治危机化解之后,欧共体的首要任务仍然是制定共同农业政策,包括确立共同农业政策的融资机制和主要农产品的共同价格政策;在此基础上,欧共体委员会才有可能获得农业谈判的具体授权并提出农业关税谈判清单。① 由此可见,尽管美欧之间就农业问题广泛交换了意见,但由于"空椅危机"的影响,"肯尼迪回合"的农业谈判实际上仍然难以推进。更为重要的是,欧共体仍然坚持既定的农业谈判立场,即共同农业政策的制定优先于"肯尼迪回合"的农业谈判,农业支持幅度方案应是农业贸易政策谈判的基础。②

尽管农业谈判处于僵持状态,但"肯尼迪回合"其他领域的谈判仍在继续进行。1966 年 5 月,化学制品小组举行第一次会议,有关谈判各方完成了化学制品关税减让清单的提交,并决定化学制品关税谈判与"美国销售价格体系"的谈判应同时进行。会议期间,布卢门撒尔明确表示,美国将以取消"美国销售价格体系"为其他各方作出让步的交换,且与此相关的协定需美国国会批准。与此同时,钢材制品小组的谈判和反倾销政策小组的谈判亦相继举行。③

值得注意的是,与农业谈判的举步维艰相比,"肯尼迪回合"的工业品谈判却取得了实质性进展。到 1966 年 7 月,除同欧共体和瑞典的工业品关税谈判仍在进行之外,美国同有关各方已就工业品关税减让达成初步协议。在此情况下,有关各方对于"肯尼迪回合"的成功结束开始持积极乐观的态度。④

与此同时,欧共体内部的政治危机亦得到化解。1966 年 5 月,欧

---

① *FRUS*, 1964 – 1968, Vol. 8, pp. 801 – 807.
② *FRUS*, 1964 – 1968, Vol. 8, p. 816.
③ *FRUS*, 1964 – 1968, Vol. 8, p. 827.
④ *FRUS*, 1964 – 1968, Vol. 8, pp. 831 – 833.

共体国家最终达成"卢森堡妥协方案",同意成员国在涉及自身重大利益的问题上拥有否决权,在共同农业政策的融资规则上,成员国同意采用负担共享原则。① 至此,"空椅危机"结束,并为欧共体全面参与"肯尼迪回合"创造了条件。

1966年7月,欧共体就主要农产品的共同农业政策达成原则协议,并决定提交"肯尼迪回合"的农业关税谈判清单。作为回应,美国于8月初决定提交涉及欧共体利益的农业关税谈判清单。罗斯同时指出,鉴于欧共体共同农业政策基于保护性价格支持措施,欧共体的农业关税谈判清单不可能全面充分,而美国提供农业关税谈判清单的目的就是敦促欧共体改善其关税谈判清单,并在必要时撤回部分农业关税谈判项目。② 由此可见,面对紧迫的谈判议程和时间限制,以及欧共体对共同农业政策的坚持,美欧农业谈判的重点悄然发生了变化,农业关税谈判成为关注的核心,而农业贸易政策(包括农业支持政策)的谈判实际上已被放弃。

1966年9月,"肯尼迪回合"的农业关税谈判正式启动。为推动农业谈判,布卢门撒尔宣布美国将提供50%的农产品关税减让,农产品关税谈判将采用产品对产品的方式,为此,美国希望其他国家调整并改善农业关税谈判清单,以期实现最大限度的农业关税削减。③

9月23日,美国和欧共体在日内瓦就农业关税举行了双边谈判。美国方面明确表示,欧共体的农产品关税谈判清单令人失望,因而应予以改善,并以扩大贸易机会和实现贸易自由化为标准,否则,美国将难以保持现有的工业品和农产品关税减让承诺。从9月底至10月中旬,美欧围绕农业问题相继举行了五次双边谈判,并在产品对产品方式的

---

① Sophie Meunier, *Trading Voices*, pp. 91 - 92.
② *FRUS*, 1964 - 1968, Vol. 8, pp. 839 - 840.
③ *FRUS*, 1964 - 1968, Vol. 8, pp. 851 - 855.

基础上就农产品关税展开了逐项磋商。在此期间,除继续要求欧共体提供更大幅度的关税减让之外,美国再次表示强烈反对欧共体的进口差额税政策,希望会同第三方就欧共体的参考价格体系展开谈判。出于捍卫共同农业政策的坚定立场,美国的要求并没有得到欧共体的回应。①

截至 1967 年 4 月,美欧农业谈判仍未取得积极进展。面对"肯尼迪回合"的时间压力,美国再次调整谈判立场。就农业谈判而言,美国认为其在农业谈判中的最大利益就是获得非大宗类农产品(主要是蔬菜和水果、家禽制品、烟草制品等)的关税减让,同时寻求谷物谈判的一揽子协定(包括更高的小麦价格和粮食援助条款等)。与此相对应,美国将视情况撤回部分关税减让承诺。在工业品领域,美国认为最重要的问题是化学制品的谈判。为此,美国强调应订立两个相互独立的协定:一是化学制品关税减让协定,该协定是"肯尼迪回合"谈判成果的组成部分;二是独立于"肯尼迪回合"谈判成果的协定,通过该协定,美国将以取消"美国销售价格体系"换取有关各方的额外让步,且该协定将提交美国国会审议批准。②

在确定了新的谈判立场之后,已经就任美国贸易谈判特别代表的罗斯与雷伊举行了一系列谈判。在美国的推动下,雷伊第一次表示愿意进行化学制品综合协定谈判,但在农业问题上却拒绝了美国的要求。罗斯则明确指出,除化学制品综合协定之外,美国必须在谷物谈判和非大宗类农产品谈判中有所收获,否则,"肯尼迪回合"将无果而终。③

实际上,美国和欧共体均无法承受"肯尼迪回合"失败的严重后果。对于美国而言,"肯尼迪回合"的失败不仅意味着美国经济和贸易利益

① *FRUS*, 1964 - 1968, Vol. 8, pp. 861 - 862.
② *FRUS*, 1964 - 1968, Vol. 8, pp. 893, 895, 898.
③ *FRUS*, 1964 - 1968, Vol. 8, pp. 899 - 900, 902 - 903.

的重大损失,而且,美国主导建立的多边贸易体系及其制度规则亦将陷入危机;更为重要的是,"肯尼迪回合"的失败还将带来严重的政治后果,尤其是恶化美国与欧共体的关系。① 鉴于此,美欧均有达成妥协的经济考量和政治意愿。从 5 月初开始,美欧展开了夜以继日的磋商,并最终就农业问题达成妥协。美国同意谷物协定只应包含价格条款和粮食援助条款,放弃在谷物协定中列入市场准入条款。欧共体则同意削减非谷物类农产品关税。此外,欧共体亦接受了美国有关化学制品协定的谈判方案。②

随着美欧分歧的化解,"肯尼迪回合"的主要障碍得以清除。1967年 5 月 15 日,有关各方就"肯尼迪回合"的相关谈判议程达成最终协议。在进一步磋商之后,有关各方于 6 月 30 日在日内瓦签署了"肯尼迪回合"的相关文件和协定,"肯尼迪回合"宣布结束。③

三、"肯尼迪回合"的谈判成果及其评价

在经历了三年的艰苦谈判之后,"肯尼迪回合"取得积极的谈判成果。概括地讲,"肯尼迪回合"的谈判成果主要包括以下几点。1. 在关税减让方面,通过"肯尼迪回合"的关税谈判,工业品关税平均削减33％—35％,农产品关税亦大幅度削减。2. 根据"肯尼迪回合"达成的国际谷物协定备忘录,有关国家同意小麦的最低价格为每蒲式耳 1.73美元,最高价格为每蒲式耳 2.13 美元;与此同时,有关国家还同意,国际谷物协定应包含为期三年的粮食援助条款,在粮食援助条款下,发达国家的粮食援助比例为:美国 42％,欧共体 23％,加拿大 9％,英国、澳

① *FRUS*, 1964 - 1968, Vol. 8, p. 922.
② *FRUS*, 1964 - 1968, Vol. 8, pp. 915, 920 - 921.
③ *FRUS*, 1964 - 1968, Vol. 8, pp. 933, 958 - 959.

大利亚和日本分别为 5％。3. 在化学制品方面,"肯尼迪回合"达成两个相关协定:一是作为"肯尼迪回合"关税谈判成果组成部分的化学制品关税减让协定,根据该协定,美国将提供 42％的关税减让,欧共体、英国和日本将分别提供 25％—30％的关税减让;二是独立的化学制品协定,根据该协定,美国同意寻求通过立法措施取消"美国销售价格体系",并将新的化学制品关税维持在 20％左右。作为交换条件,欧共体、英国和日本同意进一步削减化学制品关税的 20％—25％;欧共体还应调整歧视性的公路税,英国则承诺削减英联邦烟草制品特惠关税20％。此外,"肯尼迪回合"还决定,《国际棉纺织品贸易长期安排》将延期三年,从而将棉纺织品继续排除在多边贸易体系之外。与此同时,在美国的积极倡导和推动下,"肯尼迪回合"还达成一个《国际反倾销守则》,以期实现反倾销政策措施的统一。[1]

根据"肯尼迪回合"达成的国际谷物协定备忘录的安排,有关各方于 1967 年 11 月在意大利首都罗马举行会议,最终签署了《国际谷物协定》,该协定包括《小麦贸易公约》和《粮食援助公约》两个组成部分,并于 1968 年 7 月生效。[2] 至此,"肯尼迪回合"有关国际谷物安排和多边粮食援助的谈判成果付诸实施。在此之前,"肯尼迪回合"有关关税减让的《1967 年日内瓦议定书》已于 1968 年 1 月正式生效。

1968 年 5 月,约翰逊总统将《1968 年贸易拓展法》提交国会审议,除要求将总统的关税谈判授权延长至 1970 年 6 月之外,约翰逊总统还要求国会同意取消"美国销售价格体系",进而推动"肯尼迪回合"独立化学制品协定的生效,但美国国会并未就《1968 年贸易拓展法》采取任何行动。[3] 由于美国国会拒绝审议《1968 年贸易拓展法》,"肯尼迪回

①　*FRUS*, 1964 - 1968, Vol. 8, pp. 937 - 940, 960.
②　*FRUS*, 1964 - 1968, Vol. 8, p. 970.
③　*FRUS*, 1964 - 1968, Vol. 8, pp. 973 - 974.

合"达成的独立化学制品协定未能进入生效和实施程序,"美国销售价格体系"得以继续保留。

由此可见,通过"肯尼迪回合"的多边关税和贸易谈判,美国基本实现了既定的政策和战略目标。首先,"肯尼迪回合"达成了关贸总协定制度历史上最大幅度的工业品关税减让,同时实现了农产品的关税减让,且发达国家之间的关税减让基本遵循了美国历来坚持的均衡与互惠原则,因此,关税壁垒的大幅度削减对于拥有竞争优势的美国而言无疑是有利的。① 事实上,作为世界上最大的贸易进出口国,不仅仅关税减让对美国具有重要意义,维持开放有序的国际贸易规则对美国同样利益攸关。② 通过"肯尼迪回合",秉承自由贸易宗旨的关贸总协定制度得以巩固和加强,因而再次体现了美国的政策目标和利益取向。

其次,在美国的推动下,《国际谷物协定》确立了小麦的最低贸易价格,由此抬升了国际市场的小麦价格,从而有利于增加美国——世界上最大的小麦出口国——的小麦出口收益。③ 更为重要的是,通过以"肯尼迪回合"国际谷物协定备忘录为基础的《粮食援助公约》,美国不仅实现了由其他发达国家分摊粮食援助义务的目标;而且,粮食援助义务的分摊还迫使欧洲发达国家将部分粮食转移出国际市场,从而为美国粮食的商业出口创造了更大的空间;与此同时,美国还将粮食援助义务的分摊作为谈判筹码,声称其他发达国家参与粮食援助是美国在"肯尼迪回合"谈判中提供关税减让的前提条件。④ 鉴于此,《国际谷物协定》及其包含的《粮食援助公约》仍然是美国外交努力的结果,体现了美国的

---

① FRUS, 1964 – 1968, Vol. 8, p. 951.

② FRUS, 1964 – 1968, Vol. 8, p. 935.

③ FRUS, 1964 – 1968, Vol. 8, p. 952.

④ Mitchel B. Wallerstein, *Food for War-Food for Peace: United States Food Aid in a Global Context*, Cambridge: The MIT Press, 1980, pp. 171 – 173.

贸易利益与政策目标。

最后,面对其他国家要求取消"美国销售价格体系"的巨大压力,美国成功地将"肯尼迪回合"的化学制品谈判分为两个部分。一方面,通过"肯尼迪回合"谈判成果组成部分的化学制品关税减让协定,美国实现了化学制品多边关税减让的目标;另一方面,通过诉诸国内立法程序,美国又巧妙地阻止了"肯尼迪回合"独立化学制品协定的生效,从而继续维持"美国销售价格体系"的实施。因此,"肯尼迪回合"化学制品领域的谈判成果是美国成功运用外交策略的产物,并最大限度地体现了美国的利益。

更为重要的是,除经济利益之外,"肯尼迪回合"还具有重要的"国际政治意义"。从根本上讲,"肯尼迪回合"是在欧共体兴起及国际格局出现重大变化的背景下举行的,是美国维护西方世界团结和大西洋联盟的重要举措。与此同时,在"肯尼迪回合"谈判期间,美国与欧共体的分歧亦严重影响谈判的议程和进度,并数次危及"肯尼迪回合"的谈判进程。从这个意义上讲,"肯尼迪回合"无疑是对大西洋联盟关系的一次"重大检验",而"肯尼迪回合"的成功结束则表明,美国及其盟国"出色地通过了检验"。[①] 因此,"肯尼迪回合"体现了美国调整对外关系、维护大西洋联盟的战略意图。凭借"肯尼迪回合"的多边谈判成果,美国与其他发达国家尤其是欧共体的政治经济联系得到加强,从而基本实现了美国的战略目标。

同时应当看到,尽管美国一再强调"肯尼迪回合"的农业贸易政策谈判是"美国的最大关切",[②]但由于欧共体的坚决抵制,农业贸易政策最终被排除在"肯尼迪回合"的谈判之外,美国的农业贸易政策谈判目

①　*FRUS*, 1964 - 1968, Vol. 8, p. 936.
②　*FRUS*, 1964 - 1968, Vol. 8, p. 646.

标并未实现。

实际上,正是在美国的坚持下,关贸总协定缔约国第九次会议于1955年3月通过豁免美国农产品进口数量限制的决议,开创了农产品贸易游离于关贸总协定制度之外的先例,制造了农业贸易政策的特殊模式。自此之后,农业贸易政策实际上并不受关贸总协定制度规则的规范和约束。随着欧共体的建立以及共同农业政策的酝酿和逐步实施,美国的农业贸易政策开始面临严峻挑战。为防止欧共体的共同农业政策对美国的农产品出口带来不利影响,确保欧洲市场对美国农产品的开放,美国随即主张将农业贸易政策重新纳入多边贸易谈判的范畴,并试图以此制约欧共体共同农业政策的制定与实施。为此,美国提出了农业贸易政策谈判的"赫脱计划"。对此,欧共体则明确表示,共同农业政策的原则不容破坏,"肯尼迪回合"谈判不应妨碍共同农业政策的制定与实施;即使农业贸易政策被纳入"肯尼迪回合"的谈判范畴,其目标也是确认共同农业政策及其原则在关贸总协定制度中的合法性。为此,欧共体提出了"曼肖特计划",从而与美国的"赫脱计划"形成颉颃抗衡之势。由于欧共体在农业贸易政策上采取了毫不妥协的立场,"肯尼迪回合"的农业谈判最终仅仅涉及关税减让,农业贸易政策的谈判不了了之。从国际关系格局变迁的角度来看,"肯尼迪回合"的关键意义就在于:美国试图按照其政策意愿和利益取向改变关贸总协定制度下农业贸易政策规则的努力因欧共体的坚决反对而未能如愿,欧共体则在农业贸易政策的谈判中表现出坚定的独立性和自主性,由此"标志着西欧国家战后对美经济依赖的结束",同时开启了欧共体作为美国在世界贸易体系中具有决定性意义的平等伙伴的新时代。[①] 换言之,美国

---

① Gian Paolo Casadio, *Transatlantic Trade*: *USA-EEC Confrontation in the GATT Negotiations*, Lexington: Lexington Books, 1973, pp. 181 - 182.

和欧共体在"肯尼迪回合"期间的农业政策分歧从一个侧面突出地体现了欧共体对美国在多边贸易谈判中"强加其意志的有力抵抗",①至此,以"肯尼迪回合"为转折点,关贸总协定制度初步形成美欧共同主导的新格局。

综上所述,"肯尼迪回合"是美国应对欧共体挑战的直接产物,是在国际格局出现重大变化的背景下举行的。通过"肯尼迪回合",美国会同有关各方达成了大幅度的关税减让成果,进一步巩固了关贸总协定制度和大西洋联盟。鉴于此,美国发起"肯尼迪回合"的经济和战略目标基本实现。与此同时,以"肯尼迪回合"期间欧共体在农业贸易政策上同美国的颉颃抗衡为标志,美欧共同主导关贸总协定制度的新格局初步形成。

(本文原载《史学月刊》2012 年第 12 期,收入本论文集时作了适当修改)

---

① Donald G. Beane, *The United States and GATT：A Relational Study*, New York：Pergamon, 2000, p. 157.

美国与"东京回合"：贸易霸权面临新挑战

【摘　要】 "东京回合"是在国际格局发生深刻变化的背景下举行的，其主要议程均是美国为应对自身贸易霸权面临的严峻挑战而精心设置的。在非关税壁垒领域，"东京回合"达成一系列多边协定，但农业领域的谈判没有取得实质性成果，发展中国家则推动关贸总协定制度正式实现了发展导向的规则改革。"东京回合"充分表明，美国贸易霸权面临的挑战日渐增强；美欧共同主导关贸总协定制度的强化，发展中国家的扩大参与，以及随之而来的规则调整和制度改革，成为多边贸易体系的新特征。

【关键词】 美国　"东京回合"　关贸总协定　贸易霸权　制度改革

作为关贸总协定制度下第七轮多边贸易谈判，"东京回合"（1973—1979 年）是在国际格局发生深刻变化的背景下举行的，美国发起"东京回合"的主要目的就是应对欧共体和发展中国家的挑战，维护美国的贸易霸权。但面对国际力量对比的新变化，美国的努力并未全部奏效。通过"东京回合"，美欧共同主导关贸总协定制度的格局进一步强化，发展中国家则依托整体实力的增强，推动多边贸易体系正式实现了发展导向的规则改革。因此,"东京回合"体现了国际权力结构变迁对多边贸易规则的影响,是关贸总协定制度新格局的一个重要标志。

本文主要依据美国外交档案文献并借鉴已有的研究成果,运用历史学的研究方法,力图从政策目标、谈判过程和谈判结果的层面,剖析美国与"东京回合"的关系,以期厘清美国贸易霸权面临的新挑战及其对关贸总协定制度规则的影响,梳理"东京回合"的改革成果与历史地位,进而为认识多边贸易体系的发展演进提供启示。

一、美国发起"东京回合"的背景、动因与目标

第二次世界大战结束后,美国凭借无与伦比的结构性权力优势,主导建立了以关贸总协定制度为核心的多边贸易体系,确立了美国在国际贸易领域的霸权地位,其表现形式就是"制度霸权",即国际贸易规则的主导权和控制权。① 20 世纪 60 年代,国际格局显露变革端倪,主要体现为美国霸权地位的相对削弱,以及西欧经济的复兴和欧洲经济共同体的建立,美欧之间的力量对比呈现新的态势。为应对欧共体尤其是共同农业政策对美国贸易霸权构成的挑战,美国发起关贸总协定制度下第六轮多边贸易谈判——"肯尼迪回合"(1964—1967 年)。出于维护共同农业政策的坚定立场,欧共体在农业问题上同美国展开了激烈角逐,最终挫败了美国试图改变关贸总协定制度农业贸易规则的努力。因此,"肯尼迪回合"是美国应对贸易霸权挑战的第一个多边回合,"肯尼迪回合"及其谈判成果标志着关贸总协定制度初步实现了由美国霸权时期向美欧共同主导时期的过渡,多边贸易体系开始迈进新的历

---

① 有关美国主导建立关贸总协定制度以及美国贸易霸权的历史分析,参见舒建中:
《多边贸易体系与美国霸权:关贸总协定制度研究》,南京:南京大学出版社 2009 年版。

史阶段。[①]

进入 20 世纪 70 年代之后,国际力量对比再度出现新的结构性变化,其主要表现是:美国在国际经济领域的霸权地位继续呈现相对削弱的趋势;西欧经济快速发展,并与美国形成竞争之势;发展中国家立足于以贸易促发展的目标,发出了改革国际经济秩序包括国际贸易秩序及其制度规则的呼声,成为影响国际关系发展变革的重要力量。与此同时,欧共体实现了建立以来的第一次扩员。1973 年 1 月,英国、丹麦、爱尔兰正式加入欧共体,从而改变了西欧地缘政治地图及全球权力的分布格局,增强了欧共体的经济权力。[②] 面对国际格局的重大变迁及其对美国贸易霸权构成的新挑战,美国遂试图通过新一轮多边贸易谈判以维护其领导地位和贸易利益。具体地讲,美国发起新一轮多边贸易谈判的动因主要有以下几个方面。

首先,美国力图运用新一轮多边贸易谈判继续向欧共体施加压力,敦促欧共体在共同农业政策上作出让步,重塑关贸总协定制度的农业规则。

自"肯尼迪回合"以来,农业贸易政策就是美欧角逐的重点领域。在新一轮多边贸易谈判酝酿之初,美国就将农业问题视为谈判的关键议题,目的就是试图运用多边贸易规则制约欧共体共同农业政策。在 1972 年 12 月的一份国务院政策文件中,美国为新一轮多边贸易谈判确立的优先目标之一就是与欧共体再度展开农业谈判,力争就农业贸易政策达成协议,因为作为农产品出口大国,农业贸易自由化对美国具

---

① 有关"肯尼迪回合"与美国贸易霸权地位变迁的历史分析,参见舒建中:《美国对外政策与"肯尼迪回合"》,《史学月刊》2012 年第 12 期。

② Werner J. Feld, "Trade between the U. S. and the European Community: Differing Expectations in a Changing Power Relationship," *Journal of International Affairs*, Vol. 28, No. 1, 974, p.7.

有长远的经济和政治利益。①

为进一步设计农业谈判的政策立场,美国政府相关部门从 1973 年
5 月起举行定期的跨部门磋商,最终就美国的农业谈判立场达成一致,
其基本原则是:在新一轮多边贸易谈判中,工业谈判和农业谈判应同时
进行;农业谈判应以更大的市场化导向和更加开放的贸易体系作为衡
量标准,包括作为非关税壁垒的边境保护措施(主要针对共同农业政策
中的进口差额税),以及出口补贴的实质性削减。② 在美国看来,"肯尼
迪回合"之所以未能就农业政策达成协议,其根本原因就在于农业谈判
和工业谈判分开进行,导致美国无法左右农业谈判的进程。在新一轮
多边贸易谈判中,通过将农业谈判纳入总体谈判的框架,美国意在运用
非农产品的谈判筹码影响农业谈判的进程。③ 由此可见,美国农业谈
判的主要目标就是再次试图按照美国的意志修改关贸总协定制度的农
业贸易规则,应对欧共体及其制度建设的进一步发展对美国贸易霸权
构成的严峻挑战,制衡欧共体共同农业政策,维护美国的农业出口
利益。

其次,通过新一轮多边贸易谈判,美国力图按照其政策计划和议程
安排主导确立非关税壁垒规则,借此增进美国在多边贸易体系中的制
度权力,拓展美国的贸易利益。

经过"肯尼迪回合"的关税谈判,发达国家的工业品关税水平普遍
降低,非关税壁垒成为制约国际贸易发展的主要障碍。为促进美国的
贸易利益,"维护美国的贸易领导地位",尼克松政府在上台伊始就强烈

① U. S. , Department of State, *Foreign Relations of the United States* (cited as *FRUS*), 1969 - 1976, Vol. 3, Washington, D. C. : U. S. Government Printing Office, 2001, pp. 286 - 287.
② *FRUS*, 1969 - 1976, Vol. 31, Washington, D. C. : U. S. Government Printing Office, 2009, pp. 671 - 672.
③ *FRUS*, 1969 - 1976, Vol. 31, p. 878.

呼吁多边贸易谈判的主要注意力应转向非关税壁垒,声称"将向非关税壁垒发起进攻"。① 为此,尼克松政府于 1970 年设立国际贸易与投资政策委员会(又称"威廉斯委员会",Williams Commission),专门研究多边贸易体系面临的问题。作为研究结论,"威廉斯委员会"强调,应通过多边贸易谈判确立具体的非关税壁垒规则。从政策设计的角度看,"威廉斯委员会"报告初步圈定了"东京回合"非关税壁垒问题的谈判议程,②集中体现了美国的政策意志,为美国参与"东京回合"的非关税壁垒谈判奠定了政策基础。

随着新一轮多边贸易谈判的酝酿,美国决意将非关税壁垒问题正式纳入多边贸易谈判的议程。在 1973 年年初的一份政策文件中,美国贸易谈判特别代表办公室就指出,非关税壁垒已经成为影响甚至限制美国贸易拓展的最主要的因素。鉴于此,美国应倡导发起非关税壁垒的多边谈判,在非关税壁垒的不同领域确立具体的多边规则,目的就是消除非关税措施对贸易市场的扭曲,建立一个更加公平的多边贸易体系。③

由此可见,作为世界最大的贸易国家,面对世界经济的衰退及贸易保护主义的盛行,美国发起非关税壁垒谈判的一个重要目标就是化解名目繁多的非关税壁垒对美国的不利影响,为美国贸易的拓展创造有利的制度环境,维护美国的贸易利益。更为重要的是,针对贸易霸权面临的诸多挑战,美国的另一个政策目标就是通过主导建立非关税壁垒规则,拓展关贸总协定制度的规则范畴和领域,延续美国在多边贸易体

---

① *FRUS*, 1969 - 1976, Vol. 4, Washington, D. C.: U. S. Government Printing Office, 2001, pp. 464 - 466.

② Patrick Low, *Trading Free: The GATT and U. S. Trade Policy*, New York: The Twentieth Century Fund Press, 1993, pp. 175 - 176.

③ *FRUS*, 1969 - 1976, Vol. 31, pp. 594 - 596.

系中的霸权地位。

再次,通过新一轮多边贸易谈判,美国力图按照其意愿影响发展中国家倡导的贸易优惠构想,主导确立贸易优惠制度,维护美国的领导地位。

20世纪60年代,发展中国家作为一支独立的政治力量登上国际舞台,开始发挥日益重要的作用。在1964年第一届联合国贸易和发展会议上,77个发展中国家发表联合宣言,首次要求在国际贸易领域确立普遍关税优惠制度(Generalized System of Preferences,简称普惠制),促进发展中国家的经济发展。以联合国贸发会议的建立为标志,发展中国家在贸易领域的相对地位出现变化,成为国际贸易体系中一支新的力量。[1] 作为回应,关贸总协定制度在1965年增设关于贸易与发展的第四部分,原则上规定了关税谈判的非互惠方式,为发展中国家在关贸总协定制度内寻求特殊和差别待遇奠定了基础,[2]初步展示了发展中国家对多边贸易议程的影响力。

1971年3月,欧共体率先宣布关税优惠计划,展示了与美国竞争发展中国家市场的战略意图。面对严峻的形势,美国国务卿罗杰斯(William P. Rogers)于4月致函尼克松,建议尽速制定美国的关税优惠方案,确保美国在关税优惠制度中的领导地位。[3] 但面对美元危机和贸易赤字的双重压力,美国并未提出具体的计划。与此同时,在发展中国家的努力下,关贸总协定缔约国大会于1971年7月通过决议,将发达国家单方面给予发展中国家的以普遍性、非互惠和非歧视原则为基础的普惠制非正式地引入关贸总协定制度之中。由此可见,普惠制

---

① Patrick Low, *Trading Free*, p. 182.

② Anwarul Hoda, *Developing Countries in the International Trading System*, New Delhi: Allied Publishers Private Limited, 1987, p. 36.

③ *FRUS*, 1969－1976, Vol. 4, p. 647.

源自发展中国家的倡议,彰显了发展中国家寻求改革关贸总协定制度的愿望;欧共体与发展中国家贸易优惠关系的发展,以及美国在关税优惠计划中的无所作为亦从一个侧面表明,美国在多边贸易体系中的霸权地位面临更加严峻的新挑战。

在新一轮多边贸易谈判酝酿之际,普惠制及特殊和差别待遇成为难以回避的议题,美国亦面临新的政策选择。美国财政部副部长西蒙(William E. Simon)在 1973 年 1 月的一份备忘录中坦陈,随着欧共体与发展中国家贸易优惠关系的发展,美欧经济和政治关系随之变化,美国的威望及其影响世界事务的能力均遭削弱。① 由此可见,美国已经意识到多边贸易谈判无法绕开普惠制及特殊和差别待遇问题,因而必须予以应对,并以捍卫美国的领导地位为目标。

此外,布雷顿森林体系解体亦是美国发起多边贸易谈判的重要诱因。1971 年 8 月,尼克松宣布"新经济政策",暂停外国中央银行用美元向美国兑换黄金,从而单方面割断了美元与黄金的挂钩,事实上标志着布雷顿森林体系的制度核心——黄金-美元本位制——的解体。

美国的单边主义行径遭到有关国家的强烈反对,为协调立场,发达国家组成的"十国集团"于 1971 年 12 月在华盛顿的史密森学会举行会议,谈判并达成《史密森协定》,美国以取消 10% 的进口附加税为筹码,促使其他主要发达国家货币对美元的汇率实现升值。② 与此同时,基于美国的倡议,"十国集团"史密森会议一致同意,在 1973 年举行新一轮多边贸易谈判。③ 由此可见,面对布雷顿森林体系的解体,美国力图提振其在国际经济体系中的霸权地位,为此,美国积极倡导举行新一轮多边贸易谈判,一方面转移有关国家对美国货币金融政策的质疑,另一

---

① *FRUS*, 1969 – 1976, Vol. 31, p. 599.
② *FRUS*, 1969 – 1976, Vol. 3, pp. 599 – 600.
③ *FRUS*, 1969 – 1976, Vol. 31, p. 591.

方面通过发起新一轮多边贸易谈判展示美国的国际领导地位。

总之,世界格局的新变化是美国酝酿新一轮多边贸易谈判的国际背景,布雷顿森林体系解体则是美国发起新一轮多边贸易谈判的直接诱因。为此,美国设计了新一轮多边贸易谈判的主要议程,目的就是按照美国的政策意志修改关贸总协定制度的农业贸易规则,主导确立非关税壁垒规则,应对发展中国家贸易优惠安排构成的挑战,维护美国的贸易霸权。

二、美国与"东京回合"的谈判进程

在完成了相关的政策筹划之后,美国开始积极安排新一轮多边贸易谈判的展开事宜。按照预定计划,关贸总协定缔约国部长级会议于1973年9月12—14日在日本东京举行并发表《东京宣言》(Tokyo Declaration),决定正式启动新一轮多边贸易谈判——"东京回合"。根据美国的倡议,《东京宣言》宣布,"东京回合"的基本目标就是改善世界贸易的行为规范框架以推进贸易自由化,为此,《东京宣言》确定的谈判议程主要包括:1. 非关税壁垒是"东京回合"的优先议题,目的就是削减或取消现行的非关税壁垒,或将非关税壁垒置于更为有效的国际规则的约束之下;2. 在美国的坚持下,农业问题列入"东京回合"谈判议程,农业谈判应是整个多边贸易谈判的有机组成部分,同时兼顾农业问题的特殊性;3. "东京回合"谈判应特别关注发展中国家的贸易优惠待遇问题,为此,有关各方表达了原则上支持普惠制的立场。① 鉴于农业贸易政策问题、非关税壁垒问题、普惠制及特殊和差别待遇问题均是美国应对贸易霸权挑战的主要领域,因此,《东京宣言》确立的谈判议程囊

---

①   *FRUS*, 1969 - 1976, Vol. 31, pp. 681 - 685.

括了美国最为关注的核心议题,体现了美国在"东京回合"议程设置中的主导作用。

依据《东京宣言》的安排,为推进"东京回合"而设立的贸易谈判委员会第一次会议于 10 月 24—26 日在日内瓦举行。在此期间,欧共体提出,农业谈判应由一个农业委员会负责,目的就是将农产品谈判独立于工业品谈判。这招致美国的坚决反对,在美国方面看来,农产品的单独谈判势必导致农业贸易政策的不同规则,而不是将关贸总协定规则一体适用于工业品和农产品,这不仅将对美国农产品的国际竞争力构成不利影响,而且将削弱美国的谈判地位,损害美国的利益。① 由于美欧农业谈判立场的尖锐对立,此次会议没有就"东京回合"的组织程序达成任何协议,更不用说展开实质性谈判。由此可见,"东京回合"刚一启动就因美欧分歧而陷入僵局,再度展示了农业问题对多边贸易谈判的巨大影响,体现了欧共体强力抵制美国试图修改农业贸易规则、增进贸易霸权地位的政策立场。

除农业问题之外,美国的贸易立法也是影响"东京回合"启动进程的重要因素。按照美国宪法的规定,美国政府的贸易谈判权力源自国会授权。为寻求国会授权发起新一轮多边贸易谈判,尼克松早在 4 月就向国会提交了包括非关税壁垒条款的贸易法案——《1973 年贸易改革法案》。但直到 1973 年年底,国会仍未进行表决,其他国家因此质疑美国推进多边贸易谈判的能力,②导致"东京回合"的谈判进程暂时中止。

1973 年 10 月的石油危机亦对"东京回合"产生了严重影响,是"东京回合"在 1974 年无法推进的重要因素。在经济层面,石油危机及其

---

① *FRUS*, 1969 – 1976, Vol. 31, pp. 707 – 709, 732 – 733.
② *FRUS*, 1969 – 1976, Vol. 31, pp. 641, 723 – 724.

引发的世界范围的经济衰退增加了推进贸易自由化的难度,[1]大大消减了有关国家对"东京回合"的预期。在政治层面,石油危机导致美国与其盟国之间出现严重的政策分歧,发达国家的合作因石油危机而新增隔阂。面对危局,美国展开了积极的外交努力,推动国际能源机构于1974年11月建立,[2]从而调和了发达国家之间的紧张关系,石油危机给"东京回合"造成的政治障碍得以缓解。

在经历了一年多的延宕后,美国国会于1974年12月批准《1974年贸易法》并经福特总统于1975年1月签署生效,美国政府正式获得非关税壁垒以及普惠制的谈判授权,[3]从而为美国参与"东京回合"谈判打开了绿灯。

从1975年年初开始,美国意图加快推进"东京回合"的谈判进程,但美欧在农业问题上的分歧依然是主要障碍。截至4月中旬,美欧仍然未就农业谈判程序达成妥协。概括地讲,美欧农业谈判的程序之争主要涉及两个方面的问题。1. 农业问题的多边谈判构架。美国坚持应首先谈判关税和非关税措施的一般规则,这些规则不应区别工业品和农产品;欧共体则认为,农产品及其贸易具有特殊性,涉及农业领域的关税和非关税措施应由农业小组独自处理。2. 谷物谈判的组织。美国认为,处理谷物问题的制度平台是国际小麦理事会及其正在主持的《国际小麦协定》谈判;欧共体则强调,谷物问题应被纳入多边贸易谈

---

① Joan E. Twiggs, *The Tokyo Round of Multilateral Trade Negotiations*: *A Case Study in Building Domestic Support for Diplomacy*, New York: University Press of America, 1987, p. 18.

② 有关石油危机对发达国家间关系的冲击,以及国际能源机构建立的意义,参见舒建中:《美国对外能源政策与国际能源机构的建立》,《美国研究》2013年第1期。

③ *FRUS*, 1969-1976, Vol. 31, p. 776.

判的范畴。① 由于美欧在农业谈判程序上的持续对立，"东京回合"其他重要议题的谈判均无法展开。

实际上，作为发起国的美国并不愿因农业谈判程序之争而影响"东京回合"的前景，因而开始寻求妥协的途径。经密集磋商，美国和欧共体于5月8日就农业谈判程序达成一致：关税和非关税小组负责谈判涉及工业品和农产品的一般规则；农业谈判是"东京回合"总体谈判框架的组成部分，农业小组在处理农业领域的一般规则时，应与关税和非关税小组协调；在农业小组内设立谷物小组、乳制品小组和肉类小组，其中，同时参与"东京回合"谈判和《国际小麦协定》谈判的国家应继续《国际小麦协定》的谈判，并在适当的时候整合谈判成果。② 随着农业谈判程序的确定，"东京回合"终于步入实质性谈判的轨道。

捍卫共同农业政策是欧共体坚定不移的立场，因此，在农业谈判的程序之争化解后，美欧在农业谈判的具体议题上又展开了新的较量。美方坚称，寻求调整共同农业政策是美国在"东京回合"的最优先目标，具体包括两项内容：在出口政策方面，美国主张通过补贴与反补贴规则约束欧共体的补贴措施；在进口政策方面，美国的目标就是限制欧共体的进口差额税。对于美国的谈判立场，欧共体表示强烈反对，重申共同农业政策不可谈判，法国甚至威胁将"东京回合"拉下马。③ 正因为农业问题的纠葛，"东京回合"直至1975年年底仍停滞不前。

---

① *FRUS*, 1969–1976, Vol. 31, pp. 791–793. 美国之所以主张将谷物谈判与"东京回合"的农业谈判分别进行，其原因就在于，美国认为，借助"肯尼迪回合"达成的《国际谷物协定》及其包含的《粮食援助公约》，美国实现了粮食援助义务的多边分摊。现在，通过《国际小麦协定》的谈判，美国希望实现粮食储备义务的多边分摊。与此相对应的是，在美国看来，欧共体主张将谷物谈判纳入"东京回合"的目的就是寻求更大的回旋空间，以便从美国获得承担粮食储备义务的补偿。参见 *FRUS*, 1969–1976, Vol. 31, pp. 803–804。

② *FRUS*, 1969–1976, Vol. 31, pp. 800–802.

③ *FRUS*, 1969–1976, Vol. 31, pp. 802–803, 820.

在"东京回合"期间,70 多个发展中国家第一次作为一个具有凝聚力的整体参与多边贸易谈判,强烈主张在关贸总协定制度中确立普惠制及特殊和差别待遇的正式地位。面对来自发展中国家的压力,美国不得不作出回应。一方面,根据授权,美国政府于 1976 年 1 月公布普惠制清单,开始实施普惠制计划,但美国坚持认为,普惠制应通过双边谈判方式处理,强调普惠制不是"东京回合"的谈判议题。① 另一方面,对于特殊和差别待遇问题,美国宣称,可以通过多边贸易谈判确立特殊和差别待遇规则,但交换条件是,随着经济发展水平的提升,发展中国家应在多边贸易体系中接受逐步增加的义务。② 至此,美国设定了处理发展中国家待遇问题的政策框架——普惠制的双边性质,以及特殊和差别待遇的条件性。随着谈判的铺展,美国设定的条件亦被谈判各方称为"毕业"问题,即随着发展地位的变化,发展中国家享受的特殊待遇将最终予以取消。由于美国没有对所谓"毕业标准"作出界定,毕业问题招致发展中国家的普遍反对,并成为"东京回合"发展中国家待遇谈判中最艰难的问题。③ 美国的战略意图是:通过植入条件,最大限度地将普惠制及特殊和差别待遇的谈判纳入美国设计的政策轨道,确立美国在特殊和差别待遇规则中的主导地位,以此应对发展中国家的挑战,维护美国的霸权利益。

由于美国同欧共体以及发展中国家之间的政策分歧,"东京回合"谈判在整个 1976 年几乎没有任何进展,美国尤其意识到欧共体在农业问题上将坚持毫不妥协的立场,如果继续突出农业问题的地位,必将危及整个"东京回合"谈判。鉴于此,1977 年年初上台的卡特政府作出政策调整,重新定位美国的多边贸易谈判战略,核心就是淡化农业问题,

① *FRUS*, 1969–1976, Vol. 31, pp. 816, 822.

② *FRUS*, 1969–1976, Vol. 31, pp. 836–837.

③ Joan E. Twiggs, *The Tokyo Round of Multilateral Trade Negotiations*, p. 51.

转而将谈判重点聚焦于出口补贴以及其他非关税壁垒。① 这就意味着,面对欧共体的强力抵制,美国最终决定放弃农业问题的谈判,农业贸易政策作为整体退出"东京回合"的谈判议程,美国寻求从总体上改变关贸总协定制度农业贸易规则的努力再次化为乌有。与此同时,美国仍然试图运用补贴规则削弱欧共体共同农业政策,农业补贴问题遂成为美欧争论的新焦点。

在 5 月举行的"七国集团"伦敦峰会上,卡特强烈呼吁有关国家采取措施,确保"东京回合"顺利进行。在伦敦峰会发表的联合声明中,"七国集团"领导人承诺支持"东京回合"取得实质性进展。② 根据伦敦峰会达成的共识,美国贸易谈判代表斯特劳斯(Robert Strauss)同欧共体委员会主席詹金斯(Roy Jenkins)于 7 月 11 日就"东京回合"时间表达成一致,从而为谈判注入了动力。为落实"东京回合"时间表,美国展开了新的外交努力,从 7 月 15 至 22 日,美国官员先后同日本、英国、西德、法国官员会晤。总体上讲,日本和西德对"东京回合"持积极的态度,法国的立场依然如故,对"东京回合"抱有强烈的抵触情绪。③

尽管法国对"东京回合"持诸多异议,但凭借西德等国的支持,美国仍然力推"东京回合"的谈判进程。按照"东京回合"时间表的约定,有关各方于 1978 年 1 月提交了各自的工业品和农产品关税谈判清单;此外,涉及非关税壁垒的多边协定草案已初步成型,并作为谈判文本提交有关各方进一步磋商,④由此标志着"东京回合"取得阶段性进展。

到 5 月底,"东京回合"在多数议题上达成一致,但两个关键问题尚

---

① *FRUS*, 1977 - 1980, Vol. 3, Washington, D. C.: U. S. Government Printing Office, 2013, p. 29.
② *FRUS*, 1977 - 1980, Vol. 3, pp. 109 - 115, 132.
③ *FRUS*, 1977 - 1980, Vol. 3, pp. 161 - 162.
④ *FRUS*, 1977 - 1980, Vol. 3, pp. 302 - 306.

待处置。1. 农产品和工业品的补贴与反补贴规则。这是"东京回合"的敏感问题之一,其中,美欧关于农业补贴的争论尤为激烈。2. 发展中国家待遇问题。有关国家已同意将赋予发展中国家特殊待遇的"授权条款"(Enabling Clause)列入关贸总协定文本,争论的焦点转变为"授权条款"是否应包含普惠制;发展中国家在达到一定发展阶段后承担更多义务的"毕业条款"亦是争论的问题。①

为推动"东京回合"尽快达成协议,美国同有关各方于 6 月在华盛顿举行会谈,磋商"东京回合"悬而未决的问题;卡特亦分别致函加拿大、英国、法国、西德等国领导人,呼吁采取切实行动,如期结束"东京回合"谈判。② 经过紧张的讨价还价,美国、欧共体、加拿大等于 7 月 13 日达成《"东京回合"谅解框架》,就主要的谈判议题取得原则一致。③

及至谈判的最后时刻,美法在农业补贴问题上的角力成为影响谈判的重大关碍。美国坚持订立农产品出口补贴规则,强调这是避免欧共体和美国在农业领域发生冲突的保障,法国则明确反对订立农业补贴规则,认为这将损害共同农业政策。为结束"东京回合",卡特亲自致函法国总统德斯坦,强调农业补贴问题是"东京回合"成功的关键,希望得到法国的支持。④ 但法国不为所动,丝毫不予回应,"东京回合"因之无法达成最后协议。

截至 1979 年 1 月底,法国依然坚持在农业补贴问题上的政策立场,拒绝任何让步。美国认为,"东京回合"谈判如果因农业补贴问题的纠葛而最终流产,贸易保护主义将更加盛行,贸易壁垒将层出不穷,进而损害美国作为贸易和投资大国的利益。更为重要的是,"东京回合"

---

① *FRUS*, 1977 - 1980, Vol. 3, pp. 414 - 420.
② *FRUS*, 1977 - 1980, Vol. 3, pp. 421 - 422, 431.
③ *FRUS*, 1977 - 1980, Vol. 3, pp. 440 - 441.
④ *FRUS*, 1977 - 1980, Vol. 3, pp. 518 - 521.

失败将严重破坏美国同欧洲的政治关系,恶化西方世界同发展中国家的关系,并给冷战对手苏联以可乘之机。① 在权衡利弊之后,美国最终作出妥协,决定搁置农业补贴问题,在已有谈判成果的基础上达成"东京回合"一揽子协定。由此可见,面对法国的强烈抵制,美国无可奈何地放弃了确立农业补贴规则的努力,美国发起"东京回合"农业谈判的主要目标全部落空。

4 月 12 日,贸易谈判委员会宣布"东京回合"结束,美国等 20 多个国家随即草签了"东京回合"一揽子协定。② 历经五年半的艰苦博弈,"东京回合"谈判终于画上句号。

三、"东京回合"的谈判成果及其对美国贸易霸权的影响

作为第七轮全球性多边贸易谈判,"东京回合"取得诸多成果,尤其在非关税壁垒领域取得突破性进展,因而是关贸总协定制度发展史上具有里程碑意义的一次多边谈判。具体而言,"东京回合"主要取得了以下方面的谈判成果。

(一)关税和非关税壁垒

在关税减让方面,根据"东京回合"协定,发达国家工业品关税平均削减幅度达 30%,并在 8 年内分阶段完成,③由此凸显了"东京回合"在多边关税减让中的历史地位。

就非关税壁垒规则而言,"东京回合"达成一系列多边协定,包括《政府采购协定》、《反倾销措施协定》、《海关估价协定》、《进口许可程序

---

① *FRUS*, 1977 – 1980, Vol. 3, pp. 579 – 581.
② *FRUS*, 1977 – 1980, Vol. 3, p. 608.
③ *FRUS*, 1977 – 1980, Vol. 3, p. 624.

协定》《产品标准协定》《补贴与反补贴措施协定》，以及作为部门协定的《民用航空器贸易协定》，这被视为"东京回合"取得的最重要的成果。① 纵观多边贸易体系的发展历程，将非关税壁垒协定纳入关贸总协定制度框架拓展了多边贸易体系的规则范畴和涵盖领域，标志着关贸总协定制度实现了一次重大的结构性改革。②

非关税壁垒议题是美国应对贸易霸权挑战的重要领域，正是美国将非关税壁垒引入"东京回合"的谈判进程并主导了议程设置。因此，一系列非关税壁垒协定从总体上讲是美国在关贸总协定制度中增进其制度权力的一个重要方面。

同时应当看到，尽管补贴尤其是农业补贴是美国高度关注的问题，但《补贴与反补贴措施协定》更多的是美国妥协的结果，展现了美国在非关税壁垒谈判中攻防态势的换位。早在 19 世纪 90 年代，美国就开始实施反补贴措施。根据国会颁布的《1930 年关税法》及相关法律的规定，美国在实施反补贴税之前，将不经过相应的损害调查程序。因此，美国的反补贴立法引发了诸多贸易摩擦，③尤其招致欧共体国家的强烈不满，成为多边贸易谈判的重要问题。在此背景下，订立补贴与反补贴国际规则成为"东京回合"谈判最具争议性的问题之一，而美国和欧共体则是对弈的主角。④ 欧共体的谈判目标就是敦促美国同意将损

---

① U. S. , Department of State, *American Foreign Policy*：*Basic Documents*（cited as *AFP*）, 1977 - 1980, Washington, D. C. ：U. S. Government Printing Office, 1983, p. 252.

② Gilbert R. Winham, *International Trade and the Tokyo Round Negotiation*, Princeton：Princeton University Press, 1986, p. 57.

③ Thomas R. Graham, "Reforming the International Trading System：The Tokyo Round Trade Negotiations in the Final Stage," *Cornell International Law Journal*, Vol. 12, No. 1, 1979, p. 20.

④ Stephen D. Krasner, "The Tokyo Round：Particularistic Interests and Prospects for Stability in the Global Trading System," *International Studies Quarterly*, Vol. 23, No. 4, 1979, p. 515.

害调查作为实施反补贴税的前置条件;美国的目标则是通过多边规则管控有损美国出口利益的补贴措施。在《补贴与反补贴措施协定》的谈判中,与农业相关的补贴问题亦是美欧争论的另一个难点。欧共体拒绝谈判涉及农业补贴的国际协定,美国则认为农业补贴应包含在《补贴与反补贴措施协定》之中。

面对欧共体毫不妥协的谈判立场,美国不得不作出让步,同意为反补贴规则的实施设定条件。根据《补贴与反补贴措施协定》的规定,在实施反补贴措施之前,应履行物质损害调查程序,即必须证明国外的补贴措施对国内产业造成物质损害或损害威胁。① 对美国而言,接受《补贴与反补贴措施协定》就意味着美国必须改变擅自实施反补贴措施的传统政策并修改美国的相关法律,因此,损害调查程序的设定是美国在《补贴与反补贴措施协定》谈判中作出的重大妥协。同时,《补贴与反补贴措施协定》明确禁止对工业品实施出口补贴,但并未禁止农业补贴,从而表明农产品出口补贴被实质性排除在《补贴与反补贴措施协定》之外。鉴于补贴是欧共体共同农业政策的一项核心内容,因此,《补贴与反补贴措施协定》在某种程度上亦是欧共体国家捍卫共同农业政策的谈判成果,从一个侧面展示了欧共体抗击美国压力、塑造补贴与反补贴国际规则的谈判实力,是美国贸易霸权在非关税壁垒谈判中面临挑战的一个缩影。

农业贸易政策是美国为"东京回合"设置的重大议题,也是美欧角力的主战场。作为农业贸易大国,美国在"东京回合"争取到的农业谈判成果主要包括:在美国的积极推动下,有关国家就特定农产品的关税

---

① *FRUS*, 1977–1980, Vol. 3, p. 624.

减让达成协议,并就乳制品和肉类制品达成多边协定;①基于美国的政策设计,谷物贸易问题没有被纳入"东京回合"的谈判范畴,而是由国际小麦理事会继续主持相关谈判。不难看出,美国获得的农业谈判成果基本上是技术性而非实质性的,这就意味着美国在"东京回合"的农业谈判中仅发挥了有限的作用。

更为重要的是,经历了"东京回合"之后,"山姆大叔"仍然未能实现农业领域的主要政策目标。由于欧共体尤其是法国的强烈抵制,"东京回合"数度因农业问题陷入僵局。面对强大的压力,美国先是将农业贸易政策作为整体撤出谈判议程,后又在农业补贴问题上放弃预定目标,美国试图改变关贸总协定制度农业规则的如意算盘再度化为泡影。因此,"东京回合"的农业谈判又一次彰显了美国贸易霸权面临的挑战,美国操控多边贸易谈判的能力进一步削弱,美欧共同主导关贸总协定制度的格局向纵深发展。

(二) 普惠制及特殊和差别待遇

发展中国家特殊待遇问题是"东京回合"的一项重要议程,尽管"东京回合"参合各国就赋予发展中国家特殊和差别待遇的"授权条款"达成原则一致,但由于美国坚持设定条件,直至"东京回合"结束,"授权条款"问题依然有待进一步磋商。

为解决特殊和差别待遇问题,在"东京回合"结束后,发展中国家继续展开努力,促使关贸总协定缔约国大会于1979年11月通过《差别和更加优惠的待遇以及互惠和发展中国家更充分参与的决议》,这就是著名的"授权条款"。该条款授权发达缔约国根据普惠制原则,向发展中

---

① 根据国际肉类理事会和国际乳制品理事会的决议,《国际牛肉协定》和《国际乳制品协定》于1997年年底分别终止,牛肉贸易和乳制品贸易被纳入世界贸易组织及其《农业协定》的制度范畴。

缔约国提供关税优惠待遇；发展中缔约国在非关税壁垒协定中享有特殊和差别待遇；发展中缔约国在区域性或全球性贸易中可以相互提供关税优惠待遇。

同样应当看到，"授权条款"依然体现了发达国家的主导性，这具体体现在两个层面。一方面，"授权条款"规定了提供特殊和差别待遇的条件，即1. 特殊和差别待遇不应妨碍在最惠国待遇的基础上削减或取消关税及其他贸易限制；2. 特殊和差别待遇在促进发展中缔约国贸易的同时，不应损害其他缔约国的利益；3. "毕业条款"规定，随着发展中缔约国经济和贸易的逐步发展，可酌情修改特殊和差别待遇规则，促使发展中缔约国承担更多的义务。另一方面，具体实施普惠制的主导权仍然掌握在发达国家手中。根据"授权条款"，普惠制由发达国家和发展中国家通过双边协定予以实施，具体的普惠制方案（包括普惠制的实施范围、条件和期限）均由发达国家确定。[1] 不难看出，"授权条款"的有限性和条件性主要体现了美国的意志，美国亦实现了将普惠制以及特殊和差别待遇规则纳入美国政策轨道的目标。

尽管"授权条款"及其规则打上了美国政策取向和议程方案的烙印，但更应当看到，"授权条款"是发展中国家参与"东京回合"及其后续谈判的重大成果。正是在发展中国家的积极推动下，关贸总协定制度第一次正式实现了发展导向的规则改革，发展中国家的特殊和差别待遇成为多边贸易体系的一个永久性特征。[2] 因此，普惠制以及特殊和差别待遇最终成为多边贸易规则足以表明，发展中国家在多边贸易体

① T. N. Srinivasan, *Developing Countries and the Multilateral Trading System: From the GATT to the Uruguay Round and the Future*, Boulder: Westview Press, 1998, p. 24.

② Thomas R. Graham, "Reforming the International Trading System: The Tokyo Round Trade Negotiations in the Final Stage," p. 27.

系中的议程设置能力和规则谈判能力明显增强,发展中国家的兴起对美国贸易霸权构成全新的挑战。

(三)民用航空器贸易

需要指出的是,"东京回合"的民用航空器贸易议程是美国率先提出并竭力坚持的,《民用航空器贸易协定》亦是美国主导的产物。长期以来,美国在民用航空技术及民用飞机制造方面始终占据优势地位,民用飞机贸易亦是美国对外贸易的重要领域,其中,创建于1916年的波音公司(Boeing Company)一直是全球最主要的民用飞机制造商,在国际民用飞机贸易中拥有绝对领先的市场占有率。

20世纪70年代,美国在民用飞机制造和贸易领域的优势地位开始面临来自欧洲的挑战,由法国、西德、英国和西班牙共同出资于1970年创建的空客公司(Airbus Company)强势进入国际民用飞机市场,与波音公司形成竞争态势,其中,欧洲国家的政府补贴是美欧民用航空器贸易争端的一个核心问题。① 在此背景下,美国遂试图通过多边规则制衡欧洲的竞争,维护美国民用飞机贸易的国际地位。1978年夏,美国提出民用航空器贸易协定草案并坚持将其纳入"东京回合"谈判议程。② 按照1979年4月达成的《民用航空器贸易协定》的规定,其宗旨就是通过削减关税和非关税壁垒,实现民用航空器及其零部件和设备的贸易自由化;《补贴与反补贴措施协定》《产品标准协定》《政府采购协定》等均适应于民用航空器贸易;各缔约国不得利用数量限制或许可证

---

① John H. Barton, Judith L. Goldstein, Timothy E. Josling and Richard H. Steinberg, *The Evolution of the Trade Regime*: *Politics*, *Law and Economics of the GATT and the WTO*, Princeton: Princeton University Press, 2006, p. 120.

② Stephen D. Krasner, "The Tokyo Round: Particularistic Interests and Prospects for Stability in the Global Trading System," p. 512.

制度等政策措施限制民用航空器的国际贸易。至此,在主导建立战后国际民用航空制度之后,①美国又通过《民用航空器贸易协定》,将民用航空器贸易纳入多边贸易体系的规则框架,目的就是为美国民用飞机的出口提供公平贸易的基础,②防止欧洲国家运用非关税壁垒限制美国飞机的进口,及运用出口补贴等措施与美国展开国际竞争。因此,《民用航空器贸易协定》在民用飞机贸易领域确立了有利于美国的商业竞争原则,③主要体现了美国的政策议程和利益取向,是美国在"东京回合"谈判中取得的具有标志性意义的成果。

构建美国主导的全球性国际制度体系是美国霸权的基本特征。而随着国际权力结构的变迁,国际制度的规则将发生相应变革。④ 作为战后国际制度体系的重要组成部分,关贸总协定制度的贸易规则亦随着国际权力结构的变迁而实现了新的调整与变革。

尽管美国凭借权力优势主导了关贸总协定制度的建立,但随着欧共体的建立以及发展中国家的兴起,国际权力结构发生了深刻变化,美国在关贸总协定制度中的霸权地位随之面临新的挑战,"东京回合"则是这种挑战的具体体现。在"东京回合"三大议题——农业贸易政策、非关税壁垒、普惠制及特殊和差别待遇——的谈判与较量中,有关各方互有攻守,各有得失,而美国在农业贸易政策和发展中国家待遇问题上的妥协与让步尤为突出。诚然,"东京回合"非关税壁垒的谈判成果符

---

① 有关美国在国际民用航空制度中主导地位的论述,参见舒建中:《美国与战后国际民用航空制度的建立》,《美国研究》2015 年第 4 期。

② *AFP*, 1977 – 1980, p. 253.

③ Gilbert R. Winham, *International Trade and the Tokyo Round Negotiation*, pp. 238 – 239.

④ Stephen D. Krasner, "Structural Causes and Regime Consequences: Regimes as Intervening Variables," *International Organization*, Vol. 36, No. 2, 1982, pp. 186 – 188.

合欧洲国家的利益,但主要体现了美国的政策议程与目标,展示了美国在非关税壁垒规则谈判中的主导作用。与此相对,由于欧共体坚持捍卫共同农业政策,美国试图修改关贸总协定制度农业贸易规则的努力再度铩羽而归,无果而终;基于整体实力,发展中国家第一次在多边贸易谈判中发挥了积极作用,推动关贸总协定制度正式确立了普惠制以及特殊和差别待遇的全新规则。因此,"东京回合"贸易规则的"变"与"不变"彰显了国际权力结构变迁对多边贸易体系的影响,美国独自掌控多边贸易规则的权力大打折扣。

结　语

综上所述,经历"东京回合"之后,以关贸总协定制度为核心的多边贸易体系呈现出新的格局:美国凭借综合实力优势,在多边贸易体系特定领域依然保持关键性主导地位,总体上影响着新的多边贸易规则的制定;欧共体依托经济实力的提升,尤其是基于共同农业政策的农业权力,在农业领域继续与美国颉颃抗衡,成为决定农业贸易谈判的主角;发展中国家立足整体实力,推动多边贸易体系开启了发展导向的变革历程,崭露了发展中国家对多边贸易规则的影响力。因此,"东京回合"表明,随着国际关系的演进,多边贸易体系出现新的变化,美国贸易霸权面临的挑战日渐增强;与此相对应的是,美欧共同主导关贸总协定制度的强化,发展中国家的扩大参与,以及随之而来的规则调整和制度改革,成为多边贸易体系的新特征。

（本文原载《美国研究》2018 年第 2 期,收入本论文集时作了适当修改）

布雷顿森林体系的建立与美国外交

【摘　要】　怀特计划是美国战后世界秩序设计的重要组成部分，确立了美国在国际货币金融领域的基本任务和政策目标：寻求美国的霸权地位。此后，美国展开了积极的外交努力，按照美国设计的政策路径推动谈判进程，最终促成布雷顿森林体系依据美国设计的政策原则和制度模式建立起来，进而确立了美国在战后国际货币金融领域的霸权地位，其制度标杆就是黄金-美元本位制成为国际货币金融制度的核心规则。鉴于此，深入剖析布雷顿森林体系的建立过程以及美元霸权，对于正确认识国际经济秩序的历史渊源，具有重要意义。

【关键词】　美国　布雷顿森林体系　黄金-美元本位制　国际金融霸权

布雷顿森林体系确立了以美元为中心的国际货币体系，以及美国在国际货币金融领域的霸权地位。在布雷顿森林体系的建立过程中，美国发挥了重要作用。一方面，美国的怀特计划为布雷顿森林体系设计了基本的蓝图；另一方面，美国成功运用外交策略，最终促成了怀特计划目标的实现和布雷顿森林体系的建立。本文通过对怀特计划和美国外交活动的分析，详细探讨了布雷顿森林体系的谈判和建立过程，进而阐明战后国际货币金融秩序的历史渊源和美国金融霸权确立的真实轨迹,以期为正确认识国际货币金融秩序的历史和现状提供启示。

一、怀特计划的制定

早在第二次世界大战爆发初期,美国财政部高级顾问哈里·怀特就开始着手研究国际货币和金融秩序问题,起草了"盟国间货币与银行行动建议纲要"(Suggested Program for Inter-Allied Monetary and Bank Action)。[1] 1941 年 12 月珍珠港事件后,美国开始加紧规划美国领导下的战后世界秩序,财政部部长摩根索遂任命怀特主持国际货币金融政策的规划工作,指示怀特"考虑并准备一份有关建立盟国间稳定基金的计划",以便"为战后国际货币的安排奠定基础"。[2]

怀特受命后随即在前期研究的基础上展开政策设计,于 1942 年年初拟订出一份"联合国家稳定基金和联合国家及联系国复兴银行建议计划"(Suggested Plan for a United Nations Stabilization Fund and a Bank for Reconstruction of the United and Associated Nations)。[3] 该建议计划规定:稳定基金应采用认缴制,其 50 亿美元的资本金应由成员国以黄金、本国货币和政府债券的形式按比例认缴;稳定基金将向成

---

[1] Edward S. Mason and Robert E. Asher, *The World Bank since Bretton Woods*, Washington D. C. : Brookings Institution, 1973, p. 14.

[2] U. S. , Department of State, *Foreign Relations of the United States* (cited as *FRUS*), 1942, Vol. 1, p. 172.

[3] 据加德纳记载,"怀特文件"早期有 3 个文本,这个没有注明具体日期的方案是最早的一份,另外两份文本分别注明日期为 1942 年 3 月和 1942 年 4 月。后两份文本与第一份文本的内容基本相同,仅在某些细节上有所调整,参见 Richard N. Gardner, *Sterling-Dollar Diplomacy in Current Perspective : The Origins and the Prospects of Our International Economic Order*, New York: Columbia University Press, 1980, pp. 74 – 75。

员国提供短期贷款以帮助其平衡贸易收支;稳定基金要求成员国放弃自由变动外汇汇率的权力,放弃一切形式的外汇管制,并将本国经济政策置于稳定基金的监督之下。该建议计划还规定:复兴银行应拥有100亿美元资本金,其中一半需成员国以黄金和本国货币的形式立即认缴;复兴银行将向成员国提供重建、救济和经济恢复所需之资金;复兴银行有权买入和出售黄金及成员国债券,有权发行债券,有权低息提供长期贷款。至此,怀特计划的雏形基本形成,美国战后国际货币金融秩序的设计迈出了重要一步。

在反复推敲上述构想的基础上,怀特于1942年5月8日正式向摩根索呈交了"联合国家稳定基金和复兴开发银行计划草案"(Draft Proposals for a United Nations Stabilization Fund and a Bank for Reconstruction and Development),①此即著名的怀特计划;其中,稳定基金计划是其核心部分,是美国为战后国际货币金融秩序设计的基本蓝图。关于稳定基金,怀特建议:1. 稳定基金的初始资本总额为50亿美元,由成员国认缴的黄金、本国货币和政府债券组成,各国认缴额中至少应有12.5%为黄金;2. 成员国必须放弃外汇管制和双边货币协定,实行自由和多边的关税和贸易政策;3. 稳定基金有权规定黄金比价和外汇汇率,成员国汇率的变动仅限于修正基本的贸易收支失衡,而且须经稳定基金同意;4. 成员国应接受稳定基金对其经济与货币政策的监督和指导;5. 稳定基金的管理权授予由成员国组成的理事会,投票权依据各国的认缴额予以确定。关于复兴开发银行,除前面谈到的内容外,还增加了新的规定,如成员国依据其认缴额决定投票权,复兴开发银行的任务之一是为私人投资者提供保证等。该计划草案在原先

---

① John M. Blum, ed., *From the Morgenthau Diaries: Years of War*, 1941-1945, Boston: Houghton Mifflin Company, 1967, pp. 230-232.

的银行构想中加进"开发"的条款,显然意在吸引包括拉丁美洲国家在内的发展中国家,扩大怀特计划的覆盖范围,以利美国实现构建全球性国际货币金融组织的目标。

毋庸置疑,怀特计划是以美国作为世界上最大的债权国,国际收支大量顺差以及拥有巨额黄金外汇储备为前提的,擘画了美国的国际货币金融战略目标。首先,怀特计划的认缴制实际上是各国经济实力的较量,不仅含有由成员国分担出资风险的意图,而且便于美国发挥其经济优势,体现其无可匹敌的实力地位。其次,稳定基金和复兴开发银行中各成员国的投票权均与认缴额挂钩,在美国拥有绝对经济优势的情况下"保证了美国的主要发言权",[1]从而为美国控制国际货币金融组织、树立领导地位提供了手段。最后,怀特计划赋予稳定基金监督和干预成员国经济政策的权力,为美国依托稳定基金之名影响他国政策开了方便之门。可见,怀特计划意在凭借美国的强大实力,问鼎国际货币金融领域的优势乃至霸权地位。正因如此,认缴制原则、投票权原则和监督权原则始终是美国在谈判过程中恪守不渝的基本立场。

1942年5月底,摩根索向美国总统罗斯福递交关于怀特计划的备忘录,[2]同时建议召开联合国家财政部部长会议,商讨建立稳定基金和复兴开发银行。国务院反对召开财政部长会议,担心谈判进展不顺利及其带来的政治影响。"雾谷"官员倾向于先同英国进行协商性会谈,因为战后挑战美国经济霸权的"最大危险"将来自英国;在战后安排的主要政治问题解决之前,不应就稳定基金和复兴开发银行举行正式的

---

[1] John M. Blum, ed., *From the Morgenthau Diaries: Years of War*, 1941 - 1945, p. 231.

[2] *FRUS*, 1942, Vol. 1, p. 171.

国际会议。最终，罗斯福认可了国务院的意见。①

二、凯恩斯计划及其与怀特计划的比较

英国在第二次世界大战爆发后也制定了自己的战后国际金融计划，这一工作是在著名经济学家约翰·M. 凯恩斯的主持下于 1941 年年底开始进行的，其出发点有二：1. 充分注意到英国所面临的日益增长的国际债务和黄金外汇储备陷人枯竭的严重局面；2. 英国国际金融政策的归宿点在于维持英国在战后世界经济中的利益和地位。在凯恩斯计划中，"国际清算联盟"是其核心内容。该联盟是一个国际清算和信用机构，将参照战前各国在世界贸易中所占比例，向成员国提供透支便利并决定其投票权；"清算联盟"没有实际的资本金，成员国在国际贸易收支中的盈余和赤字分别反映在"联盟"账户的贷方和借方上，为此，凯恩斯主张用被称作"班柯"的国际信用货币充当国际清算单位，"班柯"的贷方国有权在其他成员国使用这一国际信用货币购买商品等，但不能将"班柯"兑换成黄金；"清算联盟"的透支总额约为 260 亿美元。凯恩斯坚持认为，由于"国际清算联盟"拥有巨大的流通资源，成员国将有能力取消外汇管制，保持汇率稳定，奉行旨在发展本国经济的政策而不必担心通货膨胀和贸易逆差。②

显然，怀特计划与凯恩斯计划的前提条件大不相同，提出的原则和内容也大相径庭，其实质更是迥然有别。总的看来，美英计划的分歧主要是 1. 怀特计划主张采用认缴制，规定稳定基金和复兴开发银行的资

① John M. Blum, ed. , *From the Morgenthau Diaries*：*Years of War*，1941－1945，p. 233.

② John M. Blum, ed. , *From the Morgenthau Diaries*：*Years of War*，1941－1945，pp. 234－235.

本金由成员国按份额认缴,投票权与认缴额挂钩,出资越多,就拥有越大的发言权,因此,认缴制是以实力为基础、以谋求美国对国际货币金融组织的主导权和控制权为目的的。凯恩斯计划则建立在透支原则的基础上,主张采用结算制,"清算联盟"不拥有资本金,成员国无需缴付款项。英国试图以此避开巨额债务和黄金外汇枯竭的劣势,利用战前的贸易地位维持既有利益。2. 怀特计划将调整贸易收支平衡的责任全部交给债务国(英国是当时最大的债务国),对于那些拒绝采取国内调整政策以改善贸易收支状况或那些没有执行稳定基金所建议的改善贸易收支状况方案的成员国,稳定基金有权停止贷款。这无疑体现了美国维持经济优势、巩固实力地位的政策意图。凯恩斯计划则把调整贸易收支平衡的责任主要推给了债权国(美国是当时最大的债权国),意在限制美国保持永久的贸易收支顺差;如果债权国坚持有利于己的经济政策,就要相应地增加对"清算联盟"的义务。3. 怀特计划一方面要求各成员国分担对稳定基金和复兴开发银行的责任,另一方面又试图利用美国的优势,通过稳定基金监督和影响别国的经济政策,实现美国的领导权。凯恩斯计划则通过设立"清算联盟",力图运用透支手段帮助英国摆脱债务羁绊,获取国际融资,寻求复兴机会,同时避免赋予"清算联盟"特权,不愿在其中承担任何责任。

不难看出,怀特计划与凯恩斯计划分歧的实质在于,美国试图通过认缴制,利用强大的经济优势,控制国际货币金融组织,确立霸权地位;英国则希望依凭结算制规避经济困境,维持既有地位和利益,延迟"日不落帝国"将要面临的黄昏。

三、美英关于凯恩斯计划的谈判

在怀特计划和凯恩斯计划分别制定完成之后,美英两国就开始探索达成协议的途径。由于美国考虑国际国内因素的影响,不愿过早暴露其计划,美英的谈判是从凯恩斯计划开始的,且在一定时期内是秘密进行的。

1942年7月17日,英国财政部派驻美国的代表弗雷德里克·菲利普斯向美国助理国务卿迪安·艾奇逊和国务卿特别助理利奥·帕斯沃斯基透露信息称,英国财政部正在设计一个清算联盟计划,以利各国之间的账目清算。① 这是英国首次向美国披露凯恩斯计划的相关内容。8月18日,菲利普斯向艾奇逊表示希望讨论国际金融问题,艾奇逊婉言推辞,并建议菲利普斯应同主管国际经济事务的助理国务卿伯利协商。②

8月28日,英国驻美使馆参赞里德维斯·奥帕尔向伯利和怀特分别递交一份备忘录,正式将"国际清算联盟计划"通知美国。备忘录称,该计划体现了伦敦方面对国际金融问题的基本态度,强调仅供英美专家口头讨论,不宜向外界透露。③ 31日,伯利答复奥帕尔,同意美英专家的非正式谈判应当保密。④

1942年9月10日,关于凯恩斯计划的美英专家第一轮会谈在华盛顿秘密举行,参加会谈的有美国方面的怀特、伯利、帕斯沃斯基,以及英国方面的奥帕尔、菲利普斯。这次会谈没有涉及任何实质性问题。伯利首先指出,凯恩斯计划同美国财政部的初步设想有相似之处,其中心思想都是建立某种机构或组织以处理国际货币金融事务。最后,美国表示将就凯恩斯计划的有关重要问题准备一份清单,该清单将在下

---

① *FRUS*, 1942, Vol. 1, p. 193.
② *FRUS*, 1942, Vol. 1, p. 199.
③ *FRUS*, 1942, Vol. 1, p. 203.
④ *FRUS*, 1942, Vol. 1, p. 222.

次会谈时交给英方。①

按照约定,美英专家于 10 月 6 日在华盛顿就凯恩斯计划举行第二轮会谈。② 英国参加会谈的是菲利普斯,美国方面是财政部的威廉·泰勒和国务院的伯利。会谈一开始,伯利就将美国对凯恩斯计划的问题清单交给菲利普斯。概括起来,美国主要关心的问题是:1. 外汇汇率与黄金的关系,即汇率变动是否与黄金挂钩;2. 汇率变动是否须经国际机构认可;3. 英联邦特惠制是否因"国际清算联盟"的建立而调整或取消。

事实上,美国所希望的答案尽在不言之中,道理很简单:1. 在美国拥有巨额黄金储备的情况下,将汇率同黄金挂钩对美国有利,也便于美国发挥对国际货币金融组织的影响;2. 将各国汇率的调整提交国际机构审议,实际上是将汇率调整权国际化,有利于美国影响和干预各国的汇率政策;3. 取消英联邦特惠制,可以扫除建立美国主导下的国际经济秩序的巨大障碍,是美国梦寐以求的战略目标。由此可以看出,美国的提问具有明显的试探性质。在会谈中,伯利还提出一个问题:英国和其他一些国家都面临着贸易收支逆差,解决的办法只有两个——黄金和商品。凯恩斯计划事实上赋予"国际清算联盟"创造货币的权力,以期解决国际贸易收支平衡问题,这就意味着美国将获得相当数量的这种新货币,而这种新货币只有在购买商品时才会有用。菲利普斯不同意此种解释,认为"班柯"的最大作用是提供国际融资。显然,这是对伯利提问的含糊回答,且与凯恩斯计划的本意不符,故美国难以接受。

第二轮会谈结束之后,英国根据美国提出的问题,对凯恩斯计划作了适当调整。11 月 25 日,菲利普斯将修改后的"国际清算联盟计划"

---

① *FRUS*, 1942, Vol. 1, p. 222.
② *FRUS*, 1942, Vol. 1, p. 224.

和对美国提问的答复一并递交伯利。① 对于美方提出的问题，英国答复如下。1. 各国汇率的浮动应限制在黄金点或其等值物的范围内（但未提及是否须经国际机构认可）。2. 应区别对待"清算联盟"账户与双边协定。一方面，英国认为各国可以通过迄今为止的双边协定自由确定汇率，另一方面，"清算联盟"账户上的汇率应按平价确定。这表明英国既想通过"清算联盟"的结算制弥补其贸易逆差并获得融资便利，又试图继续维持旧有的双边货币协定和英联邦特惠体系。3. 英联邦自治领和印度应被视作国家实体加入"清算联盟"，但英联邦内部的双边贸易结算仍将继续适用。显然，英国的答复与美国的期望南辕北辙，美英的政策立场已经难以在凯恩斯计划的框架内取得协调。

1943 年 1 月 9 日，美英专家围绕凯恩斯计划在华盛顿举行第三轮会谈。② 参加会谈的有菲利普斯、奥帕尔和伯利。英国希望美国对修改后的凯恩斯计划作出回答，但伯利却旋即绕开这个问题，称美国在形成自己的观点方面已有很大进展，财政部正打算召集一个专家会议以便商榷具体问题。伯利还明确告诉英国方面，美国已经向苏联和中国表达了共同探讨国际货币金融问题的愿望。不言而喻，凯恩斯计划此时已被美国束之高阁。

通过与英国的三轮会谈，美国获悉凯恩斯计划的全部内容，掌握了英国对待战后国际货币金融安排的基本态度，有利于美国制定正确的谈判策略，推动怀特计划的实施。英国在会谈中没有得到美国的任何承诺，却完全亮出了底牌，并为美国适时推出怀特计划创造了条件。

---

① *FRUS*, 1942, Vol. 1, p. 231.
② *FRUS*, 1943, Vol. 1, p. 1054.

四、关于稳定基金计划的前期谈判

1943 年 2 月 1 日,伯利正式向菲利普斯递交了一份关于"联合国家及联系国国际稳定基金计划"的备忘录,并声明该计划仅为讨论的基础而非官方立场,希望有关各国在近期派员赴华盛顿商讨国际货币金融事宜。同日,稳定基金计划还送达苏联和中国,[1]怀特计划中的稳定基金计划正式登台亮相(此时未提及复兴开发银行计划,蕴藏了美国突破重点的策略安排)。美国的这一外交举措,一方面标志着美国开始了寻求有关国家支持稳定基金计划、进而主导国际货币金融谈判及其议程设置的历程;另一方面,美国巧妙地将稳定基金计划同时通知英、苏、中三国,既可以争取谈判中的主动地位,又能够制约英国的讨价余地,大大有利于稳定基金计划的横向展开。有关稳定基金计划的谈判尚未开启,美国就已经占据了外交上的主动。

英国对此迅速作出反应。2 月 8 日,菲利普斯致函伯利,希望美国不要将稳定基金计划通知除英、苏、中以外的其他国家,并再次明确要求美国对凯恩斯计划的修改意见作出答复。与此同时,英国明显意识到,要完全挽回凯恩斯计划已不可能,因此试图采取折中的办法,建议将英美的计划"协调起来"。[2] 但美国的政策目标是全面推进怀特计划,且美英的计划在实质内容方面几乎毫无可协调之处,故美国对"协调"之议漠然置之。

2 月 16 日,帕斯沃斯基、伯利同菲利普斯、奥帕尔再度会晤。[3] 美国希望在最近几天内将稳定基金计划通知其他国家,英国则坚持英美

---

[1] *FRUS*, 1943, Vol. 1, p. 1055.

[2] *FRUS*, 1943, Vol. 1, p. 1056.

[3] *FRUS*, 1943, Vol. 1, p. 1056.

间应继续保持双边会谈。

应当看到,美国未经协商就单方面终止凯恩斯计划谈判的行径已使英国大为不满;加之美国将稳定基金计划的讨论超出了英美双边的范围,陷英国于被动,有违英国的意愿,故在随后近 20 天的时间里,英国对稳定基金计划采取了沉默拖延的态度。但美国急于组织稳定基金计划的多边谈判,不可能在美英双边的范围内长久等待下去。3 月 5 日,美国断然将稳定基金计划通知其他联合国家。① 4 月 5 日,英国《金融新闻》刊登了稳定基金计划的相关内容(面对英国方面的追问,摩根索辩称,此乃泄密所致)。② 4 月 6 日,摩根索举行记者招待会,正式对外公布了稳定基金计划,英国随之将凯恩斯计划公之于世。③ 这样,美国利用"泄密"事件,排除英国的阻挠,顺理成章地将稳定基金计划予以公布,为稳定基金计划谈判的全面展开创造了条件。

为尽快将稳定基金计划纳入国际谈判的轨道,推进该计划的实施,美国进行了积极的外交准备。4 月 21 日,美国向有关国家提出有关近期安排的建议:美国拟先期就稳定基金计划同各国分别举行双边会谈,然后于 5 月初举行非正式的专家小组会谈;在专家级会谈取得一定进展之后,再召开各国财政部部长的正式会议。④ 与此同时,美国还向巴西、古巴、墨西哥等 19 个拉美国家发出邀请,希望其参加稳定基金计划的专家级会谈。⑤ 就其政策意图和影响而言,鉴于美国同拉美国家的特殊关系,此举不仅扩大了稳定基金计划的讨论范围,而且有利于增强美国的谈判地位。由此可见,在稳定基金计划正式公布后,美国采取

---

① *FRUS*, 1943, Vol. 1, p. 1061.

② *FRUS*, 1943, Vol. 1, p. 1064.

③ John M. Blum, ed., *From the Morgenthau Diaries: Years of War*, 1941 – 1945, p. 239.

④ *FRUS*, 1943, Vol. 1, p. 1069.

⑤ *FRUS*, 1943, Vol. 1, pp. 1069 – 1070.

了有力的步骤,积极组织有关国家参与稳定基金计划的谈判。与此相对比,英国则显得心有余而力不足。

在同约 30 个国家分别交换意见之后,美国对稳定基金计划进行了适当修改,部分地吸纳了有关建议,①同这些国家取得程度不等的协调,造成英国难以颉颃的既成事实。美国上述外交活动的最大成果就是:联合国家及联系国关于战后国际货币金融秩序安排的谈判完全是在美国稳定基金计划的基础上进行的,"山姆大叔"完全掌握了谈判的主导权。

9 月 14 日,美国将修改后的稳定基金计划送交有关各国。同一天,摩根索、怀特、伯利同凯恩斯、罗宾斯等英国代表在华盛顿举行会谈。英国表示愿意同美国就稳定基金计划继续进行磋商,在取得相应一致后,再召集一个起草委员会制定详细的方案,供各国财政部派员参加的大会审议。美国对此表示赞同。② 毫无疑问,在大多数国家已经实际参与讨论稳定基金计划的情况下,英国深知凯恩斯计划已经无力回天,不得不转变政策立场和态度,承认以美国的计划作为谈判基础。与此同时,英国强调由英美就有关问题先行协商,既可显示英国的重要地位,又可为英国争得最大限度的回旋余地。

五、从"联合声明"到大西洋城会议

按照约定,美英两国代表于 1943 年 9—10 月在华盛顿就稳定基金计划举行双边谈判。在此期间,双方展开了唇枪舌剑的激烈交锋。凯恩斯深奥的理论分析常使怀特无言以对,但怀特也不时提醒凯恩斯注

---

① *FRUS*, 1943, Vol. 1, p. 1081.
② *FRUS*, 1943, Vol. 1, pp. 1083 - 1084.

意,谁在谈判中代表更强有力的一方。话不投机时,文件被扔到地板上,两人中总有一人昂然走出会议室,其助手们则留在屋里平息这场争吵。

尽管谈判中时常出现各执一词、相持不下的局面,但争论毕竟是围绕美国的稳定基金计划进行的。作为这次会谈的成果,美英于 10 月 9 日议定了两个文件:《联合国家及联系国专家关于建立国际稳定基金的联合声明》(Joint Statement by Experts of United and Associated Nations on the Establishment of an International Stabilization Fund)和《美英专家会议联合记录》(Joint Minutes of the Meeting of U. S. and U. K. Experts, October 9, 1943)。[①]

在"联合声明"中,美英共同确认以稳定基金计划作为战后国际货币金融秩序的基础,并就稳定基金的目的与管理、成员国义务等主要问题达成一致。美英认为,稳定基金应促进汇率稳定,防止货币竞争性贬值;确保成员国的多支付机制,消除背离这一目标的限制措施。美英均同意,稳定基金采用认缴制,成员国均须按一定认缴额向稳定基金实际出资;各国在稳定基金中的投票权依据其认缴额确定;稳定基金应置于理事会和执行委员会的管理之下。

对于存有分歧的地方,美英同意在议定的"联合声明"中分别标明"美国认为"和"英国认为",以期异日协商解决。概括地讲,美英主要在以下三方面意见相左。1. 黄金在一国认缴额中所占比例。美国主张黄金应占各国认缴额的 25%,英国则认为黄金份额应为 12.5%。2. 向稳定基金兑换通用货币是否应有附加条件。美国主张成员国在兑换通用货币时应支付一定数量的黄金,英国则坚持认为不应附加条件。3. 基金资源是否可用于平衡资本外流。美国认为,成员国不可使

---

① *FRUS*, 1943, Vol. 1, pp. 1084 - 1092.

用基金资源平衡大量或连续的资本外流,英国则主张允许成员国依托基金资源平衡资本外流。这些分歧反映了美英经济实力和利益目标的差距;另一方面,上述分歧都是在稳定基金计划框架内的技术性问题,并没有影响到美英华盛顿会谈取得积极成果。

作为美英磋商的另一项成果,"联合记录"确认了美英会谈取得的一致意见但未列入"联合声明"的相关内容,主要内容是:1. 关于稳定基金的认缴份额,美国不超过 30 亿美元,英国为 13 亿美元;2. 关于成员国货币的币值,美英认为,各成员国货币的汇率应基于 1943 年 7 月 1 日的官方美元报价,在此基础上进行调整。

由此可见,"联合声明"和"联合记录"的议定表明,美英就稳定基金计划的基本原则和主要条款达成原则一致,标志着美国的外交活动获得阶段性成果,稳定基金计划的谈判取得突破性进展,对美国的政策推进具有重要意义。首先,认缴制原则和投票权原则作为稳定基金计划的核心内容,在"联合声明"中得到明确阐释,体现了美国的政策目标。其次,"联合记录"事实上确认了美国在稳定基金中最大认缴国的地位,为美国拥有占优势的投票权和控制稳定基金奠定了基础。最后,美元的中心货币地位明确载入"联合记录"并得到英国的认可,为确立美元在国际货币金融领域的霸权地位开辟了道路。

在稳定基金计划取得重大进展之后,美国不失时机地提出谈判复兴开发银行计划。

1943 年 10 月 11 日,美英在华盛顿就复兴开发银行计划举行首次会谈,参加会谈的有美国的克莱顿、帕斯沃斯基、怀特和英国的凯恩斯、罗宾斯等。[①] 怀特介绍了复兴开发银行计划的具体内容,期望得到英国的积极回应。凯恩斯则提出了不同看法:1. 美国的计划没有考虑债

---

① *FRUS*, 1943, Vol. 1, p. 1092.

务国和债权国的不同地位,英国战后的迫切问题是偿还债务而不是对外投资;2. 英国认为复兴开发银行对贷款的使用限制过多,强调借款国应有自由使用贷款的权力,凯恩斯强调,英国反对"坏"贷款。双方约定再行协商。在此之前,美国财政部于 10 月 5 日向国会呈交"关于拟议中的联合国家复兴开发银行的指导原则",并于 10 月 8 日公布复兴开发银行计划。[①]

与此同时,美国加紧敦促苏联参与国际货币金融事务的磋商,摩根索对苏联接到邀请半年多仍未参与谈判表示强烈不满。1943 年 8 月,美国再次向苏联发出邀请。10 月 31 日,苏联答应在近期派专家赴华盛顿参加有关会谈。[②]

进入 1944 年以后,美国急欲加速谈判进程,首先是设法解决美英议定的"联合声明"中尚存之分歧。1944 年 4 月 5 日,摩根索致电英国财政大臣约翰·安德森,要求尽快公布"联合声明"。英国则答复称,在美国仍保持超然立场的情况下,如果英国政府被迫采取明确态度,将在议会中引起混乱。[③] 显然,英国将"球"又踢回给"山姆大叔"。

面对英国的拖延,摩根索一方面指责英国的态度已经使美国"陷入困境",导致美国政府无法将"联合声明"通知国会和其他国家;另一方面,美国于 4 月 10 日单方面向苏联通报"联合声明"的内容,希望得到苏联的支持。[④] 在美国的外交压力下,英国的态度出现转变,对"联合声明"中的分歧作出让步,基本认可了美国的观点。随后,美、英、苏就"联合声明"相应地协调了立场。4 月 17 日,美国正式通知英、苏、中三国政府,建议"联合声明"于华盛顿时间 4 月 21 日 20 点同时在华盛顿、

---

① *FRUS*, 1943, Vol. 1, p. 1093.
② *FRUS*, 1943, Vol. 1, p. 1098.
③ *FRUS*, 1944, Vol. 2, pp. 107 - 108.
④ *FRUS*, 1944, Vol. 2, pp. 109 - 110.

伦敦、莫斯科和重庆公布。①

4月17日,摩根索还向英国方面通报了由美国以联合国家专家的名义起草的"关于建立复兴开发银行的声明"。② 该声明包括了复兴开发银行的宗旨和目的等条款,内容与怀特制定的复兴开发银行计划基本相同。至此,美国已经顾不上与英国商议,断然将一个成文的声明摆在英国面前。这天深夜,摩根索又致电安德森,催促英国尽快就公布关于复兴开发银行的声明作出答复。③ 由此可见,自4月初以来,美国展开了凌厉的外交攻势,积极敦促有关国家特别是英国切实推进谈判进程,并频频提出建议,始终占据主动地位。

4月20日,奥帕尔向怀特递交一份备忘录,重申英国对复兴开发银行计划的立场。英国坚持认为,战后初期债权国给予债务国的贷款应是慷慨的;复兴开发银行对于贷款的使用不应附加任何条件;所有国家都没有提供贷款的强制义务。英国声称愿意同美国进一步商谈。④ 由于美英等国对复兴开发银行计划的讨论并不充分,仓促间难以达成基本共识,故关于复兴开发银行的声明就此搁浅,但有关谈判仍在继续进行。

根据美国的提议,"关于建立联合国家及联系国国际货币基金的联合声明"于4月21日正式公布,美国提出的有关原则以四大国联合声明的形式确定下来,由此表明美、英、苏、中就建立以稳定基金为基础的国际货币金融组织正式承担了义务,稳定基金计划的谈判进程又朝着美国设计的方向迈进了一大步。

紧接着,美国于4月25日提出下一步的安排建议:1. 准备国际货

---

① *FRUS*, 1944, Vol. 2, pp. 113 - 114.
② *FRUS*, 1944, Vol. 2, pp. 115 - 118.
③ *FRUS*, 1944, Vol. 2, p. 119.
④ *FRUS*, 1944, Vol. 2, pp. 120 - 124.

币金融会议议程和协议草案的起草委员会于 5 月初在华盛顿聚会;2.国际货币金融会议于 5 月 26 日举行。[1]

苏联对此反应积极,表示愿意出席 5 月底的国际货币金融会议。英国的态度则十分消极和冷淡,借口"联合声明"的原则没有体现为令人满意的会议议案,因此,召开国际货币金融会议的时机尚不成熟。[2]由于英国的反对,国际货币金融会议的会期被迫向后推迟。其实,以怀特计划为基础构建战后国际货币金融秩序之势已经难以逆转,在大多数国家均接受美国建议的情况下,英国最终同意在 7 月举行国际货币金融会议。

在同英、苏、中协商后,美国邀请有关国家于 6 月 24 日在美国的大西洋城聚会,商讨国际货币金融会议议程。大西洋城会议是国际货币金融会议的预备会议,与会各国原则上通过了美国提出的稳定基金计划和复兴开发银行计划,[3]但也存在利益分配上的分歧,如认缴额及投票权的分配问题、认缴额中的黄金比例问题、复兴开发银行的贷款原则问题等。这些问题的解决有待于国际货币金融会议的召开。大西洋城会议对美国的意义在于:稳定基金计划和复兴开发银行计划作为唯一的谈判基础,被正式列入国际货币金融会议的议程。

六、布雷顿森林会议

1944 年 7 月 1 日,国际货币金融会议在布雷顿森林开幕。会议的议题是在稳定基金计划和复兴开发银行计划的基础上,商讨建立国际

---

① *FRUS*, 1944, Vol. 2, p. 128.
② *FRUS*, 1944, Vol. 2, pp. 129 – 131.
③ John M. Blum, ed., *From the Morgenthau Diaries*: *Years of War*, 1941 – 1945, p. 256.

货币基金组织和国际复兴开发银行。

(一) 关于基金组织问题

会议刚开始,苏联就提出异议,要求其在基金中拥有 10% 的认缴额,合约 10 亿美元,从而超过了美国计划中分配给苏联的约 8 亿美元的认缴额。苏联的目的很明确,作为大国,苏联应当拥有同英国相等或大致相等的投票权。

美国意识到,苏联拥有完整的国营贸易体系,因而并不十分需要基金组织,但怀特明确指出,"基金组织需要俄国",认为对苏联适当让步是明智的(具有讽刺意味的是,在麦卡锡年代,怀特因此受到怀疑并接受国会质询,险被定为苏联间谍,终致含冤病逝)。于是,美国建议削减英国的认缴额至 9 亿美元,苏联的认缴额增至 8.5 亿美元,但遭苏联拒绝。美国又提议将苏联的认缴额增至 10 亿美元,同时要求苏联放弃减少其黄金份额的立场。但苏方坚持其认缴额应为 10.2 亿美元。7 月 7日,美国通知苏联,同意苏联的认缴额为 10.2 亿美元,条件是美国不再作其他让步。然而,苏联仍坚持减少其黄金份额。摩根索大为恼火,指责苏联的行为违背合作精神,讥讽苏联代表团团长斯特帕洛夫既不是外交官也不是律师,只是个农夫。斯特帕洛夫则嘲笑摩根索既不是律师又不是金融家,仅仅是个生意人。由于观点无法吻合,双方将争论交由大会裁定,大会最终驳回了苏联减少其黄金份额的请求。①

美英在会议期间的争论集中在国际货币金融组织总部的地址问题上。当摩根索提出将稳定基金和复兴开发银行的总部设在美国时,凯恩斯"变得异常愤怒",并威胁说这将置他于"无可选择"的地步:要么退

---

① John M. Blum, ed., *From the Morgenthau Diaries: Years of War*, 1941 - 1945, pp. 259 - 263.

出大会,要么提出抗议。但英国毕竟财力不济,缺乏与美国抗衡的谈判筹码,最后不情愿地接受了美国的折中意见,即稳定基金和复兴开发银行的总部应设在拥有最大认缴额的国家,①也就是设在美国。

美国为协调其对苏政策,不惜拿中国的利益作交易,此种行径早在雅尔塔会议之前的布雷顿森林会议上就已经有所表现。为将苏联的认缴额增至10.2亿美元,美国竟然在未同中国商量的情况下,擅自将商定给予中国的认缴额由6亿美元减至5.5亿美元。当时的中国政府对此没有提出任何异议,考虑的仅仅是挽回点面子。7月17日,孔祥熙向美国提出恢复中国的最初认缴额,以允许中国自己宣布——出于对苏联的友谊,中方愿意放弃5000万美元的认缴额。当时中国的这点所谓"面子"也遭美国拒绝,②此为美国强权政治的又一例证。

法国在布雷顿森林会议上遭遇到同中国相似的命运。为增加苏联的认缴额,美国将法国的认缴额由原来的5亿美元减至4.5亿美元。法国虽然强烈反对,但美国置之不理。③

此外,美国还就货币基金问题同其他一些国家进行了密集的协商。尽管美国作出一定的让步,但所有这些"低姿态"都是有前提的,那就是必须以美国的建议为基础和核心,用摩根索的话说,就是"不能损害美国所界定的国际货币基金组织的完整性"。④

1944年7月22日,《国际货币基金协定》在布雷顿森林草签。该

---

① John M. Blum, ed., *From the Morgenthau Diaries*: *Years of War*, 1941–1945, pp. 269–270.

② John M. Blum, ed., *From the Morgenthau Diaries*: *Years of War*, 1941–1945, p. 267.

③ John M. Blum, ed., *From the Morgenthau Diaries*: *Years of War*, 1941–1945, p. 266.

④ John M. Blum, ed., *From the Morgenthau Diaries*: *Years of War*, 1941–1945, p. 265.

协定基本上沿袭了怀特计划的主要原则和内容,具体表现如下。1. 国际货币基金组织采用认缴制。基金组织的资本金由各成员国按份额认缴的黄金、本国货币和政府债券组成。2. 美元等同黄金,"各成员国之法定币值应以黄金作为共同单位,或用 1944 年 7 月 1 日所用成色重量之美元表明之"。3. 确定基金组织对各国货币政策的监督。成员国法定币值的变更须经基金组织协商或同意。如成员国未与基金组织协商就变更其法定币值,基金组织将不准其利用基金资源。4. 投票权与认缴额挂钩。每一成员国应有 250 票,此外,根据其在基金组织中的认缴额,每 10 万美元应增加 1 票,这就是加权投票权。以此推之,在基金组织最初的 88 亿美元资本金中,美国出资 27.5 亿美元,约占总数的近 1/3,从而使美国控制了近 1/3 的投票权。5.严格规定成员国义务。成员国不应从事不公平之货币交易,不得参加歧视性货币协定,成员国还有义务向基金组织提供下列信息:黄金及外汇储备、国际收支状况、物价指数、外汇管理制度等。[①]

不难看出,《国际货币基金协定》的主要条款同怀特计划的原则基本一致,充分体现了美国的利益目标和政策意图,"具有无可辩驳的美国烙印"。[②] 该协定通过黄金-美元本位制,确立了美元在国际货币金融领域的霸权地位;认缴制和表决权制等相关内容则为美国控制国际货币基金组织、维护霸权地位提供了制度保障。

(二) 关于复兴开发银行问题

在布雷顿森林会议之前,有关国家对复兴开发银行计划的讨论并不充分,因此,会上的争论较为激烈,摩根索对此有印象颇深的记录。

---

① 《国际条约集 1945—1947》,北京:世界知识出版社 1959 年版,第 132 - 147 页。

② John M. Blum, ed., *From the Morgenthau Diaries: Years of War*, 1941 - 1945, p. 271.

在 7 月 13 日的会议上,摩根索吃惊地发现,一些代表"疯狂地大叫",甚至"暴跳如雷",凯恩斯——时任主持讨论的银行委员会主席——竟然在有的代表还没有在文件上找到有关问题的页码前,就烦燥地宣布结束该问题的讨论。① 尽管谈判过程有些混乱,但争论基本上是围绕复兴开发银行计划进行的。

事实上,美国是带着自己的政治和经济目的提出并参与复兴开发银行计划的谈判的。一方面,美国认识到,如果没有足够的国外投资,战后欧洲各国将面临经济凋敝和严重失业,以及由此引起的社会动荡。怀特认为,没有什么比这更有助于"驱使这些国家投入某种主义——共产主义或其他主义——的怀抱"。② 另一方面,美国决策者深知,为避免战后经济衰退,美国将面临寻找国外商品市场和投资市场的严峻任务,而"国际货币的稳定对于私人贸易的恢复是必不可少的"。③ 更为重要的是,如果由美国单方面对外投资,将会有"很大的风险和负担",怀特因之坚信,复兴开发银行"将通过多边化减少风险"。④ 由此可见,美国的意图就是借助复兴开发银行,鼓励和保护美国的海外投资和对外贸易,防止各国的共产主义运动,维护美国领导下的资本主义世界政治和经济体系。

在布雷顿森林会议上,有关复兴开发银行计划的争论主要集中在两个问题上,一是认缴额问题,二是借贷政策问题。

---

① John M. Blum, ed., *From the Morgenthau Diaries：Years of War*, 1941 – 1945, p. 273.
② John M. Blum, ed., *From the Morgenthau Diaries：Years of War*, 1941 – 1945, p. 272.
③ World Peace Foundation, *Documents on American Foreign Relations*, Vol. 5, 1942 – 1943, p. 650.
④ John M. Blum, ed., *From the Morgenthau Diaries：Years of War*, 1941 – 1945, p. 272.

复兴开发银行的认缴额与基金组织的认缴额有所不同。在基金组织中,认缴额越多就意味着投票权越大,同时也拥有更大的借款能力以稳定本国货币。在复兴开发银行中,投票权也基于认缴额,但借款能力却不是根据认缴额而是根据需要。这在经济实力较强的国家看来,经济实力较弱的国家可以从复兴开发银行借到更多的资金,而拥有较大认缴额的国家则要承担更多的责任和更大的风险。因此,在基金组织中力争较大认缴额的国家倾向于在复兴开发银行中承担较少的认缴额。美国经多方周旋,终于说服苏联等国承担与其在基金组织中相一致的认缴额。[1]

在借贷政策上也存在不同意见。苏联等遭受战争破坏的国家主张复兴开发银行的贷款方向应重在复兴,不发达国家则强调复兴开发银行的主要目的应是发展融资。鉴于同拉美国家的特殊关系,美国表示愿意更多地听取拉美国家的声音。会议最后决定,复兴开发银行应对复兴和发展予以同等关注,但强调根据需要提供贷款。[2]

1944 年 7 月 22 日,与会各国签署《国际复兴开发银行协定》。该协定规定复兴开发银行的任务之一是:利用担保或参加私人借贷及其他私人投资之方式以提倡私人国外投资。如不能在合理条件下获得私人资本,则在适当条件下,运用本身资本或筹集资金及其他资源,供给生产事业周转之用,以补私人投资之不足。[3] 从中可以看出,《国际复兴开发银行协定》确认了美国的复兴开发银行计划中的一个重要原则:国际复兴开发银行在某种意义上应是一个保险或担保机构,致力于补

① John M. Blum, ed., *From the Morgenthau Diaries*: *Years of War*, 1941 - 1945, p. 275.

② John M. Blum, ed., *From the Morgenthau Diaries*: *Years of War*, 1941 - 1945, p. 274.

③ 《国际条约集 1945—1947》,第 164 页。

充而不是取代私人国际投资。[1] 显然,国际复兴开发银行对于保护西方资本主义国家尤其是美国的海外投资,具有重要的意义。

1945 年 12 月 27 日,28 个国家在华盛顿正式签署《国际货币基金协定》和《国际复兴开发银行协定》(史称《布雷顿森林协定》,苏联等国没有参加正式签字)。国际货币基金组织和国际复兴开发银行(又称世界银行)宣布建立。按照协定,国际货币基金组织和国际复兴开发银行的总部都设在美国华盛顿,均为美国所主导和控制。美国在世界银行中认缴了总额 91 亿美元中的 31.75 亿美元,因而拥有 1/3 的投票权。在国际货币基金组织中,美国也掌握了 1/3 的投票权。[2] 至此,美国领导下的国际货币金融体系——布雷顿森林体系终于建立。

综观布雷顿森林体系的建立过程,可以得出以下基本结论:

首先,《布雷顿森林协定》以多边国际制度的形式正式确认了怀特计划所设计的原则宗旨和主要内容。怀特计划立足美国的经济优势,明确提出了认缴制原则、投票权原则、监督权原则等政策主张,并对稳定基金和复兴开发银行的管理、成员国义务等作了详细规划。这些原则和内容不仅构筑了布雷顿森林体系的基本框架,而且贯穿于《布雷顿森林协定》的具体规则和条款之中。因此,布雷顿森林体系及其制度规则的建立是以美国的怀特计划为基础的,在很大程度上是怀特计划和美国政策目标及利益的体现。

其次,美国的外交活动促成了布雷顿森林体系的建立。怀特计划划定了美国对外政策于国际货币金融领域的具体目标,为此,美国展开了积极的外交活动,集中体现在始终围绕怀特计划组织和推进有关谈

① John M. Blum, ed. , *From the Morgenthau Diaries: Years of War*, 1941－1945, p. 276.
② (美)托马斯·帕特森等:《美国外交政策》(下),北京:中国社会科学出版社 1989 年版,第 564 页。

判进程,确保布雷顿森林体系按照美国设计的模式建立。美国外交的作用尤其体现在以下两个方面。1. 合理安排谈判时序,掌握谈判的主动权。如暂不透露怀特计划,先摸清英国的意图,为美国正确应对创造了条件;优先讨论稳定基金计划,保证了美国主要政策目标的实现。2. 外交策略运用得当,有力地推动了谈判进程。如将稳定基金计划同时通知英、苏、中三国,作出外交展开的态势;利用"泄密事件"公布稳定基金计划,造成广泛的国际影响;将拉美国家纳入华盛顿谈判的范围,增强了美国的谈判地位。总之,正是由于美国的外交活动,怀特计划的蓝图最终成为布雷顿森林体系的现实。

最后,布雷顿森林体系的建立实现了美国的战略目标,确立了美国在战后国际货币金融领域的霸权地位。这有两层含意:1. 布雷顿森林体系在组织结构和运转程序上采纳了美国提出的认缴制、投票权制和监督权制等政策主张和建议,从机制上奠定了美国的霸权地位;2. 布雷顿森林体系因袭怀特计划的原则和模式,尤其是确立了黄金-美元本位制,并在此基础上制定国际货币规则、塑造国际金融秩序,因而从制度上体现了美国的霸权地位。

综上所述,布雷顿森林体系及其制度规则源于美国的怀特计划,其建立过程实际上就是怀特计划付诸实施的过程,也是美国运用外交活动和手段实现国际货币金融领域霸权地位的过程。在此条件下建立的国际货币金融秩序,不可避免地带有严重的不平等性。

(本文原载朱瀛泉主编:《国际关系评论》(第 3 卷),南京:南京大学出版社 2003 年版,第 78 - 99 页,收入本论文集时作了适当修改)

试论美国与布雷顿森林体系的解体 *

【摘　要】　面对接连不断的美元危机,美国通过一系列政策措施,最终促成了布雷顿森林体系的解体和牙买加体系的建立,实现了在新的国际货币体系中确立美元本位制的战略目标,进而维持并巩固了美元的霸权地位。因此,布雷顿森林体系解体并不是美国金融霸权削弱的标志,恰恰相反,布雷顿森林体系的解体是美国政策设计和外交推动的产物,是美国调整美元霸权形式的战略选择,以美元本位制为基础的美元霸权遂成为美国维护全球霸权地位的关键性支柱和战略性工具。

【关键词】　美国　布雷顿森林体系　美元本位制　美元霸权　牙买加体系

布雷顿森林体系的建立是以美国的政策计划和实力优势为基础的,标志着美国在战后国际货币金融领域霸权地位的确立。根据1944年《国际货币基金协定》的有关规则,美元同黄金挂钩,其他国家货币同美元挂钩,实行固定汇率制,以及美元与黄金的可兑换性,这就是黄金-

---

* 本文为2015年国家社科基金重点项目"中国及新兴大国群体在国际秩序变革中的地位和作用研究"的阶段性成果,项目编号:15AZD027。

美元本位制。因此,布雷顿森林体系是以美元为中心,但又没有脱离黄金约束的国际货币金融体系。更为重要的是,黄金-美元本位制将其他国家货币同美元捆绑在一起,美元则成为唯一可以兑换黄金的货币,因此,黄金-美元本位制从制度上进一步推动了美元国际货币地位的确立,同时确保了美元的霸权地位。① 另一方面,在黄金-美元本位制下,美国也承担了美元兑换黄金的义务。进入 20 世纪 60 年代以后,面对接连不断的美元危机,黄金-美元本位制的运转难以为继,于是,美国开始寻求维护美元霸权地位的新途径。通过暂停美元与黄金的可兑换性、浮动汇率制的确立,以及黄金非货币化等一系列环环相扣的政策措施,美国促成了布雷顿森林体系的解体和牙买加体系的建立。新的国际货币体系事实上形成以美元本位制②为核心的运转机制,进而维持并巩固了美元的霸权地位。因此,布雷顿森林体系的解体并不是美国金融霸权削弱的标志,恰恰相反,布雷顿森林体系的解体和美元本位制的形成是美国新的金融霸权战略的产物,是美国调整美元霸权形式的战略选择。鉴于国内外学术界对布雷顿森林体系的解体存在不同看法,且有关研究长期缺乏档案资料的有力支撑,因而没有阐明美国与布雷顿森林体系解体之间的关系,本文利用美国相继解密的外交档案资料,从美国对外政策的角度探讨布雷顿森林体系解体和美元本位制形成的历史过程,以期为理解国际货币体系的演进及美元霸权的本质提供借鉴。

---

① 有关美国对外政策与布雷顿森林体系的建立过程,参见舒建中:《布雷顿森林体系的建立与美国外交》,朱瀛泉主编:《国际关系评论》(第 3 卷),南京:南京大学出版社 2003 年版,第 78 - 99 页。

② 所谓美元本位制,是指国际货币体系事实上以美元作为本位货币。在美元本位制下,脱离黄金约束的美元成为国际货币体系的关键货币,其具体表现形式就是美元作为主要的国际储备货币、贸易支付手段、外汇交易工具和大宗商品计价单位,美元汇率成为确定国际汇率的基本标准。

一、美国国际货币政策的调整及其战略目标

自 20 世纪 50 年代末期以来,随着西欧经济的恢复和欧洲经济共同体的建立,西欧国家的实力明显增强,日本也走上复兴之路。与此同时,面对巨额的海外军费开支和国际收支状况的持续恶化,美元的国际地位及美国的货币政策开始面临挑战。1958—1959 年,美国的经常项目首次出现赤字,美元赤字取代美元短缺成为普遍关注的问题。[1] 1960 年,美元的发行总量超过美国的黄金储备,[2] 美元与黄金的可兑换性及美元信用开始动摇,最终导致了 1960 年 10 月的第一次美元危机,美元持有者纷纷抛售美元,挤兑黄金,美国面临前所未有的美元兑换与黄金流失的巨大压力。这次危机是布雷顿森林体系演进的转折点,[3] 标志着该体系进入动荡时期。为应对美元危机,美国推动英国、西德、法国、意大利、比利时、荷兰、瑞士等国于 1961 年 10 月达成协议,决定共同提供黄金,设立"黄金总库"以稳定伦敦黄金市场,维护布雷顿森林体系所规定的一盎司黄金等于 35 美元的黄金官价,以及美元与黄金的兑换。[4] 1962 年 10 月,美国、英国、西德、法国、意大利、比利时、加拿大、荷兰、瑞典、日本等十国达成《借款总安排协定》,规定由"十国集团"共同出资 60 亿美元协助国际货币基金组织稳定国际货币市场,维

---

[1] Jeremy Morse, "The Dollar as a Reserve Currency," *International Affairs*, Vol. 55, No. 3, 1979, p. 360.

[2] Bob Reinalda, *Routledge History of International Organizations: From 1815 to the Present Day*, New York: Routledge, 2009, p. 435.

[3] Alfred E. Eckes, Jr., *A Search for Solvency: Bretton Woods and the International Monetary System 1941-1971*, Austin: University of Texas Press, 1975, p. 250.

[4] Barry Eichengreen, *Global Imbalances and the Lessons of Bretton Woods*, Cambridge: The MIT Press, 2007, pp. 48, 63.

护布雷顿森林体系的继续运转。① 由此可见,美国等发达国家所采取的措施旨在维护以黄金-美元本位制和固定汇率制为基础的国际货币体系,暂时减轻了美元兑换黄金的压力,但并没有消除美元危机的成因。

1968年年初,美元危机再度爆发,美元兑换黄金的压力进一步增强。在此背景下,美国邀请"黄金总库"其他六个成员国于3月在华盛顿举行会议(法国已于1967年6月退出"黄金总库"),决定与会国的官方黄金储备仅用于官方货币交易,有关国家不再向伦敦黄金市场提供黄金支持。② 至此,"黄金总库"停止运转,世界黄金市场形成自由市场和官方市场并存的局面,官方市场继续维持黄金官价,自由市场的黄金价格则交由市场自行决定(黄金双价制),美元事实上已经贬值。为维护美元的国际货币地位,美国一方面坚持美元的黄金官价,拒绝美元对黄金的正式贬值,另一方面则要求其他发达国家的货币对美元升值,以期减轻美元兑换黄金的压力,同时增强美国的竞争地位。但美国的立场却遭到其他国家的普遍反对,西欧国家和日本更要求美国率先采取措施削减其巨额赤字。③ 面对分歧,美国开始奉行所谓"善意忽视"政策,拒绝在国际货币领域采取任何措施,任由其他国家持有并积聚巨额美元,同时将维护现行货币与汇率机制的责任推给其他国家。④ 毫无疑问,从迫使其他国家持有美元的角度看,"善意忽视"政策是有效的,

① U.S., Department of State, *American Foreign Policy*: *Current Documents*, 1962, Washington, D.C.: U.S. Government Printing Office, 1966, pp. 265 – 266.

② U.S., Department of State, *Foreign Relations of the United States* (cited as *FRUS*), 1964 – 1968, Vol. 8, Washington, D.C.: U.S. Government Printing Office, 1998, pp. 446, 538 – 539.

③ Paola Subacchi, "From Bretton Woods onwards: The Birth and Rebirth of the World's Hegemon," *Cambridge Review of International Affairs*, Vol. 21, No. 3, 2008, p. 351.

④ Bob Reinalda, *Routledge History of International Organizations*, p. 437.

但从长远来看,"善意忽视"政策并没有解决美元面临的兑换压力,以及美元危机背景下美元霸权地位的问题。于是,上台伊始的尼克松政府开始着手考虑调整美国的国际货币政策,进而寻求建立一个"新的国际货币体系",①同时寻求继续维护美元霸权地位的新途径。

在 1969 年 1 月就任总统之后,尼克松立即指示成立一个工作组,专门负责准备美国应对货币危机的计划,同时研究设计美国新的国际货币政策。② 按照尼克松的指示,以财政部副部长保罗·沃尔克为主席的工作组("沃尔克工作组")迅速成立,并在严格保密的情况下围绕国际货币体系改革展开研究。1969 年 3 月,"沃尔克工作组"草拟了一份关于改进国际货币安排的文件,初步阐述了美国国际货币政策的战略选择:第一,积极敦促西德及其他对美拥有贸易盈余的国家实现货币升值;第二,在出现美元兑换黄金的巨大压力或新的汇率危机的情况下,美国应采取单边行动,暂停美元与黄金的兑换,并以此种强有力的方式迫使其他国家货币升值。在此之后,美国应敦促有关国家就新的国际货币体系展开谈判。③ 由此可见,"沃尔克工作组"的研究文件初步勾勒了美国新的国际货币战略的推进步骤,美国有关建立一个新的国际货币体系的政策思路初现端倪。

经过高度机密的政策酝酿,"沃尔克工作组"于 1969 年 6 月提出一份题为"国际货币事务的基本选择"的报告并正式提交尼克松总统,这就是著名的《沃尔克报告》,其主要内容是:1. 美国应首先会同有关国家就汇率重新安排问题展开磋商,并以此促使西德等有关国家实现货币升值;2. 在无法实现汇率重新安排的情况下,美国应单方面宣布暂

① *FRUS*, 1969 - 1976, Vol. 3, Washington, D. C.: U. S. Government Printing Office, 2001, p. 95.
② *FRUS*, 1969 - 1976, Vol. 3, pp. 290 - 291.
③ *FRUS*, 1969 - 1976, Vol. 3, pp. 310 - 314.

停美元与黄金的可兑换性,以期减少美国的黄金流失,刺激汇率机制的重新调整,同时影响国际货币体系的发展方向。总之,暂停美元与黄金可兑换性的最终目标就是实现国际货币体系的根本性变革——将现行国际货币体系转变为美元本位制。[1]

对于《沃尔克报告》的政策建议,美国总统国家安全事务助理亨利·基辛格立即表示支持,认为暂停美元与黄金的兑换可以带来一系列有利于美国的重要后果:迫使其他国家积聚美元并为美国提供融资;推动汇率机制的变革;最为重要的是,单方面暂停美元与黄金的兑换是走向全球美元本位制的最可行的途径。[2]

在收到《沃尔克报告》之后,尼克松总统于6月26日主持召开了关于国际货币问题的高级别会议,基辛格、财政部部长戴维·肯尼迪和副部长沃尔克、国务卿威廉·罗杰斯等出席会议。经讨论,尼克松原则上批准了《沃尔克报告》的政策建议,强调美国应寻求汇率机制的重新调整,在谈判失败或危机状态下暂停美元与黄金的兑换。[3]

由此可见,《沃尔克报告》的提出和批准具有重要意义,该报告详细设计了美国国际货币政策的改革议程和方向,从而为"新经济政策"的出台奠定了基础。鉴于黄金—美元本位制和固定汇率制是布雷顿森林体系的两大支柱,《沃尔克报告》有关汇率重新调整及暂停美元与黄金可兑换性的设计已经展示了美国的政策取向:抛弃布雷顿森林体系。尤其值得注意的是,《沃尔克报告》特别强调,美国寻求改革国际货币体系的最终目标就是实现美元本位,从而昭示了美国新的国际货币政策的战略意图:以美元本位制取代黄金-美元本位制,进而彻底解除美元兑换黄金的义务,并在国际货币体系中确立脱离黄金约束的美元中

① *FRUS*, 1969–1976, Vol. 3, pp. 341–344.
② *FRUS*, 1969–1976, Vol. 3, p. 347.
③ *FRUS*, 1969–1976, Vol. 3, pp. 345, 351.

心地位,继续维护美元霸权。此后,美国按照《沃尔克报告》设计的政策路径,渐次推动国际货币体系的改革进程,最终促成了布雷顿森林体系的解体和美元本位制的形成。

二、"新经济政策"与布雷顿森林体系的解体

按照《沃尔克报告》设计的政策推进路径,实现汇率机制的重新调整是改革国际货币体系的一个重要步骤,因为在美国看来,固定汇率制的羁绊已经使美国无法应对日益扩大的国际收支失衡。[①] 所谓固定汇率制,是指根据《国际货币基金协定》的规定,国际货币基金组织其他成员国的货币同美元挂钩,其对美元的汇率应以1944年7月1日的官方美元报价为基准,实行固定汇率;各国货币对美元的汇率一般只能在平价上下1%的幅度内波动。[②] 面对与日俱增的美元兑换压力及接连不断的美元危机,以黄金-美元本位制和固定汇率制为核心的货币与汇率机制已经无法正常运转,并严重危及美元的霸权地位。因此,尼克松政府开始考虑对国际汇率机制进行调整,美国的政策目标非常明确:通过汇率重新安排的改革以维护美元在国际货币体系中的中枢地位,[③]进而摆脱固定汇率制对美国货币政策的约束,并为美元本位制的形成创造条件。

欧洲国家对美国有关汇率机制重新安排的主张明确表示反对,截至1969年9月,关于汇率机制改革的磋商仍然停滞不前。为此,基辛格重申了美国的政策选择:伺机暂停美元与黄金的兑换,进而推动国际

---

① Paola Subacchi, "From Bretton Woods onwards: The Birth and Rebirth of the World's Hegemon," p. 351.

② 《国际条约集1945—1947》,第132-133页。

③ FRUS, 1969-1976, Vol. 3, p. 368.

货币体系的根本性变革。[1]

进入 1970 年之后,汇率改革的谈判仍然没有任何进展。在此背景下,美国开始寻求利用新的美元危机作为增强美国谈判地位的筹码,[2]以便推动《沃尔克报告》所设计的国际货币体系改革,进而实现美元本位制的战略目标。

美国所期待的美元危机很快如期而至。从 1971 年 3 月起,美元再度大量流入"十国集团"其他国家,到 5 月形成新一轮美元危机。为利用危机推进美国的国际货币战略,美国财政部于 1971 年 5 月制定了应对美元危机的"应急方案"。该方案指出,美国应利用此次危机达到以下主要目标:推动欧洲主要国家和日本实现货币升值;迫使欧洲国家和日本就汇率改革达成协议,寻求建立浮动汇率体系,进而逐步淘汰黄金。为此,"应急方案"提出了美国的应对策略:美国应任由危机继续发展,以便为其政策推进创造最佳条件;在时机成熟之际,美国应采取包括暂停美元与黄金可兑换性的政策措施,以作为实现美国政策目标的手段。"应急方案"强调,美国的总体目标就是利用当前的美元危机促成国际货币体系的根本性变革。[3] 由此可见,"应急方案"在沿袭《沃尔克报告》的基础上,进一步明确美国应利用新一轮美元危机,通过暂停美元与黄金的可兑换性逐步排挤黄金在国际货币体系中的地位,推动国际货币体系的根本性变革——确立美元本位制。

1971 年 8 月,美元危机持续发酵,美国认为实施决定性战略举措的时机已经成熟。8 月 15 日,尼克松总统发表全国电视讲话,正式公布了美国的"新经济政策"。在国际经济政策方面,"新经济政策"宣称,

---

①　*FRUS*, 1969 - 1976, Vol. 3, pp. 371 - 373.

②　Harold James, *International Monetary Cooperation since Bretton Woods*, Oxford: Oxford University Press, 1996, p. 212.

③　*FRUS*, 1969 - 1976, Vol. 3, pp. 423 - 427.

美国将征收 10％的进口附加税；暂停美元与黄金的兑换；削减 10％的对外援助。① 此后，尼克松致电有关国家领导人，声称"新经济政策"的目标就是重振美元的国际地位，同时寻求国际货币体系的改革。② 由此可见，随着"新经济政策"的公布，酝酿已久的《沃尔克报告》全面付诸实施。更为重要的是，"新经济政策"单方面割断了美元与黄金的联系，促成了美国与世界货币关系的急剧转变，③事实上标志着布雷顿森林体系的制度核心——黄金-美元本位制——的解体。

毫无疑问，黄金-美元本位制的解体对美国意义重大：首先，美国单方面宣布暂停美元与黄金的可兑换性是美国摆脱美元兑换义务、促成国际汇率机制重新调整的重要手段，是美国迫使拥有盈余的贸易伙伴实现货币升值的政策工具。④ 其次，为增强政策压力，美国还宣布征收进口附加税以作为策应暂停美元与黄金可兑换性的措施，因此，进口附加税的征收同样是促使汇率调整朝着有利于美国的方向发展的政策策略。⑤ 更为重要的是，黄金-美元本位制的解体为美元本位制的形成开辟了途径，通过暂停美元与黄金的可兑换性，美国实际上将国际货币体系置于纯粹的美元本位制之上，进而增强了美国运用经济手段影响国

---

① The National Archives of the United States, *Public Papers of the Presidents of the United States*: *Richard Nixon*, 1971, Washington, D. C. : U. S. Government Printing Office, 1972, pp. 888 – 889.

② *FRUS*, 1969 – 1976, Vol. 3, pp. 468 – 470.

③ William G. Gray, "Floating the System: Germany, the United States, and the Breakdown of Bretton Woods, 1969 – 1973," *Diplomatic History*, Vol. 31, No. 2, 2007, p. 312.

④ Susan Strange, "The Dollar Crisis 1971," *International Affairs*, Vol. 48, No. 2, 1972, pp. 204 – 205.

⑤ Barry Eichengreen, *Exorbitant Privilege*: *The Rise and Fall of the Dollar and the Future of the International Monetary System*, Oxford: Oxford University Press, 2011, pp. 60 – 61.

际货币政治的权力。① 因此,单方面暂停美元与黄金的可兑换性是美国实施《沃尔克报告》、寻求国际货币体系的根本性变革并确立美元本位制的重要战略步骤。正如尼克松所言,事态的发展证明,暂停美元与黄金的可兑换性是整个"新经济政策"中的"最佳选择"。②

随后,美国"新经济政策"所包含的国际措施遭到有关国家的强烈反对。在1971年9月举行的"十国集团"伦敦会议上,美国同有关国家在汇率机制、黄金地位、进口附加税等问题上唇枪舌剑,导致伦敦会议不欢而散。③

为实现"新经济政策"所确立的政策目标,美国展开了进一步的外交努力。1971年11—12月,"十国集团"再度聚会于意大利首都罗马,以期就国际货币和贸易等问题进行新一轮政策磋商。在此期间,沃尔克代表美国提出了明确的谈判方案,其主要内容为美国将考虑取消10%的进口附加税,但美国在货币政策方面的交换条件是:以1971年5月1日的汇率为基准建立新的汇率模式,主要发达国家货币对美元的加权汇率应平均升值11%;新的汇率波动幅度应扩大为3%左右。④值得注意的是,美国的谈判方案并未提及恢复美元与黄金的可兑换性问题,美国的意图很明显:在承诺取消进口附加税的同时,继续以暂停美元与黄金的可兑换性为谈判筹码,迫使有关国家在汇率等问题上作出让步;更为重要的是,美国既定的政策目标依然坚定——决不恢复美元与黄金的可兑换性。⑤ 面对美国的政策攻势,尤其是暂停美元与黄

① Joanne Gowa, *Closing the Gold Window: Domestic Politics and the End of Bretton Woods*, Ithaca: Cornell University Press, 1983, pp. 20 - 21.

② Richard Nixon, *The Memoirs of Richard Nixon*, New York: Grosset & Dunlap, 1978, p. 520.

③ *FRUS*, 1969 - 1976, Vol. 3, pp. 492 - 493.

④ *FRUS*, 1969 - 1976, Vol. 3, pp. 578 - 581.

⑤ *FRUS*, 1969 - 1976, Vol. 3, pp. 582, 590.

金的兑换带来的强大压力,有关国家不得不同意进行汇率调整,并决定于 12 月在华盛顿展开进一步谈判。① 至此,以罗马会议为转机,美国贯彻"新经济政策"的外交努力取得进展,国际货币体系的改革议程朝着有利于美国的方向发展。

1971 年 12 月,"十国集团"部长级会议在华盛顿的史密森学会举行并签署了《史密森协定》,其主要内容为:美元对黄金贬值 10%,即由一盎司黄金等于 35 美元调整为一盎司黄金等于 38 美元;其他主要发达国家货币对美元的汇率应予升值;继续维持固定汇率制,新的汇率波动幅度扩大为 2.25%;美国取消 10% 的进口附加税。② 至此,通过《史密森协定》,美元实现了 1944 年《布雷顿森林协定》以来的首次正式贬值,美国亦初步实现了汇率重新安排的政策目标。尽管"十国集团"达成了《史密森协定》,但美国并没有承诺利用其黄金资源或采取其他政策措施以维护新的汇率安排,更没有承诺恢复美元与黄金的可兑换性,正因如此,《史密森协定》确立的新的美元黄金官价没有任何实际意义,只是美国诱使其他国家实现货币升值的手段。进而言之,由于美国继续坚持暂停美元与黄金的可兑换性,在《史密森协定》新的汇率机制下,黄金在国际货币体系中的地位已经明显削弱,③其他国家货币同美元挂钩的规则却进一步强化,从而为美国推进美元本位制战略创造了更为有利的条件。由此可见,《史密森协定》的重要意义就是事实上承认了没有黄金的布雷顿森林体系,本质上是走向美元本位制的过渡性

① *FRUS*, 1969 – 1976, Vol. 3, pp. 583 – 584, 589 – 591.
② *FRUS*, 1969 – 1976, Vol. 3, pp. 599 – 600.
③ Kenneth W. Dam, *The Rules of the Game: Reform and Evolution in the International Monetary System*, Chicago: The University of Chicago Press, 1982, p. 192.

协定。①

在《史密森协定》签署之后，其他国家纷纷要求美国采取措施维护新的汇率机制，但美国以国际汇率缺乏稳定性为由，拒绝恢复美元与黄金的可兑换性。实际上，美国的政策意图恰恰是借助外汇市场的持续波动，继续推进《沃尔克报告》落地，建立脱离黄金约束的美元本位制。尼克松总统就明确表示，自"新经济政策"公布以来，美国的政策目标就是实现国际货币体系的根本性变革，这种变革绝不是对布雷顿森林体系的简单修补，而是实现对布雷顿森林体系的超越。② 至此，美国终结布雷顿森林体系的战略意图昭然若揭。

在美国的蓄意推动下，事态继续朝着美国设计的方向发展。根据美国新任财政部部长乔治·舒尔茨致尼克松总统的备忘录，从1972年6月底至7月中旬，涌进欧洲国家中央银行的美元总额已接近50亿美元。外汇市场的剧烈波动，以及美元的大量流入引起了有关国家的深切担忧，法国和西德甚至认为，欧洲国家中央银行吸纳美元就是为了保卫美元，但美国却坐视不管，任由事态发展。因此，在质疑美国是否愿意恪守《史密森协定》的同时，欧洲国家还要求美国为捍卫美元作出贡献。③ 其实，欧洲国家的政策指向非常明确：美国应当恢复美元与黄金的可兑换性。面对欧洲国家要求美国采取措施以稳定外汇市场的呼吁，美国联邦储备委员会主席阿瑟·伯恩斯明确表示，在目前情况下恢复美元与黄金的可兑换性是决不可能的；而且，外汇市场的动荡还为美国提供了重建世界的机会。④ 由此可见，美国正进一步利用国际货币

---

① Paul A. Volcker and Toyoo Gyohten, *Changing Fortunes: The World's Money and the Threat to American Leadership*, New York: Times Books, 1992, p. 90.
② *FRUS*, 1969 – 1976, Vol. 3, p. 629.
③ *FRUS*, 1969 – 1976, Vol. 3, pp. 631, 649.
④ *FRUS*, 1969 – 1976, Vol. 3, pp. 640 – 642.

关系的混乱局面,力图实现全面改革国际货币体系的战略目标。

在美国"坐视不管"策略的影响下,美元持续大量涌入欧洲,并引发了新一轮抛售美元的浪潮。借此机会,舒尔茨于1973年2月初致函尼克松总统,认为实行浮动汇率对美国而言是必要的,为此,舒尔茨主张美元第二次贬值,进而推动浮动汇率的形成。[1] 在与尼克松的会谈中,舒尔茨和伯恩斯异口同声地认为,实行浮动汇率的重要意义就是在国际货币体系中排除黄金的作用。[2] 舒尔茨的建议获得尼克松的认可,美国遂于2月单方面宣布美元再次贬值10%,以便借此向其他国家施加新的压力,推动国际货币体系的根本性变革。

面对美国再次采取的单方面行动,欧洲经济共同体国家被迫于3月宣布实行汇率的联合浮动。[3] 在此之前,英国、加拿大等国已经宣布实行浮动汇率。至此,维护固定汇率制的努力宣告失败,《史密森协定》及其规则被废弃,[4]布雷顿森林体系的另一个重要支柱——固定汇率制——事实上不复存在,布雷顿森林体系遂告解体。

由此可见,浮动汇率的形成是美国政策推动的结果且明显有利于美国。首先,在固定汇率制下,美国的货币政策受到一定程度的限制,而浮动汇率则为美国自由选择货币政策与汇率政策创造了更大的空间,解除了美国运用汇率武器的桎梏,[5]为美国利用美元汇率向其他国

---

[1] John S. Odell, *U. S. International Monetary Policy: Markets, Power, and Ideas as Sources of Change*, Princeton: Princeton University Press, 1982, p. 313.

[2] *FRUS*, 1969 - 1976, Vol. 31, Washington, D. C.: U. S. Government Printing Office, 2009, pp. 11, 21.

[3] Richard N. Cooper, "Prolegomena to the Choice of an International Monetary System," *International Organization*, Vol. 29, No. 1, 1975, p. 87.

[4] Paul R. Viotti, *The Dollar and National Security: The Monetary Component of Hard Power*, Stanford: Stanford University Press, 2014, p. 116.

[5] C. Randall Henning, "The Exchange-Rate Weapon and Macroeconomic Conflict," in David M. Andrews, ed., *International Monetary Power*, Ithaca: Cornell University Press, 2006, p. 126.

家施加影响开辟了途径。其次,浮动汇率有助于削弱黄金在国际货币体系中的作用,实现美国所筹划的逐步淘汰黄金的政策目标,因此,浮动汇率的形成符合美国设计的国际货币体系的发展方向,基辛格甚至认为,随着主要发达国家相继采用浮动汇率,美国已经处于有利的战略地位以推动浮动汇率的制度化。[1] 更为重要的是,布雷顿森林体系解体之后,美元在国际货币体系中仍然处于制度化的中心地位,从而为美国改革国际货币体系并谋求特权提供了新的机遇。[2] 于是,随着布雷顿森林体系两大支柱——黄金-美元本位制和固定汇率制——的解体,美国遂致力于进一步改革国际货币体系,力图全面解除黄金在国际货币体系中的所有功能,推进黄金-美元本位制解体以来国际货币体系事实上已经形成的美元本位制,进而实现《沃尔克报告》设计的巩固美元霸权地位的战略目标。

三、牙买加体系与美元本位制的正式形成

为实现建立新的国际货币体系的战略目标,美国在布雷顿森林体系解体之后所面临的重要任务就是寻求同有关国家达成协议,进而确立新的国际货币规则,其政策目标有二:一是实现黄金非货币化,解除黄金的货币功能,并借此正式终结黄金-美元本位制;二是实现浮动汇率制度化,拓展美国行使货币权力的政策空间,同时为将黄金排挤出国际货币体系提供进一步的制度保障。

但欧洲国家对美国寻求黄金非货币化和浮动汇率制度化的努力却持有不同意见,法国更是坚定地主张恢复固定汇率制,反对将黄金排挤

---

[1] *FRUS*, 1969 – 1976, Vol. 31, pp. 44, 125 – 126.

[2] Michael Mastanduno, "System Maker and Privilege Taker: U. S. Power and the International Political Economy," *World Politics*, Vol. 61, No. 1, 2009, p. 136.

出国际货币体系的任何企图。

为缓解美法在货币与汇率政策上的巨大分歧，尼克松与法国总统蓬皮杜分别于 1973 年 3 月和 6 月在冰岛首都雷克雅未克举行了两次会谈，但均未取得任何成果。在随后致尼克松的信函中，蓬皮杜重申了法国的政策立场，强调重建国际货币体系的基本原则就是恢复固定汇率制，恢复美元与黄金的可兑换性，削弱主权国家货币作为事实上的国际储备货币和价值尺度的功能，进而实现国际货币体系中所有国家权利与义务的平等。① 由此可见，法国将改革的矛头直接指向了美元在国际货币体系中的特权。实际上，在雷克雅未克会晤之前，美国就对法国的政策取向进行了评估，舒尔茨甚至认为，法国坚持恢复固定汇率制及美元与黄金可兑换性的目的就是削弱美元的国际地位，进而削弱美国在世界事务中发挥领导作用的能力。② 鉴于此，在 8 月初致蓬皮杜的信函中，尼克松仅仅强调了改革国际货币体系的重要性，但并没有对蓬皮杜提出的改革原则作出回应，③美法分歧依然如故。

尽管面对法国的强烈反对，美国仍然决意实现国际货币体系的改革目标，并将黄金非货币化作为政策推进的突破口。1974 年 3 月，美国财政部提出一份题为"美国有关黄金问题的政策方案"的文件，建议美国应尽快将黄金问题纳入同其他主要国家的谈判议程，逐步在国际货币体系中排除黄金的地位和作用，并在此基础上修订《国际货币基金协定》。与此同时，美国国务院亦起草了一份题为"黄金与货币体系：潜在的美欧冲突"的文件，强调黄金问题的争论将成为美欧关系的主要竞技场。该文件同时指出，欧洲国家在黄金问题上的立场并非完全一致，英国和西德原则上同意逐步将黄金排挤出国际货币体系，但法国仍然

---

① *FRUS*, 1969–1976, Vol. 31, pp. 169–170.
② *FRUS*, 1969–1976, Vol. 31, pp. 138, 142.
③ *FRUS*, 1969–1976, Vol. 31, pp. 188–190.

坚持维护黄金在国际货币体系中的中心地位。该文件重申,美国的战略目标就是削弱黄金在国际货币体系中的作用,实现黄金非货币化,为此,美国应首先寻求同欧洲国家尤其是英国和西德达成一致,然后在国际货币基金组织内推进美国的改革议程。[①] 至此,黄金非货币化的谈判成为美国政策推进的一个重要议题。

毫无疑问,黄金非货币化是走向美元本位制的关键步骤。美国坚信,黄金继续存在于国际货币体系之中将损害美国的全球利益,因为世界官方黄金储备的相当部分已集中在西欧国家,从而致使西欧国家拥有更大的货币权力以影响国际货币体系的运转。因此,美国必须寻求黄金非货币化,同时建立一个美国能够加以控制的新的国际货币体系。[②] 由此可见,美国推动黄金非货币化的政策目标就是彻底摆脱黄金对美元的约束,锁定黄金-美元本位制解体以来事实上已经形成的美元本位制,并为美元本位制的最终确立扫除障碍,维护美国在国际货币体系中的霸权地位。

在9月举行的美、英、法、意、日、西德财政部部长会议上,美国新任财政部部长威廉·西蒙正式提出黄金非货币化问题,但会议并未就此达成一致意见。[③] 此后,美国加大了外交推进的力度。1975年1月,"十国集团"部长级会议在华盛顿举行,有关国家原则上接受了美国的建议,将削弱黄金地位问题和浮动汇率条款纳入《国际货币基金协定》修正案的谈判中,唯有法国依然坚持恢复固定汇率制,反对黄金非货币化。[④] 由此可见,尽管美法存在分歧,但美国推动黄金非货币化和浮动汇率制度化的努力已经取得一定进展。

①   *FRUS*, 1969–1976, Vol. 31, pp. 218–228.
②   *FRUS*, 1969–1976, Vol. 31, pp. 234–235.
③   *FRUS*, 1969–1976, Vol. 31, pp. 255–256.
④   *FRUS*, 1969–1976, Vol. 31, pp. 281–283, 291–292.

凭借英国和西德等国的支持,美国推动专门探讨国际货币制度改革问题的国际货币基金组织临时委员会于 1975 年 8 月 31 日通过决议,同意废除黄金官价,取消成员国与国际货币基金组织之间的黄金交易义务,出售国际货币基金组织所持有的部分黄金资产。① 至此,黄金非货币化已经是大势所趋。

同样是在 8 月 31 日,美国总统杰拉尔德·福特分别致函西德、英、法、日、意五国领导人,敦促其就浮动汇率机制展开有效谈判,以便为达成《国际货币基金协定》修正案的一揽子协定铺平道路。福特的呼吁很快得到西德、英、意的积极回应。② 鉴于主要发达国家均赞成实行浮动汇率制,法国在汇率问题上已经陷入孤立,因而不得不改变政策。10月—11 月,美法两国就汇率机制问题展开了密集磋商并达成原则一致。

1975 年 11 月,美国、英国、法国、西德、日本和意大利在法国的朗布依埃举行经济峰会,就货币政策等问题展开讨论。作为朗布依埃峰会最重要的成果,美法两国就汇率机制安排问题达成一份谅解备忘录,其主要内容是:国际汇率机制将采用浮动汇率制;固定汇率制的恢复需国际货币基金组织 85% 以上赞成票通过。在进一步协商之后,美法两国于 12 月初将谅解备忘录的内容通报英、意、日、西德等国及国际货币基金组织,并得到有关国家的原则认可。③ 由此可见,通过朗布依埃峰会的相关磋商,法国最终放弃了无条件恢复固定汇率制的立场,同意国际货币体系实行浮动汇率制,从而结束了有关汇率机制的争论,并为牙买加会议的谈判奠定了基础。至此,美国推动浮动汇率制度化的努力取得积极进展。

---

① *FRUS*, 1969 – 1976, Vol. 31, pp. 327 – 328.
② *FRUS*, 1969 – 1976, Vol. 31, pp. 326 – 327, 343 – 344.
③ *FRUS*, 1969 – 1976, Vol. 31, pp. 452 – 454.

1976年1月,国际货币基金组织在牙买加首都金斯顿举行会议,讨论修订《国际货币基金协定》。经磋商,会议达成《牙买加协定》,其主要内容为:1.再次确认份额制原则,调整并扩大成员国的份额,美国在国际货币基金组织中仍然持有最大份额;2.继续维持加权投票权原则,国际货币基金组织的所有重大决策必须获得85%以上赞成票通过;3.确认黄金与货币脱钩,废除黄金官价,黄金不再作为国际货币单位与货币定值标准;4.实现浮动汇率合法化和制度化,固定汇率制的恢复需获得国际货币基金组织85%以上的赞成票(这一条款赋予美国否决权)。① 1978年4月,包括《牙买加协定》主要内容的《国际货币基金协定》第二次修正案正式生效,国际货币体系由此完成了从布雷顿森林体系向牙买加体系的过渡。

随着牙买加体系的建立,美国改革国际货币体系的战略目标最终实现。首先,根据黄金与货币脱钩及废除黄金官价的规定,黄金不再是国际货币单位,黄金的定值和储备等本位货币功能随之消失,并被彻底排除在国际货币体系之外,因此,《牙买加协定》无疑正式确认了黄金-美元本位制的解体,国际货币体系事实上形成以脱离黄金约束的美元为核心的运转机制。其次,牙买加会议及其协定的另一个重要结果就是确认将浮动汇率作为国际货币制度的核心规则,② 从而为美国改革国际货币体系的努力画上了句号。尽管牙买加体系实行国际储备货币多元化,但美元仍然是最重要的国际货币,浮动汇率制度下的汇率调整仍然以美元为轴心,因此,在浮动汇率制度下,美国拥有更大的政策空间和支配性权力以影响国际货币体系的汇率安排。③ 由此可见,黄金非货币化和浮动汇率制度化在很大程度上强化了美元的国际地位,增

① *FRUS*, 1969-1976, Vol.31, pp.457-460.
② Paul R. Viotti, *The Dollar and National Security*, p.125.
③ *FRUS*, 1969-1976, Vol.31, p.458.

强了美国影响国际货币体系的权力，美国由此实现了从根本上改革国际货币体系、确立美元本位制的战略目标。

在宣布暂停美元黄金的可兑换性、寻求改革国际货币体系的同时，美国还采取了其他相关的政策措施以维护并巩固美元的国际地位，其中的一项重要举措就是强化美元作为石油的计价货币。鉴于石油是世界经济发展中的最重要能源，石油对国际关系和有关国家的对外政策具有特殊的影响力，而国际石油交易的计价货币则是国际石油关系的一个核心问题。在 20 世纪 70 年代以前，国际石油交易的计价货币是多元的，美元只是其中的一种计价货币。随着美元与黄金脱钩，美元币值的稳定性及其国际地位遭遇质疑。鉴于此，在寻求美元黄金脱钩的同时，美国力图将美元同石油更加紧密地联系起来，并借助石油交易的美元计价以巩固美元的国际货币地位。1975 年 2 月，美国与沙特阿拉伯签订协定，决定成立两国间部长级"经济合作联合委员会"。借助于该委员会的定期会晤机制，美国与沙特阿拉伯达成一系列秘密协定，促使沙特阿拉伯同意购买并持有一定规模的美国政府债券，同时将美元作为石油的唯一定价货币。① 美国的战略目标非常清楚：通过鼓励沙特阿拉伯持有美国政府债券，增加沙特阿拉伯对美元以及美国金融市场的依赖性，增强美国影响沙特阿拉伯的权力；更为重要的是，以沙特阿拉伯坚持石油交易的美元计价为切入点，推动国际石油市场美元计价的继续实施，强化美元在国际石油交易中的作用。由于沙特阿拉伯是世界第一大石油出口国，沙特阿拉伯的立场无疑将影响世界石油交易的计价机制。在沙特阿拉伯的带动下，其他欧佩克成员国陆续同意将石油交易的计价货币钉住美元，最终导致国际石油交易几乎 100%

---

① David E. Spiro, *The Hidden Hand of American Hegemony*: *Petrodollar Recycling and International Markets*, Ithaca: Cornell University Press, 1999, pp. 88 – 91.

以美元计价,美元与石油全面挂钩的机制事实上形成,这就是"石油-美元机制"。根本上讲,"石油-美元机制"的实质是:在单方面割断美元与黄金联系的同时,美国又通过以美元垄断石油的计价单位和交易媒介地位,进一步推动美元本位制的形成,"石油-美元机制"亦成为维系美元霸权的重要基础之一。

纵观 1969 年以来的美国国际货币政策与战略,正是美国的政策设计和外交努力推动了布雷顿森林体系的解体和美元本位制的形成。更为重要的是,美元本位制的形成对美国具有特别重要的战略意义,从根本上讲,美元本位制是美国维护全球霸权地位的重要支柱。

首先,在美元本位制下,美元仍然是主要的国际储备货币、贸易支付手段、大宗商品(如石油等)计价单位和全球金融交易工具,[1]因此,一方面,保持一定规模的美元储备就成为有关国家参与国际经济关系时必须作出的政策选择,进而也就承受着美元贬值的巨大风险和代价。与此同时,鉴于美元在国际经济关系中处于无可替代的中心地位,世界各国基本上以美元作为相对固定的参照系确定汇率政策,美元实际上扮演着"货币锚"的角色。另一方面,尽管美元具有主权国家货币和国际货币的双重身分,但美元的发行量、美元的利率等决定国际汇率安排的主要因素却操持在美国手中,其他国家根本无法左右,更无权置喙。正因如此,美元本位制为美国创造了无可比拟的结构性权力优势,美国可以借此营造于己有利的国际货币环境并影响其他国家的货币政策,[2]美元的国际货币地位及美元汇率亦成为美国同其他国家展开战略性竞争、维护美国霸权地位的强有力工具。

---

[1] Eswar S. Prasad, *The Dollar Trap*: *How the U. S. Dollar Tightened Its Grip on Global Finance*, Princeton: Princeton University Press, 2014, p. 17.

[2] Eric Helleiner, "Below the State: Micro-Level Monetary Power," in David M. Andrews, ed. , *International Monetary Power*, p. 79.

其次,在美元本位制下,美元与黄金正式脱钩,作为国际货币的美元完全摆脱了黄金的约束,美国从此拥有毫无约束地奉行赤字政策的权利,以及毫无约束地发行美元的权利,进而凭借印制美元的特权为美国的赤字政策提供融资,①同时免除了赤字政策的所有风险,这也被称为"没有眼泪的赤字"。② 进而言之,基于美元本位制,美国拥有向世界持续输出美元货币和通货膨胀的特权,并可以将政策调整的负担完全转嫁给其他国家,尤其是对美拥有贸易盈余的国家。更为重要的是,凭借美元本位制下美元在国际货币体系中的"超级特权",美国可以寅吃卯粮,并为美国的对外军事冒险和巨额军费开支提供源源不断的资金支持,进而增强了美国在国际关系中的政治权力。正如时任美国财政部部长康纳利在美国宣布暂停美元与黄金的可兑换性之后所言,从此以后,"美元就是我们的货币,你们的问题",③美元问题遂成为美国对外政策中重要的权力资源和谈判筹码。

总之,美元本位制为美国带来了巨大的经济和政治利益,美元本位制的实质就是实现了美元霸权形式的根本性转变,即黄金-美元本位制下的美元霸权是黄金约束下的霸权,而美元本位制下的美元霸权则是摆脱了黄金约束的超级霸权。④

诚然,自20世纪60年代以来,美国的霸权地位开始面临诸多挑战。在生产领域,随着西欧经济的联合复兴,欧洲经济共同体国家的生

① Anthony Elson, *Governing Global Finance: The Evolution and Reform of the International Financial Architecture*, New York: Palgrave MacMillan, 2011, p. 57.
② Jonathan Kirshner, *Currency and Coercion: The Political Economy of International Monetary Power*, Princeton: Princeton University Press, 1995, p. 195.
③ Paul A. Volcker and Toyoo Gyohten, *Changing Fortunes*, p. 81.
④ Susan Strange, "The Persistent Myth of Lost Hegemony," *International Organization*, Vol. 41, No. 4, 1987, p. 569.

产能力和生产规模大幅提高,美国在生产领域的绝对优势地位开始面临挑战。在贸易领域,关贸总协定制度"肯尼迪回合"(1964—1967年)期间,美国和欧洲经济共同体在农业贸易政策上的颉颃抗衡表明,美国在多边贸易体系中的霸权地位遭遇欧洲经济共同体的有力挑战。在货币金融领域,美元危机亦预示着美国的金融霸权面临严峻挑战。种种迹象显示,美国霸权似乎呈现衰落之势。恰在此时,美国却凭借因黄金-美元本位制而实现制度化的美元国际货币地位及美元霸权的制度惯性,通过终止美元兑换黄金等一系列环环相扣的政策措施,"专横地将一个明显的挫折——布雷顿森林体系的正式终结——转变为美国的胜利",①推动国际货币体系事实上形成美元本位制,从而为美国全球霸权的延续提供了新的战略支撑点。

综上所述,布雷顿森林体系的解体是美国政策设计和外交推动的结果,其战略目标就是摆脱布雷顿森林体系黄金-美元本位制对美元的约束,建立以美元本位制为中心的国际货币体系,实现美元霸权形式的根本性转变,巩固美国的霸权地位。随着牙买加体系的建立,美元本位制最终形成。正是凭借美元本位制,美元霸权并没有伴随布雷顿森林体系的解体而终结,恰恰相反,布雷顿森林体系的解体赋予美国更加有力的货币权力,以美元本位制为基础的美元霸权成为美国维护全球霸权地位的关键性支柱和战略性工具,美元霸权亦是当今国际关系诸多问题的根源所在,2008年国际金融危机就是美元霸权恶果的集中体现。

(本文原载《西南大学学报(社会科学版)》2017年第3期,收入本论文集时作了适当修改)

---

① Francis J. Gavin, *Gold*, *Dollars*, *and Power*: *The Politics of International Monetary Relations*, *1958 - 1971*, Chapel Hill: The University of North Carolina Press, 2004, p.195.

美国对外政策与国际民用航空的
巴黎-哈瓦那机制

【摘　要】　作为规范国际民用航空秩序的第一个具有区域特征的制度体系,巴黎-哈瓦那机制由基于《巴黎航空公约》的以欧洲为中心的巴黎机制和基于《哈瓦那商业航空公约》的以美洲为中心的哈瓦那机制共同构成,其重要的制度功能是初步确立了以领空主权原则为基石的国际民用航空制度体系。就美国而言,巴黎-哈瓦那机制的关键意义在于:通过参与《巴黎航空公约》的谈判进程,美国掌握了国际民用航空的主要议题和规则构成;通过倡导制定《哈瓦那商业航空公约》并运用外交手段开拓美洲民用航空市场,美国不仅确立了在美洲民用航空体系中的主导地位,而且积累了航空外交经验。从长远来看,美国与巴黎-哈瓦那机制的外交互动及其制度实践为美国在第二次世界大战结束后主导构建第一个真正意义上的全球性国际民用航空制度体系——芝加哥-百慕大机制——奠定了政治和外交基础。

【关键词】　美国　对外政策　国际民用航空制度　巴黎-哈瓦那机制

国际民用航空制度是国际制度体系的组成部分,是国家间关系互动的重要领域。作为国际民用航空的制度起源,1919—1944 年的巴黎-哈瓦那机制(Paris-Havana Regime)率先确立了领空主权原则,奠定了国际民用航空制度体系的基石。基于领空主权原则,国际民用航空及其制度规则被赋予独特的政治属性,①国际民用航空成为国际关系研究中重要的问题领域。西方学术界对于航空外交及国际民用航空制度的研究起步较早,成果较为丰硕。② 中国国际关系史学界在这一领域的研究几乎是空白,尤其缺乏从国际关系的视角考察国际民用航空制度发展演进的研究成果。本文主要依托美国外交档案资料,致力于从美国对外政策的角度诠释美国与巴黎-哈瓦那机制的互动关系,力图从一个侧面廓清国际民用航空制度的缘起,剖析美国在巴黎-哈瓦那

---

① Alan P. Dobson, "The USA, Hegemony and Airline Market Access to Britain and Western Europe, 1945 - 96," *Diplomacy & Statecraft*, Vol. 9, No. 2, 1998, pp. 129, 132.

② 西方学术界关于国际民用航空及其制度演进的研究专著主要包括:Betsy Gidwitz, *The Politics of International Air Transport*, Lexington: Lexington Books, 1980. Christer Jönsson, *International Aviation and the Politics of Regime Change*, New York: St. Martin's Press, 1987. Eugene Sochor, *The Politics of International Aviation*, Basingstoke: MacMillan Press, 1991. Alan P. Dobson, *Peaceful Air Warfare: The United States, Britain, and the Politics of International Aviation*, New York: Oxford University Press, 1991. Alan P. Dobson, *Flying in the Face of Competition: The Policies and Diplomacy of Airline Regulatory Reform in Britain, the USA and the European Community 1968 - 94*, Aldershot: Avebury Aviation, 1995. Brian F. Havel, *Beyond Open Skies: A New Regime for International Aviation*, Austin: Wolters Kluwer, 2009. Jenifer van Vleck, *Empire of the Air: Aviation and the American Ascendancy*, Cambridge: Harvard University Press, 2013. Alan P. Dobson, *A History of International Civil Aviation: From Its Origins through Transformative Evolution*, New York: Routledge, 2017. Peter Svik, *Civil Aviation and the Globalization of the Cold War*, London: Palgrave, 2020. Sean Seyer, *Sovereign Skies: The Origins of American Civil Aviation Policy*, Baltimore: Johns Hopkins University Press, 2021.

机制建立过程中发挥的不同作用及其对美国的意义,以期抛砖引玉并就教于同仁。

一、天空中的孤立主义:美国与巴黎机制

与国际关系其他问题领域不同,寻求构建国际民用航空规则的努力在航空运输实现商业化之前就已酝酿。经法国倡导,世界上第一个国际航空会议于 1910 年 5—6 月在巴黎举行,18 个欧洲国家出席会议。[①] 面对跨国飞行的前景,法国和德国主张将海洋自由原则运用于天空,力推自由天空和自由飞行原则;英国则依据国家主权理念,强调国家有权对其领土之上的外国航空器施加限制,主权权利应适用于国家领土之上的空气空间。[②] 一方面,由于在主权问题上分歧严重,巴黎航空会议尽管拟定了一份公约草案,却因休会而中断了后续安排,更没有签署该公约。巴黎航空会议的争论充分表明,民用航空从一开始就和国际政治经济紧密相关。另一方面,巴黎航空会议拟定的公约草案初步框定了国际民用航空的主要议题和技术术语,为此后的国际民用航空谈判奠定了文本基础,[③]体现了巴黎航空会议在国际民用航空史上的地位。

巴黎航空会议之后,欧洲大国纷纷根据主权原则对民用航空实施

① 有关 1910 年巴黎国际航空会议的详细论述,参见 Keith A. Hamilton, "The Air in Entente Diplomacy: Great Britain and the International Aerial Navigation Conference of 1910," *The International History Review*, Vol. 3, No. 2, 1981, pp. 169 – 200。

② Christer Jönsson, "Sphere of Flying: The Politics of International Aviation," *International Organization*, Vol. 35, No. 2, 1981, pp. 276 – 277. Baldev R. Nayar, "Regimes, Power, and International Aviation," *International Organization*, Vol. 49, No. 1, 1995, p. 147.

③ Eugene Sochor, *The Politics of International Aviation*, p. 1.

管制。1911 年，英国率先颁布《航空法》，宣布在领空主权原则的基础上管控跨国航空。1913 年，法国和德国亦宣布奉行领空主权原则。[1] 此后，其他欧洲国家先后宣布根据主权原则对跨国飞行实施管制。

第一次世界大战期间，各国出于国家安全的考量，在实践中都奉行领空主权原则，所有未经本国允许的外国航空器，包括民用航空器，都不允许飞越本国领空。不仅如此，第一次世界大战还刺激了航空技术的创新，为民用航空的发展奠定了基础。更为重要的是，各国充分意识到，作为一种新型交通工具，飞机不仅在军事方面用途巨大，而且在民用运输领域也将大有作为。在此背景下，民用航空成为重要的国际议题。

在结束第一次世界大战的巴黎和会(1918—1919 年)上，国际民用航空再度引发关注。巴黎和会开幕不久，法国就以 1910 年巴黎航空会议拟定的协议文本为基础，于 1919 年 1 月 2 日向和会提交了一份航空公约草案，建议由法国、英国、美国、意大利和比利时组成一个委员会以便继续讨论国际航空问题，寻求达成并签署一个国际航空公约。[2]

对于法国的提议，美国出使巴黎和会使团迅即进行了讨论。在 1—2 月举行的系列美国使团会议上，美方代表均认为，巴黎和会应商讨战后的诸多重大问题，而且，美方缺乏民用航空谈判的信息，对谈判毫无准备，因此，在巴黎和会上谈判民用航空毫无意义。但美方代表同时表示，鉴于对德和约涉及军用航空处置问题，美国并不反对设立一个委员会磋商军用航空事宜。[3]

① Alan P. Dobson, *A History of International Civil Aviation*, pp. 8-9.
② U. S., Department of State, *Foreign Relations of the United States* (cited as *FRUS*), 1919, The Paris Peace Conference, Vol. 1, Washington, D. C.: U. S. Government Printing Office, 1942, pp. 550-551.
③ *FRUS*, 1919, The Paris Peace Conference, Vol. 11, Washington, D. C.: U. S. Government Printing Office, 1945, pp. 5, 36, 42.

由此可见，对于法国提出的国际航空公约议程，美国方面从一开始就持消极立场。究其原因，一方面，基于美国总统威尔逊提出的"十四点计划"，美国参与巴黎和会的主要目标是寻求建立国际联盟并签署对德和约。另一方面，凭借大西洋的天然屏障，美国远离欧洲大陆，在跨洋航空尚未出现的背景下，美国并未感到国际航空带来的竞争压力和安全威胁。更为重要的是，面对国内孤立主义外交传统的压力，美国无意介入由欧洲国家倡导且与美国并无重大利益关系的欧洲航空事务。与美国不同的是，欧洲国家比邻而居，且国土面积普遍不大，跨国飞行已经是现实的问题，鉴于此，对于欧洲而言，规范跨国民用航空是刻不容缓的议题。

　　在 3 月 12 日的五强会议上，美国、英国、法国、意大利和日本围绕国际航空问题展开了激烈争论。鉴于民用航空问题与对德和约中的航空条款相互交织，国际航空问题的谈判异常复杂。与会国一致认为，解除德国武装包括航空军备是巴黎和会的重要任务，对德和约应明确规定解除德国航空军备的条款。由于德国有可能在商业航空的掩饰下重振航空军备，区分军用航空和民用航空就成为棘手的问题。会议一开始，美国就提出应确立军用航空和民用航空的界限，强调这是讨论国际航空的前提。英国建议设立一个由美、英、法、意、日组成的航空委员会，专门审议军用航空和民用航空的区分，同时设计一份国际商业航空公约草案并提交巴黎和会审议。法国则主张将商业航空作为一个独立议题，支持设立特别委员会以研究商业航空的国际规则。尽管美国依然认为军用航空和民用航空难以截然划分，服务于商业目的的航空器在实践中可以轻易被转换为军事用途，但鉴于英、法、意、日均同意讨论国际商业航空问题，美国遂同意设立专门委员会以展开进一步磋商并订立单独的国际商业航空公约。根据上述共识，3 月 12 日会议决定设立航空委员会（Aeronautical Commission），其主要使命就是设计制定一份和平时期的国际航空公约。①

由此可见,在巴黎和会开幕之初,民用航空就是欧洲国家关注的事项。鉴于其他各国均同意讨论国际商业航空问题,英法两国更是强烈主张将国际商业航空作为谈判议题,美国遂放弃不愿在巴黎和会上讨论民用航空的原有立场,同意设立航空委员会展开磋商。至此,国际民用航空作为一个独立议题被纳入巴黎和会的议事日程,国际商业航空公约的谈判正式启动。

5 月 24 日,航空委员会起草完成了第一份国际航空公约草案并提交五强审议。该草案设计了有关国际民用航空的制度规则,建议创建一个国际航空委员会(International Commission for Air Navigation)作为国际联盟的常设机构。② 至此,国际航空公约的设计取得重大进展。

6 月 28 日,有关国家签署对德和约(《凡尔赛和约》),巴黎和会宣布结束。此后,航空委员会在美、英、法、意、日五强代表团的指导下继续设计制定国际航空公约。7 月 10 日,五强代表团在巴黎举行会议,进一步讨论战后安排的相关问题。关于国际航空公约草案,五强就大部分条款达成一致,但美国对其中的经济条款提出异议。美方认为,国际航空公约草案中的国际机场费用规则涉及关税等经济问题,且这些问题超出了美国代表团的谈判权限,因此,美国无法签署国际航空公约。英方回应称,国际航空公约的主要条款已经获得有关国家的认可,任何改变都将对公约的签署带来重大影响。美方坚称不会接受强加的协议,主张推迟国际航空公约的签署。美国的立场立即招致英法两国

---

① *FRUS*, 1919, The Paris Peace Conference, Vol. 4, Washington, D. C.: U. S. Government Printing Office, 1943, pp. 335 - 338, 342.

② *FRUS*, 1919, The Paris Peace Conference, Vol. 6, Washington, D. C.: U. S. Government Printing Office, 1946, p. 33.

的强烈不满。法方认为,推迟签署国际航空公约将严重损害有关国家建立跨国商业航空的努力。英国则直白地指出,在美国国内,数千公里的飞行没有任何问题;但对欧洲国家而言,飞行 500 公里就有可能跨越国界。基于地缘环境的不同,在欧洲国家看来,商业航空的价值就是实现没有障碍的跨国飞行,因此,国际航空公约对欧洲国家具有特别重要的意义。面对英法两国的慷慨陈词,美方的回应直截了当:美国政府将继续审议公约条款,欧洲国家可先行签署国际航空公约。由于美国固执己见,英法不得不同意推迟国际航空公约的签署。[1] 此后,英法两国持续向美方施加压力,敦促美国尽速同意签署国际航空公约,但美方不为所动,声称在美国提出的有关机场费用规则等经济条款的意见得到充分考虑之前,美方并不急于签署航空公约。[2]

透过美国同英法两国的争论不难看出,基于跨国商业航空的广阔前景,欧洲国家尤其是拥有航空技术优势的英法两国抱有尽快达成国际航空公约的强烈愿望。而对于大西洋彼岸的美国而言,国内航空市场尚待开发,欧洲航空市场遥不可及,因此,签署国际航空公约对美国并不是一个急迫的问题,这与美国从一开始就对订立国际航空公约持消极立场的孤立主义政策和传统是一脉相承的。除孤立主义因素外,根据《美国宪法》的规定,关税和贸易政策的立法权和决策权属于美国国会,美国政府此时尚未获得贸易谈判授权,因而无法谈判涉及国际机场费用规则的任何问题,这是美国就机场费用规则提出异议的主要原因。由此可见,美国的国家利益和国内政治因素从根本上决定了美国对待国际航空公约的政策立场。

在 9 月 10 日的五强会议上,英法呼吁尽速签署国际航空公约,但

---

[1] *FRUS*, 1919, The Paris Peace Conference, Vol. 7, Washington, D. C. : U. S. Government Printing Office, 1946, pp. 90 - 92.

[2] *FRUS*, 1919, The Paris Peace Conference, Vol. 11, pp. 467 - 468.

美国立场依然如故,称无法签署国际航空公约。① 至此,美国的立场成为影响谈判进程的主要因素。

为进一步协调同美国的分歧,争取美国同意签署国际航空公约,9月27日举行的五强会议着重就国际航空公约中的经济条款进行了讨论。英法深知,由于《美国宪法》的制约,美国政府在经济条款问题上没有谈判妥协的空间。为推动国际航空公约的签署,英法等国最终就机场费用规则问题(即美国所称的关税问题)与美方达成谅解,不反对美国在签署公约时就这一条款作出保留。② 至此,美国签署国际航空公约的障碍得以排除。

在解决相关分歧后,包括英国、法国、意大利、日本等在内的 27 个国家于 1919 年 10 月 13 日在法国巴黎签署《关于航空管理的公约》(Convention Relating to the Regulation of Aerial Navigation),此即通常所称的《巴黎航空公约》(Paris Convention on Aerial Navigation,1922 年 7 月生效)。③ 美国借口国内程序的缘由,要求推迟签署该公约,因此,美国并不是《巴黎航空公约》的首批签署国。直至 1920 年 5月 31 日,美国方才签署《巴黎航空公约》。④

概括地讲,《巴黎航空公约》的主要内容如下。1. 每一国家对其领土和领水上空的空气空间享有完全和排他性主权;和平时期各国航空器在另一国领土上空享有无害通过的自由;各国有关准许其他国家航空器进入其领土上空的规章应不分国籍一体适用;各国基于军事和公

---

① *FRUS*, 1919, The Paris Peace Conference, Vol. 8, Washington, D. C. : U. S. Government Printing Office, 1946, pp. 172 - 173.

② *FRUS*, 1919, The Paris Peace Conference, Vol. 8, pp. 409 - 410, 421 - 422.

③ 《国际条约集(1917—1923)》,北京:世界知识出版社 1961 年版,第 482 页。

④ *FRUS*, 1919, The Paris Peace Conference, Vol. 13, Washington, D. C. : U. S. Government Printing Office, 1947, pp. 34 - 35.

共安全的考量,有权禁止其他国家航空器在其领土上空一定区域的飞行。① 至此,《巴黎航空公约》首次以多边方式确立了领空主权原则,从而构建了国际民用航空秩序的核心规则,为国际民用航空制度的发展奠定了基础。2. 各国航空器有权不着陆飞越另一国领空并应遵循被飞越国所规定的航线;国际航线的划定应经被飞越国的同意。此后的修正条款进一步规定,各国对在其领土上空开设定期或不定期国际航线拥有事先批准权。② 鉴于此,尽管《巴黎航空公约》规定了不着陆的飞越自由原则,但同时规定国际航线的开设均应征得有关国家的批准,这就意味着,在无害通过和不着陆飞越的原则下,国际航线的开辟和划定,以及与之相关的飞越权和着陆权等问题均有待国家间通过谈判解决,③不着陆飞越原则的具体实施均需依托有关国家签署的双边协定。3. 各国向国际航线开放的机场费用采用单一税率,一体适用于本国和外国航空器。④ 该项条款实际上规定了机场税费(美国将针对外国航空器征收的费用视为关税)的国民待遇原则,为国际机场的开放原则奠定了基础。⑤ 4. 确立国家航空器条款,规定国家航空器是指军用航空器,以及邮政、海关和警察等国家公务航空器;除此之外的航空器则为民用航空器。⑥ 该条款回应了有关军用航空器和民用航空器区分的争论,首次界定了民用航空器的范畴,为国际民用航空划定了初步的规则

---

① 《国际条约集(1917—1923)》,第 483 页。

② 《国际条约集(1917—1923)》,第 485,494 页。

③ Christer Jönsson, "Sphere of Flying: The Politics of International Aviation," pp. 277 - 278. Alan P. Dobson, *A History of International Civil Aviation*, p. 11.

④ 《国际条约集(1917—1923)》,第 486 - 487 页。

⑤ 在签署《巴黎航空公约》时,美国对该条款作出保留,强调对于关税事务,美国将根据其关税法保留完全的行动自由,不受《巴黎航空公约》有关条款的约束。有关美国的保留声明,参见 *FRUS*, 1926, Vol. 1, Washington, D. C.: U. S. Government Printing Office, 1941, p. 147。

⑥ 《国际条约集(1917—1923)》,第 487 - 488 页。

界限。此外,《巴黎航空公约》还就航空器国籍、国际航行的注册证和适航证、国际航空委员会等事项作出规定。至此,以《巴黎航空公约》为基础的巴黎机制正式建立。

尽管美国于 1920 年 5 月签署了《巴黎航空公约》,但在此后长达 6 年的时间里,美国政府并没有将《巴黎航空公约》提交参议院审议,再度展示了美国不愿介入欧洲主导的国际民用航空事务的消极立场,以及美国对外政策的孤立主义倾向。

在经历了长时间的延宕后,美国国务卿凯洛格于 1926 年 6 月致函总统柯立芝,建议将《巴黎航空公约》提交参议院审议。凯洛格特别强调,除关税事务条款保留和美洲国家航空协定保留之外,美国应明确表示,批准《巴黎航空公约》并不意味着美国与国际联盟存在任何意义上的联系。① 至此,《巴黎航空公约》再度进入美国决策层的视野。

根据凯洛格的建议,柯立芝于 6 月 16 日将《巴黎航空公约》及美国的保留条款一并提交参议院审议。柯立芝强调,国际商业航空的重要性日渐凸显,包括美国在内的有关国家已经签署了一份国际航空公约。为确保美国享受国际航空合作的收益,柯立芝希望参议院在适当保留的前提下批准《巴黎航空公约》及其附加议定书。② 由此可见,面对民用航空的发展,美国的政策立场出现一定变化,目的就是通过参与国际民用航空事务获得经济利益。

在收到柯立芝政府的请求后,美国参议院迟迟没有启动《巴黎航空公约》的审议程序。1928 年,美国主导签署了美洲国家间的《哈瓦那商业航空公约》,国务院随即于 1929 年 2 月提请参议院暂时中止《巴黎航空公约》的审议进程。③ 为确保美国主导的《哈瓦那商业航空公约》在

---

① *FRUS*, 1926, Vol. 1, pp. 150 - 151.

② *FRUS*, 1926, Vol. 1, p. 152.

③ Alan P. Dobson, *Peaceful Air Warfare*, p. 27.

不受欧洲干扰的情况下顺利实施,美国总统富兰克林·罗斯福于 1934年 1 月提请参议院退回政府提交的审议文本,从而终止了《巴黎航空公约》的审议批准程序。① 由此可见,基于主导构建美洲民用航空体系的战略考量,美国对待巴黎机制的态度重回不介入欧洲航空事务的孤立主义的轨道,一度启动的审议《巴黎航空公约》的进程戛然而止。

综上所述,订立国际航空公约的倡议由法国提出、英国鼎力支持,因此,巴黎机制具有欧洲主导的特征。尽管美国参加了巴黎和会有关国际航空问题的谈判,但态度消极。美国虽然有条件地签署了《巴黎航空公约》,但并未正式批准,更未成为正式缔约国,事实上孤立于巴黎机制之外,堪称天空中的孤立主义。从根本上讲,美国拒绝参与巴黎机制的态度与美国的孤立主义传统密切相关,从民用航空的角度展示了美国无意参与欧洲事务的立场;其中,防止欧洲国家利用《巴黎航空公约》的制度规则染指美洲航空事务,排斥欧洲国家在拉丁美洲的民用航空竞争,确立并扩展美国在美洲地区的航空优势和经济利益,是美国拒绝参与巴黎机制并对欧洲民用航空事务奉行孤立主义政策的主要动因。② 同时应当看到,参与《巴黎航空公约》的谈判进程使美国深切感到跨国民用航空的发展前景,以及订立国际民用航空规则的重要性,基本掌握了国际民用航空的谈判议程和规则含义。正是在参与《巴黎航空公约》谈判的过程中,美国寻求主导构建美洲民用航空体系的构想逐渐萌芽。

二、天空中的门罗主义:美国与哈瓦那机制

自 1823 年以来,门罗主义一直是美国拉美政策的基石,是美国维

---

① 参见 FRUS, 1926, Vol. 1,第 145 页脚注。
② Sean Seyer, *Sovereign Skies*, pp. 167 – 172.

护西半球霸权地位的政治工具。面对国际民用航空的发展前景,美国谋求建立美国领导下的美洲民用航空体系的构想在参与巴黎机制的谈判过程中逐步生成,制定独立于《巴黎航空公约》的美洲民用航空制度框架则成为美国主要的政策手段,目的就是排斥欧洲国家的参与,依据门罗主义的原则主导西半球民用航空事务及其制度规则,打造天空中的门罗主义。

事实上,在签署《巴黎航空公约》之际,美国还刻意作出另外一项保留,即美国保留同非《巴黎航空公约》缔约国的西半球国家签署国际航空公约的权利,[1]从而为美国寻求主导构建美洲民用航空制度体系预留了政策空间。

在就《巴黎航空公约》展开外交周旋的同时,美国将主要注意力投向组建美洲民用航空制度体系。为此,美国发出了订立泛美商业航空公约的倡议,目的就是通过一种特殊体制促进美国同拉丁美洲国家的国际航空合作,[2]进而寻求在美国主导下构建西半球民用航空的制度规则框架,开辟并拓展美国在美洲地区的航空利益。

1923 年 3 月,第五次美洲国家会议在智利圣地亚哥举行。基于美国的提议,会议通过相关决议,启动美洲国家间民用航空合作的谈判进程。根据圣地亚哥会议的决议,美洲商业航空委员会(Inter-American Commission on Commercial Aviation)迅速建立,围绕美洲国家间的商业航空合作展开了密集磋商。1927 年 5 月,美洲商业航空委员会在华盛顿举行会议,并根据美国提出的计划方案形成一份商业航空公约文

---

[1] *FRUS*, 1926, Vol. 1, p. 148.
[2] (美)N. K. 塔尼加:《美国国际航空政策》,刘之光译,北京:人民交通出版社 1989 年版,第 2 页。

本,以便提交第六次美洲国家会议审议。① 至此,美国寻求主导美洲民用航空体系的外交努力取得阶段性进展。

1928 年 1—2 月,第六次美洲国家会议在古巴哈瓦那举行,其中的一项重要议程就是审议美洲商业航空委员会提交的报告,并在此基础上订立美洲商业航空公约。② 为确保哈瓦那会议有关民用航空的谈判按照美国设计的方向推进,美国国务院作出精心准备。

1 月 5 日,国务卿凯洛格致函美国赴哈瓦那会议代表团,就有关的谈判议程进行布置,并专门就民用航空问题作出指示。凯洛格强调,拟议中的美洲商业航空公约对美国具有特别重要的意义,美国应竭尽全力推动会议的相关谈判取得成功。在凯洛格看来,商业航空公约草案总体上满足了美国的要求,但仍需调整,以便最大限度地维护美国的利益。为此,美国建议修改或增加相应条款,主要包括 1. 在不损害其他缔约国权利的前提下,基于军事缘由或公共安全的考量,公约缔约国有权同其他国家达成特别的安排或协议,在各自领土或管辖范围内设立禁航区(Prohibited Area)。2. 增设特别条款,赋予非泛美联盟成员的西半球国家、自治领和殖民地在自愿前提下遵守商业航空公约有关规则的权利。凯洛格指出,美国主张设立禁航区条款的目的是防止商业航空公约的实施危及巴拿马运河区安全,维护美国在巴拿马运河区的利益。③

由此可见,除倡导创建美洲民用航空体系并主导计划方案的设计制定外,美国在特定问题上的动议亦揭示了其借助商业航空公约拓展自身权力和利益的政策意图。尽管《巴黎航空公约》列有禁航区条款,

---

① *FRUS*, 1928, Vol. 1, Washington, D. C.: U. S. Government Printing Office, 1942, pp. 548 – 549.
② *FRUS*, 1928, Vol. 1, p. 537.
③ *FRUS*, 1928, Vol. 1, pp. 549 – 551.

但仅指一国有权禁止其他国家航空器在其领土上空一定区域的飞行。与此不同的是,美国力图将禁航区规则由一国单独设立发展为两国或多国共同设立,从而拓展了禁航区的设置路径并借此维护美国在巴拿马运河区的权力和利益。美国有关增设非泛美联盟成员条款的建议旨在将商业航空公约的适用范围扩大至整个美洲地区,从一个侧面展示了美国力图构建一个覆盖整个西半球的美洲民用航空体系的战略构想。

在美国的支持和推动下,出席第六次美洲国家会议的国家于1928年2月20日在哈瓦那签署《商业航空公约》(Convention Regarding Commercial Aviation),这就是通常所称的《哈瓦那商业航空公约》(Havana Convention on Commercial Aviation),其主要内容如下。1. 缔约方承认每一国家对其领土和领水上空的空气空间享有完全和排他性主权;和平时期各国民用航空器在另一国领土上空享有无害通过的自由;各国有关准许其他国家民用航空器进入其领空的规章应不分国籍一体适用。[①] 由此可见,《哈瓦那商业航空公约》沿袭了《巴黎航空公约》有关领空主权和无害通过的原则和规则,夯实了领空主权原则在国际民用航空秩序中的基础地位。2. 明确规定国家航空器是指军用航空器,以及邮政、海关、警察等国家公务航空器,其余的则是民用航空器;除军用航空器及服务于邮政、海关、警察的国家航空器之外,其他的国家航空器可以视为民用航空器并受本公约条款的约束。[②] 不难看出,在航空器的类别划分上,《哈瓦那商业航空公约》与《巴黎航空公约》的规定基本一致,不同的是,《哈瓦那商业航空公约》对国家航空器及其规则适用作了更加细致的规定。3. 各缔约国应指定其他国家航空器

---

① *FRUS*, 1928, Vol. 1, pp. 585 – 586.
② *FRUS*, 1928, Vol. 1, p. 586.

飞越其领空的航线并提前予以公布,同时告知其他缔约国。① 相较于《巴黎航空公约》有关飞越权和着陆权均需通过政府间双边协定予以确定的严格规则,《哈瓦那商业航空公约》关于国际航线飞越权的规定更为宽松,其原因就在于:与美洲其他国家相比,美国拥有绝对强大的航空优势,因此,该条款集中体现了美国试图以更加简洁的方式在美洲地区拓展国际航线及商业航空利益的战略布局和制度筹划。4. 对于从事国际商业运营的其他国家的航空器,缔约国不得强制征收高于本国同样从事国际商业运营的航空器的机场费用。② 与《巴黎航空公约》规定各国机场费用应采用单一税率并一体适用于本国和外国航空器不同,《哈瓦那商业航空公约》没有涉及单一税率问题,仅作出不得征收高于本国航空器费用的规定。在美国方面看来,国际商业运营的机场费用涉及关税问题,而美国政府此时尚未获得谈判并确定关税的授权,从这个意义上讲,《哈瓦那商业航空公约》的相关规则顺应了美国的立场。5. 基于互惠便利和利益的缘由,有关国家可以就航空器的运行和特定航线的划定达成特别安排或协议,此种特别安排或协议应遵从本公约有关禁航区的设置条件。③ 尽管以互惠便利和利益的措辞取代了军事缘由或公共安全考量,但《哈瓦那商业航空公约》依然规定,两国或多国间可以通过特别协定或安排设立禁航区,而不仅仅是一国单独设立禁航区,从而满足了美国有关巴拿马运河区的特殊政策立场,体现了美国对《哈瓦那商业航空公约》的影响力。此外,《哈瓦那商业航空公约》还参照《巴黎航空公约》,对民用航空器国籍、国际航行的注册证和适航证等事项作出相应的规定。至此,美国打造美洲民用航空制度体系的外交努力取得决定性进展,《哈瓦那商业航空公约》堪称美国设计西半球

---

① *FRUS*, 1928, Vol. 1, p.586.
② *FRUS*, 1928, Vol. 1, p.592.
③ *FRUS*, 1928, Vol. 1, pp.592 – 593.

多边航空协定的巅峰之作,为美国构建纵贯拉美的国际商业航线提供了强有力的工具。[1]

1931 年 2 月 20 日,美国参议院批准《哈瓦那商业航空公约》并经胡佛总统于 3 月 6 日签署生效。[2] 随着其他国家相继完成批准程序,美国发起并主导的美洲民用航空制度体系——哈瓦那机制——正式建立。至此,美国从制度层面完成了天空中的门罗主义的战略布局。

在谈判《哈瓦那商业航空公约》的同时,美国政府还采取财政补贴等政策措施支持美国航空公司开辟美洲市场,以期从市场布局的层面进一步构建美国主导的美洲民用航空体系。

组建于 1927 年的泛美航空公司(Pan American Airways)是美国拓展美洲民用航空市场的开路先锋,从成立之日起就致力于开发美洲民用航空网络,尤其是抢先布局具有战略重要性的空中航线,开辟加勒比和中美洲航线则是泛美航空公司的首选目标。[3] 1927 年 10 月,泛美航空公司开通了首飞古巴哈瓦那的定期航空邮件航班。1928 年 1 月,泛美航空公司又开通了首航哈瓦那的旅客航班,[4]从而开启了进军美洲民用航空市场的历程。

继布局古巴之后,泛美航空公司于 1928 年 2 月 16 日致函美国国务院,称拟开辟通往墨西哥、洪都拉斯、萨尔瓦多、危地马拉、尼加拉瓜、哥斯达黎加、巴拿马等国的新航线,希望国务院与相关国家协调,以期为泛美航空公司的运营提供飞越、着陆和通关等便利。在签署《哈瓦那商业航空公约》后,美国国务院迅速指示驻相关国家的大使馆和领事

---

[1]　Sean Seyer, *Sovereign Skies*, pp. 160 – 161.

[2]　*FRUS*, 1928, Vol. 1, p. 585.

[3]　Alan P. Dobson, *FDR and Civil Aviation: Flying Strong, Flying Free*, New York: Palgrave Macmillan, 2011, p. 11.

[4]　(美)P. S. J. 特纳:《泛美航空公司发展史》,宏翔译,北京:人民交通出版社 1989 年版,第 7 页。

馆,要求其与驻在国政府协商,支持泛美航空公司开辟美洲市场。3 月7 日,美国国务院回复泛美航空公司,称已经与尼加拉瓜、洪都拉斯、萨尔瓦多、墨西哥、多米尼加、海地、哥斯达黎加、巴拿马和危地马拉政府进行了有效沟通,并就泛美航空公司的航线拓展达成相关安排。在美国国务院的鼎力支持下,截至 1928 年 12 月,泛美航空公司先后同相关国家签署了商业航空合同。①

由此可见,基于地缘优势,美国致力于拓展美洲市场,国务卿凯洛格就强调,美国政府对构建美国与拉美国家之间的商业航空服务并拓展美国的利益抱有极大兴趣。② 因此,以《哈瓦那商业航空公约》为制度支撑,运用外交手段布局美洲航线并开拓美洲市场从一开始就是美国的政策目标,展示了美国致力于构筑美国领导下的美洲民用航空体系的战略筹划。

在美国忙于铺展中美洲航空外交的同时,德国则将拓展国际民用航空市场的目标投向南美地区。1927 年年初,德国以哥伦比亚为支点,在哥伦比亚、玻利维亚和巴西构建了具有一定规模的民用航线。③为进一步拓展美洲市场,德国于 11 月向秘鲁提出开发民用航空服务,试图将秘鲁航线同德国航空公司业已运营的玻利维亚航线和哥伦比亚航线连接起来,进而构建一个从巴拿马到哥伦比亚,再到厄瓜多尔、秘鲁和智利的航线体系。④

在美国看来,德国在南美的航线开发计划将对美国组建美洲民用航空体系的努力构成严峻挑战;其中,德国在哥伦比亚的航空影响力对

---

① 有关美国政府支持泛美航空公司拓展加勒比和中美洲航空市场并构建美洲民用航空体系的努力,参见 *FRUS*, 1928, Vol. 1, pp. 775 - 800。
② *FRUS*, 1928, Vol. 1, p. 797.
③ Alan P. Dobson, *FDR and Civil Aviation*, p. 19.
④ *FRUS*, 1928, Vol. 1, p. 803.

巴拿马运河区构成最直接的威胁。① 为此,美国针对南美洲国家展开了新的航空外交攻势。一方面,美国政府通过外交途径,积极敦促有关国家按照《哈瓦那商业航空公约》的规定谈判市场准入、航线安排和适航程序等问题,强烈要求秘鲁、厄瓜多尔等国作出承诺,拒绝给予外国航空公司任何排他性航线和市场安排。② 另一方面,美国积极展开外交协调,助力包括泛美航空公司在内的美国航空公司开辟飞往智利、委内瑞拉等南美国家的航空邮件运输等民用航线。③ 与此同时,美国政府还鼓励柯蒂斯飞机与发动机公司(Curtiss Airplane and Motor Corporation)、波音公司(Boeing Company)等美国飞机制造商向巴西、秘鲁、厄瓜多尔、玻利维亚、哥伦比亚、阿根廷等南美国家出售飞机,以此抢占南美民用飞机贸易市场。④ 鉴于巴拿马运河区对美国具有重要的战略意义,美国总统柯立芝遂于 1928 年 9 月颁布行政命令,授权国务院采取措施管控巴拿马运河区域的外国商业航线的运营。⑤ 所有这些均表明,随着《哈瓦那商业航空公约》的签署,争夺美洲民用航空市场并以市场布局夯实美洲民用航空体系,是美国拉美政策的一个主攻方向。

进入 1929 年之后,美国加大了运用外交手段支持美国航空公司拓展美洲市场的力度。从 1 月起,美国围绕拉美民用航线问题同哥伦比亚、阿根廷、智利、委内瑞拉、巴西等国展开了密集磋商。截至 12 月,美

---

① Wesley P. Newton, "International Aviation Rivalry in Latin America, 1919 - 1927," *Journal of Inter-American Studies*, Vol. 7, No. 3, 1965, pp. 351 - 352.

② *FRUS*, 1928, Vol. 1, pp. 800 - 805.

③ *FRUS*, 1928, Vol. 1, pp. 805 - 810, 826 - 830.

④ 有关美国政府支持美国公司拓展南美民用飞机贸易市场的外交努力,参见 *FRUS*, 1928, Vol. 1, pp. 811 - 824。

⑤ Stephen J. Randall, "Colombia, the United States, and Interamerican Aviation Rivalry, 1927 - 1940," *Journal of Interamerican Studies and World Affairs*, Vol. 14, No. 3, 1972, p. 308.

国政府推动厄瓜多尔、哥伦比亚、乌拉圭、智利、阿根廷、巴西等国同泛美航空公司签订航空运输合同,准许泛美航空公司开辟运营相关航线。[1] 与此同时,美国和巴拿马于1929年春达成协议,设立美巴联合航空委员会,共同管理巴拿马运河区的民用航线和机场布局,[2]从而将《哈瓦那商业航空公约》的有关规定具体化。

不难看出,在开辟并拓展美洲民用航空市场的进程中,泛美航空公司的商业利益与美国政府的战略和安全考量相互契合,泛美航空公司由此获得美国政府的大力支持,成为美国抵制欧洲尤其是德国航空公司在南美地区扩展民用航线的主力军。[3]

综上所述,打造美洲民用航线布局、拓展美洲民用飞机贸易市场是美国构建美洲民用航空体系的组成部分,与美国主导哈瓦那机制的制度谋划形成策应之势。为鼓励包括泛美航空公司在内的美国航空公司争夺美洲航空市场,美国国务院提供了直接的外交支持,助力美国航空公司获取美洲国际航线的运营权和商业优势。通过制度主导和市场拓展的政策协同,美国立足西半球民用航空事务,最终主导构建了以哈瓦那机制为核心的美洲民用航空体系。

余 论

作为具有区域特征的第一个国际民用航空制度体系,巴黎-哈瓦那机制由两部分组成:一是基于《巴黎航空公约》的以欧洲为中心的巴黎

---

[1] 有关美国政府支持泛美航空公司构建南美民用航线并据此同有关国家展开的外交谈判和磋商,参见 *FRUS*, 1929, Vol. 1, Washington, D. C.: U. S. Government Printing Office, 1943, pp. 546 – 611。

[2] Stephen J. Randall, "Colombia, the United States, and Interamerican Aviation Rivalry, 1927 – 1940," p. 308.

[3] Alan P. Dobson, *FDR and Civil Aviation*, p. 21.

机制,一是基于《哈瓦那商业航空公约》的以美洲为中心的哈瓦那机制,两者共同构成国际民用航空制度的第一个规则体系——巴黎-哈瓦那机制。就其制度含义而言,巴黎-哈瓦那机制确立了领空主权原则;在领空主权原则下,巴黎-哈瓦那机制的主要规则是国家对飞越权和着陆权享有批准或决定的权利,政府间围绕国际民用航空的双边谈判是主要的决策程序。[①] 至此,巴黎-哈瓦那机制确立了以领空主权为核心的国际民用航空的原则和规则,开启了国际民用航空制度建设的历史进程。

美国尽管参与了《巴黎航空公约》的谈判,但并没有批准该公约,因而不是巴黎机制的正式成员国。基于门罗主义的政策传统,美国将美洲作为发展跨国民用航空的首选目标,将制定美洲民用航空规则、拓展美洲民用航空市场作为美国主导构建美洲民用航空体系的关键环节。

在规则制定方面,作为美洲民用航空制度体系的奠基性文件,《哈瓦那商业航空公约》的领空主权原则完全沿袭了《巴黎航空公约》的规定;《哈瓦那商业航空公约》有关航空器无害通过自由、民用航空器界定、国际航空适航证等的设计基本沿用了《巴黎航空公约》的规则。从这个意义上讲,《哈瓦那商业航空公约》复制了《巴黎航空公约》的模式。[②] 而哈瓦那机制与巴黎机制的最大不同,就是机场税费的征收规则、国际航线飞越权的确立方式,以及禁航区的设置路径,这恰恰是美国施加影响的结果。更为重要的是,尽管存在规则延续,但哈瓦那机制毕竟是经美国倡导、由美洲国家共同参与并排斥了欧洲国家的美洲民用航空制度,是美国政策设计和外交推动的产物,基于此,哈瓦那机制具有美国主导的特征。

---

① Christer Jönsson, *International Aviation and the Politics of Regime Change*, p. 29.
② Christer Jönsson, "Sphere of Flying: The Politics of International Aviation," p. 278. Alan P. Dobson, *Peaceful Air Warfare*, p. 8.

在市场拓展方面,美国国内民用航空的发展为其开辟并拓展美洲民用航空市场提供了强有力的支撑。借助天然的地缘优势和广阔的地域空间,美国的民用航空在 20 世纪 20 年代取得快速发展。截至 1927 年 12 月,美国国内空中航线总里程已达 8 000 英里,日均航空邮件飞行里程接近 15 000 英里,其他民用航空日均飞行里程超过 22 000 英里,完成或在建的机场 900 余座。借助航空优势,美国政府抱有强烈的政治意愿,致力于在美洲民用航空的发展中承担领导角色。① 为此,美国展开了积极的外交努力,力推泛美航空公司拓展美洲市场;其中,美国国务院在助力美国航空公司开拓美洲航空市场中发挥了关键作用,推动泛美航空公司在美洲民用航空的发展中占据了主导地位,② 为美国主导美洲民用航空体系奠定了市场基础。

总之,巴黎机制和哈瓦那机制的主要规则一脉相承,但由于地理环境的隔绝,跨大西洋商业航空尚未兴起,鉴于此,世界历史上第一个国际民用航空制度体系形成以欧洲为中心的巴黎机制和以美洲为中心的哈瓦那机制,两者虽规则相通但各自运转的独特格局。

从对外政策的角度看,美国在国际民用航空制度创建初期的政策具有鲜明的地缘政治意涵和对外战略考量。一方面,美国与巴黎机制的消极互动打上了天空中的孤立主义的烙印;另一方面,美国主导的哈瓦那机制则具有天空中的门罗主义的特征。同时应当看到,巴黎-哈瓦那机制对美国的意义就在于:通过参与《巴黎航空公约》的谈判,美国掌握了国际民用航空的主要议题和规则构成,为美国寻求主导构建美洲民用航空体系提供了制度引领和政策铺垫;通过倡导制定《哈瓦那商业

---

① *FRUS*, 1927, Vol. 1, Washington, D. C.: U. S. Government Printing Office, 1942, p. IX.

② Stephen J. Randall, "Colombia, the United States, and Interamerican Aviation Rivalry, 1927-1940," p. 297.

航空公约》并运用外交手段开拓美洲民用航空市场,美国不仅确立了在美洲民用航空体系中的主导地位,而且积累了丰富的航空外交经验。从长远来看,美国与巴黎-哈瓦那机制的外交互动及其制度实践为美国在第二次世界大战结束后主导构建第一个真正意义上的全球性国际民用航空制度体系——芝加哥-百慕大机制——奠定了政治和外交基础。①

（本文原载《历史教学问题》2022 年第 2 期,收入本论文集时作了适当修改）

---

① 有关美国主导建立芝加哥-百慕大机制的详细论述,参见舒建中:《美国与战后国际民用航空制度的建立》,《美国研究》2015 年第 4 期。

美国与战后国际民用航空制度的建立 *

【摘　要】　国际民用航空秩序的构建是美国战后世界秩序构想的重要组成部分,其战略意图和目标是:凭借强大的航空权力以及综合实力优势,主导战后国际民用航空秩序及其制度体系的建立,拓展美国的全球航空利益。为此,美国在第二次世界大战期间就开始了国际民用航空的政策筹划与制度设计,先后提出了"罗斯福备忘录""3·24备忘录"等一系列政策计划和方案。与此同时,美国以其政策计划为基础,积极敦促有关国家参与国际民用航空的多边谈判,最终推动了以芝加哥-百慕大机制为主干的战后国际民用航空制度的建立,确立了美国在国际民用航空领域的主导地位。

【关键词】　美国　国际制度　国际民用航空制度　芝加哥-百慕大机制

随着民用航空的兴起和发展,民用航空对经济发展和技术创新的意义引起了世界各国的高度重视。正因如此,依托国际民用航空制度

* 2013年江苏省高校哲学社会科学研究重大项目(2013ZDAXM007)"新兴大国在国际秩序变革中的机遇与作用研究"资助项目。

的确立,美国在全球民用航空领域的主导地位既是美国国际制度战略的重要组成部分,又是美国倡导的自由国际经济秩序的重要一环。为此,美国在第二次世界大战期间就开始了国际民用航空的政策设计和制度规划,并以美国的政策计划为基础,推动了战后国际民用航空制度的建立,确立了美国在国际民用航空领域的主导地位。对于这一国际制度发展史上的重要问题,国外学术界进行了广泛研究,取得了丰硕的成果,但中国学术界却鲜有问津,尤其缺乏从美国对外政策的角度探究国际民用航空制度及其来龙去脉的成果,从而留下一个学术空白。本文依据美国外交档案文献并借鉴相关研究成果,运用历史学的研究方法,从政策设计、外交推动和制度规则的层面,剖析了美国筹划国际民用航空秩序及其制度体系的战略意图,即凭借强大的航空权力及综合实力优势,确立美国在战后国际民用航空领域的主导地位,拓展美国的全球航空利益。随着以芝加哥-百慕大机制为核心的战后国际民用航空制度的建立,美国的政策目标基本实现。

一、美国与国际民用航空制度的政策设计和前期磋商

20世纪初期,随着飞机的发明及飞机制造业的发展,民用航空和定期航线开始出现。第一次世界大战结束后的1919年8月,伦敦和巴黎之间开通不定期民用航线,世界上第一条国际民用航空定期航线(巴黎—布鲁塞尔航线)亦于同年开通运营。此后,民用航空快速发展,截至1928年底,世界民用航空总里程已达76 000英里。与此同时,以欧洲为中心辐射非洲、以美国为中心辐射美洲的国际民用航线构架亦初

步形成。[1]

在民用航空发展的同时,管理民用航空的国际制度也初步建立。1919 年 10 月,有关国家签署《巴黎航空公约》(1922 年 7 月生效),首次规定每一国家对其领土上空的空气空间享有完全和排他性的主权权利,缔约国承允对民用航空器在和平时期相互给予无害通过的自由。美国虽然不是《巴黎航空公约》的缔约国,却通过国内规章的方式接受了领空主权原则。基于《巴黎航空公约》确立的领空主权原则,国际民用航空的过境权和着陆权均由有关国家通过双边协定的方式予以规定。[2] 由此可见,《巴黎航空公约》是世界历史上第一个创立民用航空国际规则的多边条约,标志着欧洲主导的国际民用航空制度初步建立。

20 世纪 30 年代,民用航空的优势开始向美国转移,美国的飞机制造业和民用航空业迅猛发展,民用航空实力日渐增强。截至 1938 年,美国民用飞机数量已占世界总量的 49％,欧洲所占比重则远远低于美国,仅为 37％。[3] 在跨国民用航空方面,美国泛美航空公司于 1937 年开通飞越太平洋的民航服务,并于 1939 年开通飞越大西洋的民航服务,由此表明美国在民用航空领域已经超越欧洲并占据世界领先地位。

第二次世界大战期间,飞机广泛运用于军事领域。作为盟国最重要的战略物资提供者,美国的飞机制造能力和规模进一步增强,美国的航空权力进一步扩大,这集中体现为美国的航空技术优势、飞机制造能

① 参见 P. R. C. Groves, "The Influence of Aviation on International Affairs," *Journal of the Royal Institute of International Affairs*, Vol. 8, No. 4, 1929, pp. 289 - 317。

② Christer Jönsson, "Sphere of Flying: The Politics of International Aviation," *International Organization*, Vol. 35, No. 2, 1981, pp. 277 - 278.

③ J. Parker van Zandt, *Civil Aviation and Peace*, Washington, D. C.: The Brookings Institution, 1944, p. 9.

力、占据绝对优势的飞机数量,以及实力雄厚的飞行技术人员素质等。① 在国际航空服务方面,美国的优势亦稳步提升,到1943年,美国在世界航空服务中的份额已经扩大为72%,英国则仅为12%。② 占据优势的航空权力赋予美国在世界范围内组织航空交通网络的超强能力,以及主导国际民用航空秩序的实力。③ 更为重要的是,战后民用航空的发展前景为美国寻求拓展国际民用航空市场提供了千载难逢的机遇。基于自由国际经济秩序的战略构想,美国决策者认为,任何不利于美国民用航空扩展的障碍都必须予以清除,以确保美国在国际民用航空领域占据实质性份额,④促进美国民用航空的全球拓展。

　　早在参战初期,国际航空问题就已经进入美国决策层的视野。1942年9月,助理国务卿阿道夫·伯利致函国务卿赫尔,宣称从防务和贸易的角度看,国际航空将对美国的利益与对外政策产生重大影响。为此,美国作出积极的外交铺垫。1942年7月,美国同英国达成《哈利法克斯协定》,规定美英两国均不应采取歧视性的民用航空政策。10月,美英就战时飞机生产达成协定,规定美国致力于发展运输机,英国则主要生产战斗机和轰炸机。就其影响而言,上述两个协定在削弱英国民用航空的同时,巩固了美国的民用航空技术优势,增强了美国的民

① David MacKenzie, *ICAO: A History of the International Civil Aviation Organization*, Toronto: University of Toronto Press, 2010, p. 7.
② Helen Milner, "The Interaction of Domestic and International Politics: The Anglo-American Oil Negotiations and the International Civil Aviation Negotiations, 1943-1947," in Peter B. Evans, Harold K. Jacobson and Robert D. Putnam, eds., *Double-Edged Diplomacy: International Bargaining and Domestic Politics*, Berkeley: University of California Press, 1993, p. 221.
③ Baldev R. Nayar, "Regimes, Power, and International Aviation," *International Organization*, Vol. 49, No. 1, 1995, p. 150.
④ David MacKenzie, *ICAO*, pp. 7, 57.

用航空地位。① 鉴于美国的主要精力集中于赢得战争,战后世界秩序的规划也聚焦于国际安全制度、国际货币金融制度和多边贸易制度等优先领域,因此,国际航空问题尚停留在酝酿层面,美国此时并未提出具体的政策计划。

英国同样意识到民用航空的重要性,并采取了具体的行动。1943年10月,英国邀请英联邦自治领国家在伦敦举行会议,就战后国际航空政策进行磋商。英国意图十分明显:寻求就国际航空问题先期在英联邦内部达成一致,整合英联邦国家的立场,以便为英国在国际民用航空谈判中谋求有利的地位创造条件。

作为美国的最高决策者,罗斯福总统一直关注着国际民用航空问题。1943年8月第一次魁北克会议期间,罗斯福就同英国首相丘吉尔讨论过战后国际航空事宜。在10月1日的新闻发布会上,罗斯福公开谈及民用航空问题,首次表达了"自由天空"的政策理念。② 面对英联邦航空会议的召开,美国迅速作出反应。11月10日,罗斯福召集伯利等人举行会议,专门讨论国际民用航空问题。会议开始之际,罗斯福向与会者散发了一份由其亲自起草的备忘录(简称"罗斯福备忘录",Memorandum of Roosevelt),强调该备忘录所确立的原则是美国国际航空政策的指导思想。从制度设计的层面看,"罗斯福备忘录"的主要内容如下。1. 主权国家对国内航空服务享有所有权和控制权。2. 任何国家的民用航空器均享有以下普遍性自由或权利:在其他国家装卸

---

① Alan P. Dobson, *Peaceful Air Warfare: The United States, Britain, and the Politics of International Aviation*, New York: Oxford University Press, 1991, pp. 128 - 129.

② Alan P. Dobson, *Peaceful Air Warfare*, pp. 149 - 150.

外国客货的权利;①不作降落而飞越一国领土的权利;技术性降落的权利,即为获取燃料与服务的着陆权。3. 美国应发起召开联合国家民用航空会议,商讨建立一个联合国家组织,以便处理国际民用航空的技术性问题,诸如航空安全标准、通信和气象服务等。②

作为最高级别的政策设计,"罗斯福备忘录"秉承"自由天空"理念,确立了美国国际民用航空政策的基本原则:一是有关民用航空的国际组织仅负责处理技术性事务;二是以多边方式确立国际民用航空的普遍性权利,包括飞行权利(过境自由权、非业务性着陆权)和商业权利(主要是自由的航空运载权利),这既是国际民用航空秩序建设的关键问题,③也是"罗斯福备忘录"最重要的政策内涵。因此,"罗斯福备忘录"为美国主导国际民用航空制度圈定了基本框架。更为重要的是,"罗斯福备忘录"展示了美国在国际民用航空领域的政策目标:凭借雄厚的航空权力及综合实力优势,寻求建立开放和自由竞争的国际民用航空制度,主导世界民用航空秩序,④进而拓展美国的全球航空利益。

鉴于英国拥有地域范围遍布全球的自治领和殖民地,其对战后国际民用航空市场的影响不容小觑,美国遂将英国视为民用航空谈判的主要对手。与此同时,鉴于加拿大同美国就民用航空问题保持着密切沟通,且由于地理位置的特殊性,美加航线对美国意义重大。因此,美

①　罗斯福的这一构想实际上确立了国际民用航空一般商业权利的政策框架,尤其是后来被称为"第五大自由"的政策雏形,其核心是市场准入问题。"第五大自由"亦成为芝加哥会议争论的焦点之一。

②　U. S., Department of State, *Foreign Relations of the United States* (cited as *FRUS*), 1944, Vol. 2, Washington, D. C.: U. S. Government Printing Office, 1967, pp. 360 - 362.

③　Alan P. Dobson, *Peaceful Air Warfare*, p. 151.

④　Alan P. Dobson, "The USA, Hegemony and Airline Market Access to Britain and Western Europe, 1945 - 96," *Diplomacy & Statecraft*, Vol. 9, No. 2, 1998, pp. 133 - 134.

国于 1944 年 1 月致函英国,建议美、英、加三国先期就战后民用航空问题展开磋商。①

对于美国的邀请,英国一方面表示接受;另一方面,继续寻求英联邦国家的协调以增强英国的谈判地位。1944 年 2 月,英国再度召集英联邦国家在伦敦举行会议,专门讨论民用航空的无线电服务问题,目的就是进一步敦促英联邦国家在未来的国际民用航空谈判中采取共同立场。面对英国的外交举措,美国遂宣称将邀请苏联和中国参与战后国际民用航空问题的预备性磋商。② 美国的意图显而易见:以苏联和中国的参与制衡英国。

在寻求扩大预备性磋商规模的同时,美国还加紧了政策设计。2月 14 日,美国提出"国际民用航空议程建议案"并将其送交英国和加拿大。该"议程建议案"主张国际民用航空的谈判范围主要包括:过境权和技术性着陆权;市场准入权;空港及其设施的非歧视利用;安全标准与通信服务;国际民用航空委员会的建立及其功能等。③ 由此可见,通过"议程建议案",美国力图界定国际民用航空谈判的主要议程,以便为美国主导战后国际民用航空制度设置议程框架。尽管"议程建议案"没有涉及美国对待相关议程的立场,但根据"罗斯福备忘录"所确立的政策原则,美国在上述议程上的态度已经不言自明。

面对美国展开的外交态势,英国迅速作出应对。一方面,英方于 2月 21 日通知美方,同意邀请苏联和中国参加预备性磋商,同时建议邀请作为英联邦自治领的澳大利亚、新西兰和南非参与谈判。另一方面,作为对美国"议程建议案"的回应,英国亦提出自己的国际航空议程草案并将其送交美方。根据英方的议程草案,英国同意订立国际公约并

① *FRUS*, 1944, Vol. 2, pp. 365 – 366.
② *FRUS*, 1944, Vol. 2, pp. 374 – 375, 377.
③ *FRUS*, 1944, Vol. 2, pp. 378, 380.

建立一个国际航空机构,以期确立国际民用航空的技术标准。但英国同时强调,拟议中的国际航空机构应当拥有广泛的商业权力,包括航线划定权、航次分配权、运费确定权等。[①]

不难看出,基于自由天空和自由竞争的目标,美国主张将国际航空机构的职权限定在技术性层面,反对赋予其广泛的权力。英国则主张建立一个拥有广泛权力的国际航空机构,并对商业权利予以规范,这与美国的立场大相径庭。从根本上讲,英国的立场反映了英国对自身实力和利益的考量。相对于美国而言,英国在民用航空领域处于不利的竞争地位,因此,英国对待国际民用航空的基本立场就是建立一个强有力的国际民用航空机构,该机构不仅拥有处理技术性事务的权力,更应拥有广泛的商业管制权力,进而以此制衡美国并保护英国的利益。[②]

对于英国的议程草案,美国没有作出答复,而是继续按照美国的构想推进预备性磋商。2月23日,美国通知英方,称美方将首先同英国和加拿大就民用航空问题举行双边磋商,然后再同苏联、中国、巴西、澳大利亚、新西兰等国进行双边会谈,以期在上述核心国家之间达成原则共识,进而为联合国家民用航空会议的召开铺平道路。在美国的游说下,加拿大和苏联先后同意与美国进行双边会谈,[③]美国的政策实施取得一定进展。

面对美国外交推进所造成的压力,英国不得不作出进一步回应。经频繁沟通,美英商定由伯利前往伦敦与英方举行民用航空问题的非正式会谈;在前往伦敦的途中,伯利将与加方进行非正式磋商。[④] 至

---

① *FRUS*, 1944, Vol. 2, pp. 383 – 386.

② Alan P. Dobson, *FDR and Civil Aviation: Flying Strong, Flying Free*, New York: Palgrave MacMillan, 2011, p. 145.

③ *FRUS*, 1944, Vol. 2, pp. 387 – 388, 400 – 401, 415.

④ *FRUS*, 1944, Vol. 2, pp. 410 – 411.

此,在美国的推动下,战后国际民用航空的前期谈判步入轨道。

作为启动民用航空谈判的政策准备,美国于 3 月 24 日提出题为
"关于战后民用航空的基本目标"的备忘录(简称"3·24 备忘录",
Memorandum of March 24),就战后国际民用航空的制度设计阐明了
美国的立场。关于空中航行和运输,"3·24 备忘录"强调,所有国家的
民用航空器均享有自由飞越其他国家领土的权利,以及非业务性着陆
的权利;在国际民用航空市场准入方面,应确立自由的商业权利原则,
任何国家均不应寻求或赋予其他国家以排他性的商业权利;涉及航线
和航次安排的具体的商业权利,则由政府间双边协定规定;有关国家应
就国际民用航空的技术规范和安全标准达成统一规则,包括适航条件、
气象与通信服务等。关于空港及其设施,"3·24 备忘录"指出,有关国
家应指定具有准入权和过境权的空港;空港及其设施的利用应建立在
非歧视的基础上,遵循最惠国待遇原则和国民待遇原则。关于国际合
作,"3·24 备忘录"认为,应建立一个国际民用航空委员会,该委员会
的职权主要是:研究并制定国际民用航空的技术标准;搜集并整理国际
民用航空的信息资料,诸如国际航空公司的资料、航空公司之间及航空
公司与政府之间的协定、航空器及其人员执照的国际管理等。此后,美
国迅速将"3·24 备忘录"送交英国、加拿大、苏联等国,强调该备忘录
体现了美国对待战后国际民用航空问题的基本立场,并将其作为美国
与其他国家谈判的基础。①

由此可见,作为美国政策目标的明确阐释,"3·24 备忘录"以"罗
斯福备忘录"的政策原则为指南,系统设计了国际民用航空的制度体系
和运转方式,并为美国主导国际民用航空的谈判议程与规则制定奠定
了进一步的政策基础。首先,"3·24 备忘录"主张有关国家应就过境

---

① *FRUS*, 1944, Vol. 2, pp. 422 – 425, 428.

自由权和非业务性着陆权达成普遍性协定,以多边方式确立跨国飞行权利。与此同时,"3·24 备忘录"充实并发展了"罗斯福备忘录"所倡导的基于自由运载的商业权利构想,强调应根据非歧视原则,在多边基础上确立以自由的市场准入为核心的国际民用航空的一般商业权利。至此,在美国的政策设计中,国际民用航空的一般商业权利原则既包括"罗斯福备忘录"所强调的民用航空运载的自由原则,又包括航空市场准入的非歧视原则、空港及其设施利用的最惠国待遇和国民待遇原则等。鉴于飞行权利和以市场准入为核心的商业权利是美国拓展国际民用航空市场的制度保障,因此,"3·24 备忘录"有关飞行权利和商业权利的设计昭示了美国的政策意图和利益取向。其次,建立一个负责技术性事务的国际民用航空机构是"罗斯福备忘录"的基本原则之一,而技术标准的统一则是国际民用航空发展的重要前提,也是美国拓展国际民用航空市场的技术保障。因此,"3·24 备忘录"有关国际民用航空机构的设计同样体现了美国的航空利益。最后,根据"3·24 备忘录"的设计,在通过多边方式确立国际民用航空一般商业权利原则的同时,具体的商业权利(如航线划定、航次分配、运费确定等)则由政府间双边协定予以安排。美国的意图很清楚:基于强大的航空权力并依托一般商业权利原则的制度保障,通过双边协定确立具体的商业规则更有利于美国发挥权力和竞争优势,确保民用航空的政府间双边协定满足美国的利益,[1]进而谋求美国民用航空的全球拓展,这也是美国反对赋予国际民用航空机构以商业权力的原因所在。鉴于此,"3·24 备忘录"进一步展示了美国力图以自由天空和自由竞争为宗旨,寻求主导国际民用航空谈判进程、构筑美国领导的战后国际民用航空秩序的战略意图,以及拓展美国全球航空利益的政策导向。

---

[1]　Baldev R. Nayar, "Regimes, Power, and International Aviation," p. 156.

综上所述,作为构筑战后国际民用航空秩序的政策准备,美国进行了周密筹划,先后设计并提出了"罗斯福备忘录"和"3·24 备忘录"等政策计划。根据美国的构想,国际民用航空秩序的制度安排是:通过多边协定确立国际民用航空的过境自由权和非业务性着陆权,以及以市场准入为核心的商业权利原则;建立一个负责技术性事务的国际民用航空机构;通过双边协定规定国际民用航空具体的商业权利。因此,在美国设计的国际民用航空秩序中,普遍性多边公约和政府间双边协定是相辅相成的,是服务于美国政策目标和利益取向的制度安排。在完成政策设计之后,美国遂以"3·24 备忘录"为谈判基础,积极组织国际民用航空谈判。

二、美国与国际民用航空谈判的阶段性进展

按照约定,美加两国于 3 月底在加拿大蒙特利尔就民用航空展开初步磋商。尽管加拿大此前提出一份"国际空中运输公约草案"("加拿大方案"),但美加会谈主要是围绕"3·24 备忘录"设计的议题展开的。虽然两国在国际航空机构的职责问题上存在分歧,但作为会谈的结果,美加确认了美国最为关心的过境自由权和非业务性着陆权,以及民用航空市场准入的非歧视原则。[①] 美加会谈表明,美国的政策推进取得有益进展。

4 月 3—6 日,美英民用航空会谈在伦敦举行。双方首先就国际民用航空的技术性事务达成一致,认为应实现无线电通信、适航条件、气象服务、地面服务等民航服务的标准化。关于市场准入,美方表示,过境自由权、非业务性着陆权与市场准入权密不可分,其中,就空港使用

---

①   *FRUS*, 1944, Vol. 2, pp. 431 - 438.

和市场准入达成合理的协定尤为重要。英方则指出,英国无意就空港和市场作出排他性安排,但英国反对国际民用航空领域完全的自由运载和自由竞争,认为国际管理是民用航空发展的必要条件。关于国际航线和航次安排,英方认为,应由国际机构根据所有国家公平参与的原则予以分配。美方指出,英国的提议意味着航线和航次安排的国际控制,因而拒绝接受。关于国际航空机构,英方主张建立一个拥有管理职权的国际机构,美方则强调,国际民用航空机构应是功能性的,民用航空的国际管制应限于技术性事务。鉴于英方重提以"加拿大方案"为国际航空机构规划的基础,美方明确表示,由于"加拿大方案"赋予国际航空机构以广泛权力,并将美国国际航空的发展置于毫无限制的管束之下,因而是美国不能接受的。①

通过伦敦会谈,美英在过境自由权、非业务性着陆权,以及空港及其设施利用的非歧视问题上不存在原则分歧,并就国际民用航空的技术性事务达成基本一致。鉴于过境自由权和非业务性着陆权是"罗斯福备忘录"和"3·24备忘录"所确立的重要目标,是美国自由天空政策的基本内涵,因此,美英达成的共识意味着美国的政策推进取得一定进展。与之相对,英国反对国际民用航空的自由竞争,主张建立一个拥有管理权限的国际航空机构;关于国际航线和航次的安排,英国竭力主张通过国际机构予以确定。这就预示着,美英将继续围绕国际航空机构的职权范围,以及与市场准入相关的自由运载权利、国际航线和航次安排等问题展开较量。

伦敦会谈结束后,美国开始积极安排并推动同苏联、中国的民用航空会谈,同时邀请澳大利亚和新西兰等国展开双边磋商。② 美方的举

---

① *FRUS*, 1944, Vol. 2, pp. 444 – 456.
② *FRUS*, 1944, Vol. 2, pp. 460, 462 – 464, 466 – 468.

措再次表明,"山姆大叔"力图以美国为中心组织相关会谈,进一步推动美国政策计划的实施,进而实现美国的政策目标。

进入 6 月之后,美国决意加快国际民用航空的谈判进程,罗斯福亲自指示伯利,要求按照美国的政策计划,立即采取进一步行动以推进同有关国家的磋商。① 作为推动民用航空谈判的重要步骤之一,美国民用航空委员会于 6 月 14 日发布美国的国际航线表,美国国务院亦致函有关国家驻华盛顿外交使团,希望就美国的国际航线表展开谈判并达成协议。与此同时,美国还将由其拟定的双边民用航空协定草案分别送交英国和苏联。② 至此,在谈判国际民用航空机构及其一般原则的同时,美国还按照其政策设计,一方面公布美国的国际航线表,另一方面寻求同有关国家展开双边民用航空协定的谈判,其目的就是突破英国的阻扰,推进以政府间双边协定规定航线和航次安排等具体商业权利的政策构想,进而影响国际民用航空的谈判进程。

美国推进国际民用航空谈判的另一个重要步骤就是进一步扩大谈判范围,强化以美国为中心的双边谈判。从 6 月 20 日起,美国分别向荷兰、印度、南非、巴西、墨西哥发出邀请,希望上述国家根据"3·24 备忘录"设计的谈判议程,尽速与美国举行民用航空的双边磋商,推动联合国家民用航空会议的召开。③ 实际上,这些国家此前已经通过外交渠道向美国表达了参与谈判的意愿,因此,美国的邀请迅速得到积极回应。由此可见,通过一系列外交举措,美国力图引领有关国家根据美国的议程设置展开国际民用航空谈判,进而掌握谈判的主导权,确保战后民用航空秩序的构建朝着美国设计的方向推进。

对于美国单方面公布国际航线表并发起双边协定谈判的举动,英

---

① *FRUS*, 1944, Vol. 2, p. 488.
② *FRUS*, 1944, Vol. 2, pp. 491 – 492.
③ *FRUS*, 1944, Vol. 2, p. 494.

国立即提出异议。在 6 月 24 日的会谈中,英方开门见山地质问美方,为何不等到民用航空多边公约签署及相关国际机构建立之后,再行谈判包括业务性着陆权在内的双边协定? 在国际航空机构建立之前,如何界定包括航线安排在内的民用航空权利? 美方则声称,政府间双边协定的谈判可以在民用航空多边公约签署之前展开,美国将依据自身的法律规定同有关国家达成包括国际航线安排在内的双边协定。美方辩称,战后的国际民用航空服务必须尽速投入运转,鉴于多边公约的谈判与生效,以及国际航空机构的建立尚需时日,在此期间的国际民用航空服务不应中断。[①]

不难看出,英国秉承民用航空国际管理的政策立场,主张通过多边协定和国际机构对国际航线作出安排。鉴于此,英国对美国力图抢在多边公约签署之前就政府间双边协定进行谈判的举措持强烈反对态度。美方深知英国的意图,因此,一方面主张订立多边民用航空公约并建立相应的国际机构,以多边方式规定飞行权利、商业权利的一般原则和技术标准;另一方面,力图通过政府间双边协定就国际航线和航次安排作出规定,以双边方式打开国际民用航空市场准入的突破口。进而言之,不管是规定国际民用航空一般原则的多边公约,还是划定国际航线和航次安排的双边协定,均是美国寻求国际民用航空主导地位、拓展全球民用航空市场的政策手段。正因如此,美国不顾英国的反对,于 7 月下旬分别致函比利时、荷兰、加拿大、澳大利亚、新西兰、巴西、法国、挪威、印度、南非等国,希望就国际航线问题进行磋商,以便尽早构建战后国际民航网络,确立世界航线模式。[②] 至此,除业已全面展开的涉及国际航空机构的谈判之外,美国启动了涉及国际航线安排的双边磋商,

① *FRUS*, 1944, Vol. 2, pp. 498 – 499.
② *FRUS*, 1944, Vol. 2, p. 524.

再次展示了美国决意按照其政策计划推进国际民用航空谈判、构筑美国主导的战后国际民用航空秩序的政治意愿。

基于多边—双边方式并行推进的政策设计,同时出于加速推动建立战后国际民用航空秩序的战略考量,罗斯福于 9 月 8 日致电伯利,要求尽快举行国际民用航空会议。根据罗斯福的指示,美国于 9 月 9 日通知英国,建议于 11 月 1 日举行国际民用航空会议。美方表示,美国不同意英方有关国际航空机构的观点,不会放弃国际航线与业务性着陆权的双边谈判,美国将在国际会议上讨论所有涉及民用航空的问题。9 月 11 日,美国向有关国家发出国际民用航空会议的正式邀请。① 至此,在美英分歧尚存的背景下,国际民用航空会议终于启动。

为推动国际民用航空会议按照美国设计的方向行进,美国随即展开了密集的外交努力,同有关国家广泛磋商并提出了会议的三项议程:1. 达成一个包括非业务性着陆权、过境权及一般商业原则在内的多边协定;2. 就国际民用航空组织的功能与职责达成多边协定;3. 就国际民用航空的技术性标准达成统一规范。② 至此,秉持"罗斯福备忘录"的政策原则和"3·24 备忘录"的制度设计,美国在国际民用航空会议上的目标基本确立。

面对美国的外交展开,英国立即公开表明其政策立场,以期影响国际民用航空会议的谈判进程。10 月 8 日,英国发表《国际航空运输》白皮书,坚持拟议中的国际民用航空机构应当拥有确定航线、分配航次并决定运费的权利。③ 至此,美英分歧昭然于世。

1944 年 11 月 1 日—12 月 7 日,国际民用航空会议在美国芝加哥

① *FRUS*, 1944, Vol. 2, pp. 536 – 538.
② *FRUS*, 1944, Vol. 2, pp. 539 – 540, 546.
③ Harold Stannard, "Civil Aviation: An Historical Survey," *International Affairs*, Vol. 21, No. 4, 1945, p. 505.

举行,①共有 52 个国家出席会议。由于美英分歧的影响,芝加哥会议从一开始就陷入僵局,争论的核心依然是国际航空机构的职权及航线和航次安排问题。会议期间,美国还依据"罗斯福备忘录"设计的自由运载原则,明确提出"第五大自由"问题,即一国民用航空器在定期国际航线上享有装卸前往或来自任何其他国家领土的客、货、邮件的权利。对于美国的政策主张,英国坚决反对,"第五大自由"遂成为芝加哥会议争论的新焦点。

毫无疑问,美国力推"第五大自由"的目的就是凭借竞争优势,最大限度地实现自由竞争的政策目标,全面打开国际民用航空市场,拓展美国的航空利益。对于英国而言,"第五大自由"意味着处于不利地位的英国民用航空将面临美国更大的竞争压力,英国的国际民用航空市场份额将面临进一步压缩的风险;更为重要的是,"第五大自由"意味着英国将不得不同意全面开放英联邦民用航空市场,这将不仅严重损害英国的经济利益,而且导致美国民用航空的势力和影响力渗入英联邦国家,进而削弱英国与英联邦国家的联系,危及英联邦的团结及英国的政治利益。因此,英国不仅强烈反对"第五大自由",而且试图借助航线和航次安排的国际管理制约美国的竞争,维护英国的地位和利益。

鉴于芝加哥会议进行 20 天之后仍然没有实质性进展,罗斯福于 11 月 21 日致电英国首相丘吉尔,指责英方有关航次安排限制的立场是对国际民用航空发展的绞杀,敦促英方采取行动推进芝加哥会议。在 11 月 22 日的回电中,丘吉尔表示,英方在谈判中已经作出重大让步,原则上同意一国民用航空器享有卸下自航空器所属国领土装运来的客、货、邮件的权利("第三大自由"),以及装载前往航空器所属国领

---

① 在芝加哥会议召开之前,苏联宣布拒绝与会,理由是:鉴于瑞士、西班牙和葡萄牙将出席会议,但这三国长期奉行敌视苏联的政策,且与苏联没有外交关系,苏联无法按照约定出席芝加哥会议。

土的客、货、邮件的权利（"第四大自由"），但希望在航线和航次安排上达成公平协议。英方认为，"第五大自由"将危及英国的航空地位和利益，因而无法接受。11 月 23 日，罗斯福再次致电丘吉尔，强调"第五大自由"着眼于解决远距离且跨越数国的环球飞行问题（包括国际民航中转服务），而不是两国间直航航线问题，且这种安排对美英两国都有利，希望英方接受美方的立场。① 由此可见，除继续在芝加哥会议上角力之外，美英首脑亦直接介入国际民用航空的争论当中，凸显了美英民航较量的复杂性。

由于丘吉尔没有回复 11 月 23 日的电文，罗斯福于 11 月 24 日再度致电丘吉尔，称芝加哥会议无果而终将损害美英关系，严重影响美国对英国的租借援助。面对威胁，丘吉尔于 11 月 28 日作出答复，强调英国在谈判中已经极尽所能地满足了美国的要求，例如：英国同意将其遍布全球的军事基地用作空港，且这些基地大部分处于美国控制之下。对于"第五大自由"，丘吉尔认为，基于美国在航空领域的优势地位，"第五大自由"意味着美国将垄断国际民用航空，因而是英国无法接受的。丘吉尔表示，鉴于现阶段不能就"第五大自由"达成协议，英国建议芝加哥会议仅就国际民用航空的技术性事务达成协定。作为对罗斯福以租借援助相要挟的回应，丘吉尔指出，在美英共同抵抗德、日法西斯的战斗仍在进行之际，暂时中止国际民用航空谈判不会影响美英关系。② 由此可见，面对罗斯福施加的压力，丘吉尔仍然拒绝妥协，甚至措辞激烈地回击了罗斯福的威胁，美英民用航空之争的激烈程度可见一斑。

在 11 月 30 日致丘吉尔的电文中，罗斯福呼吁美英尽量达成一致，但语气明显缓和。罗斯福表示，美国理解英国在民用航空领域处于不

① FRUS, 1944, Vol. 2, pp. 584 - 588.
② FRUS, 1944, Vol. 2, pp. 589 - 592.

利的竞争地位,只要能够达成自由的国际民用航空协定,美国愿意扩大对英援助,包括提供适用于民用航空运输的飞机。12 月 1 日,丘吉尔回复罗斯福,仍然坚持航线安排等均应由国际机构确定,拒绝全面接受"第五大自由"。丘吉尔同时表示,鉴于芝加哥会议已就国际民用航空的技术性事务达成协议,英国愿意就悬而未决的问题展开进一步谈判。① 由此可见,在芝加哥会议的最后时刻,美英依然未就自由运载权利原则的纷争,以及航线和航次安排的分歧达成妥协,美国将面临新的外交抉择。

尽管美英分歧一时难以化解,但芝加哥会议仍然取得有益的谈判成果。基于美国设定的会议议程,有关国家签署了以下文件。

1.《国际民用航空公约》(亦称《芝加哥公约》)。该公约规定:(1) 所有国家对其领空享有完全主权;(2) 从事不定期飞行的各国民用航空器享有飞越其他国家领土的权利,以及非业务性着陆的权利;(3) 国际航空市场准入应遵循非歧视原则;(4) 各国指定国际空港的开放及其设施的利用应遵循最惠国待遇原则和国民待遇原则;(5) 各缔约国应根据公约所制定或建议的标准,为国际民用航空提供气象服务、通信服务、地面服务等技术性保障;(6) 国际民用航空组织的宗旨和目的是促进国际民用航空原则和技术的发展;(7) 国际民用航空组织的主要机构包括大会、理事会及其他相关机构,作为常设机构,理事会的主要职责是搜集和公布国际民用航空发展的信息,研究国际民用航空的技术性问题并将研究结果通报各缔约国。②

由此可见,《国际民用航空公约》的制度规则框架基本沿袭了美国的政策设计蓝图,充分体现了"罗斯福备忘录"的政策原则和"3·24 备

---

① *FRUS*, 1944, Vol. 2, pp. 594 – 595, 597, 600.
② 《国际条约集 1934—1944》,北京:世界知识出版社 1961 年版,第 420 – 444 页。

忘录"的制度安排。一方面,《国际民用航空公约》以多边方式确认了不定期飞行的过境自由权、非业务性着陆权,以及国际航空市场准入的非歧视原则等美国坚持的政策原则;另一方面,《国际民用航空公约》明确将国际民用航空组织的职权限定在技术性事务领域,完全顺应了美国的政策取向。基于此,美国认为,《国际民用航空公约》是国际民用航空领域自由天空和自由竞争的起点,其所规定的过境自由权和非业务性着陆权扩大了美国民用航空发展的空间,并为美国根据《芝加哥公约》的一般原则进行双边航空协定谈判、拓展美国的航空利益提供了制度保障。① 因此,《国际民用航空公约》的签署标志着美国主导建立国际民用航空秩序的外交努力取得阶段性进展。

2.《国际航空过境协定》和《国际航空运输协定》。由 26 个国家签署的《国际航空过境协定》(1945 年 1 月生效)明确规定了定期国际民用航空服务的飞行权利,即从事定期国际航空业务的各国民用航空器享有不降落地飞越一国领土的权利("第一大自由")和非业务性着陆的权利("第二大自由")。由 16 个国家签署的《国际航空运输协定》则将国际民用航空的权利范围扩大为包括商业运载权利的五大自由。②

由此可见,尽管存在巨大分歧,但基于美国的政策设计和外交推动,芝加哥会议仍然取得了积极的谈判成果,会议达成的《国际民用航空公约》(《芝加哥公约》)和《国际航空过境协定》立足自由开放的原则,为国际民用航空的发展确立了基本的规范框架。③ 至此,以《国际民用

---

① *FRUS*, 1944, Vol. 2, p. 612.

② 《国际条约集 1934—1944》,第 444 – 452 页。除规定了涉及飞行权利的"第一大自由"和"第二大自由"之外,《国际航空运输协定》还规定了自由运载的一般商业权利原则,即"第三大自由""第四大自由"和"第五大自由",其中,"第五大自由"处于核心地位。

③ Andrew Baker, *Constructing a Post-war Order: The Rise of US Hegemony and the Origins of the Cold War*, London: I. B. Tauris, 2011, p. 159.

航空公约》和《国际航空过境协定》为核心的芝加哥机制初步确立,战后国际民用航空秩序的构建向着美国设计的方向迈进了一大步。

同时应当看到,自由运载权利之争是美英民用航空角逐的焦点,分别达成的《国际航空过境协定》和《国际航空运输协定》就是美英分歧的集中体现,由此预示着美英将围绕国际民用航空问题展开进一步的较量。

三、美英《百慕大协定》与国际民用航空制度的建立

在芝加哥会议上签署《国际民用航空公约》的同时,有关国家还签署了一份《国际民用航空临时协定》,同意建立一个临时国际民用航空组织,以此作为《国际民用航空公约》生效及国际民用航空组织正式建立之前的过渡性安排,目的就是根据已经达成一致的原则和技术标准,推动战后国际民用航空的恢复和运转。

直至 1945 年 4 月,仅有美国、加拿大、挪威、荷兰等 6 国宣布接受《国际民用航空临时协定》。为此,美国国务卿斯退丁纽斯敦促有关国家尽快采取行动,强调随着欧洲战争临近结束,国际民用航空的重建指日可待,涉及空中航行标准、空港使用,以及过境自由的多边规则必须尽速发挥效力;而且,临时国际民用航空组织能否如期投入运转亦是对战后国际合作的检验。[①] 鉴于临时国际民用航空组织是筹建国际民用航空秩序的重要步骤,美国急于促成临时国际民用航空组织的建立,以便为助推《国际民用航空公约》的生效创造条件。

在美国的推动下,《国际民用航空临时协定》于 1945 年 6 月生效,

---

① *FRUS*, 1945, Vol. 2, Washington, D. C.: U. S. Government Printing Office, 1967, pp. 1456 – 1457.

临时国际民用航空组织随即建立。至此,美国的外交努力取得又一个具体成果,战后国际民用航空秩序的建设向着美国设计的方向进一步推进。

通过政府间双边协定就国际航线和航次作出具体安排是美国政策设计的重要内容之一,也是美国主导构建战后国际民用航空秩序的重要方式之一,因此,在关注国际民用航空组织及其制度建设的同时,美国还加紧同有关国家进行双边协定谈判。不仅如此,由于《国际航空运输协定》尤其是"第五大自由"遭到多数国家的抵制,美国遂放弃以多边协定规定自由运载权利原则的初衷,转而致力于通过双边协定推进以"第五大自由"为主的自由运载权利原则的确立。在与相关国家的谈判中,美国运用援助作为筹码,敦促对方接受美国的条件。截至 1945 年8 月,美国已同冰岛、西班牙、瑞典、丹麦、爱尔兰、瑞士缔结了包含"第五大自由"的双边协定。[1] 至此,美国的政策推进在双边层面同样取得积极进展;此外,鉴于这些国家均是英国的周边国家,美国同这些国家达成的协定亦对英国形成一定的压力,即美国的跨大西洋民用航空服务将可以绕开英国而抵达欧洲大陆。

由于同美国存在严重分歧,芝加哥会议之后,英国采取拖延态度,迟迟不愿与美国展开新的双边航空服务协定谈判,声称因为战争的破坏,英国只能将民用航空服务建立在航次限制的基础上,而不是完全的商业基础之上。[2] 不仅如此,英国还一再强调,美英谈判应包括航次限制、运力公平分配、运费控制等条款,且不应涉及"第五大自由"。[3] 由于英方的立场与美方的目标相去甚远,美英双边民用航空协定谈判在

---

[1] *FRUS*, 1945, Vol. 2, p. 1471.

[2] *FRUS*, 1945, Vol. 6, Washington, D. C.: U. S. Government Printing Office, 1969, pp. 224 – 225.

[3] *FRUS*, 1945, Vol. 6, pp. 228 – 230.

整个 1945 年均无法启动。

实际上,美国一直在寻找同英国展开双边民用航空谈判的最佳时机,进一步推进美国的政策目标。除通过与英国的周边国家达成协议以对英国造成压力之外,英国对美国援助的依赖更成为美国撬动谈判的有力杠杆。在美英财政和贸易谈判紧张进行之际,美国总统杜鲁门和国务卿贝尔纳斯就趁英国首相艾德礼 1945 年 11 月访问华盛顿之机,利用对英贷款向英方施加压力,要求尽快举行美英民用航空谈判。① 进入 1946 年之后,美国决意采取更加有力的措施敦促英国展开谈判。在 1 月 3 日同英国驻美大使哈利法克斯的会谈中,美国副国务卿艾奇逊再次强调,美方希望在美国国会审议对英贷款之前启动美英民用航空谈判。② 由于英国在战后初期面临严峻的经济困难,获得美国的援助成为英国渡过难关的首要选择,这就为美国利用对英贷款,敦促英国同意展开双边民用航空协定谈判创造了难得的契机。

美国的外交压力收到立竿见影的效果,1 月 15 日,美英民用航空谈判在百慕大举行。历经一年的颉颃角逐,美国最终迫使英国回到民用航空的谈判桌上。

百慕大会议举行当天,美方就明确表示,航线划定、航次分配、运费确定,以及"第五大自由"是会议讨论的主要问题,为此,美方提出一份美英航空运输协定草案,希望以此作为谈判的基础。③ 此后,美英双方围绕上述议题再度展开外交博弈。

尽管存在重大分歧,但美英深知,久拖不决的民用航空争论将严重影响两国关系。鉴于芝加哥会议已经确立国际民用航空秩序的雏形,

---

① David MacKenzie, *ICAO*, pp. 110 - 111.
② *FRUS*, 1946, Vol. 1, Washington, D. C. : U. S. Government Printing Office, 1972, p. 1451.
③ *FRUS*, 1946, Vol. 1, p. 1456.

美英均愿意在此框架下寻求妥协。于是,经过激烈的讨价还价,百慕大会议最终以美国提出的协定草案为基础达成协议。美英承诺恪守《国际民用航空公约》的原则,促进国际民用航空的有序发展。基于此,双方于2月11日签署《美英航空运输协定》(亦称《百慕大协定》)。美英同意,有关民用航空的运力安排(包括航线和航次安排)应在公平的基础上遵循交通需求的原则,即市场原则;关于运费问题,双方承认国际民用航空的运费由国际航空运输协会(IATA)①确定,但需经两国政府批准;更为重要的是,《百慕大协定》原则上确认了美国力主的"第五大自由"。② 至此,美国推进"第五大自由"的努力,以及通过双边方式规定民用航空具体商业权利的政策取得新的重大突破。

随着百慕大会议的结束,美英关于国际民用航空的争论告一段落。对于英国而言,促使其最终接受《百慕大协定》及其规则的原因固然很多,但其中的一个重要因素就是,面对国内严峻的经济和财政困难,英国不愿因民用航空问题的分歧而影响美国国会批准1945年12月达成的《美英财政协定》以及37.5亿美元的对英贷款。③

对于美国而言,出于维护美英关系并构筑反共产主义联盟的战略考量,④美方在运费安排上作出一定让步。更为重要的是,通过《百慕大协定》,美国实现了主要的政策目标。一方面,包括自由运载权利在

---

① 成立于1945年的国际航空运输协会是国际航空企业的行业联盟,属非官方性质,总部位于加拿大蒙特利尔。

② *FRUS*, 1946, Vol. 1, pp. 1459 - 1465, 1480. Alan P. Dobson, "The USA, Hegemony and Airline Market Access to Britain and Western Europe, 1945 - 96," pp. 137 - 138.

③ Alan P. Dobson, *Flying in the Face of Competition*: *The Policies and Diplomacy of Airline Regulatory Reform in Britain*, *the USA and the European Community 1968 -94*, Aldershot: Avebury Aviation, 1995, p. 20.

④ Mark W. Zacher, *Governing Global Networks*: *International Regimes for Transportation and Communications*, Cambridge: Cambridge University Press, 1996, p. 113.

内的一般商业权利是美国自由竞争政策的基本组成部分,而"第五大自由"则是国际民用航空自由运载权利的核心原则,也是"罗斯福备忘录"和"3·24 备忘录"所确定的政策目标。尽管通过多边协定确立包括"第五大自由"在内的自由运载权利原则遭遇英国的抵制,但借助《百慕大协定》,美国最终通过双边方式敦促英国接受了美国的立场。因此,《百慕大协定》有关"第五大自由"等运载权利的原则规定是美国在民用航空谈判中取得的重要成果,并为通过双边方式解决"第五大自由"等运载权利原则开辟了现实的途径,运用双边方式推进"第五大自由"亦成为美国新的政策选择。[①] 另一方面,航线和航次安排由市场决定是美国恪守的立场,是国际民用航空领域自由竞争的具体规则之一。在百慕大会议上,美国迫使英国放弃了航线和航次安排由国际组织管制的诉求,推动《百慕大协定》采纳了美国的主张,因此,航线和航次安排的市场竞争规则是美国取得的又一个成果。以《百慕大协定》为标志,美国构筑战后国际民用航空秩序的外交努力取得新的重大进展。

由于《百慕大协定》最大限度地体现了美国的政策目标,美国力图将其作为双边民用航空协定的范本。在美国的推动下,美英于 9 月 19 日发表联合声明,强调《百慕大协定》及其原则不仅为国际民用航空的发展提供了可靠的基础,而且为双边民用航空协定提供了最佳的模式。[②] 换言之,尽管《百慕大协定》是美英双边民用航空协定,但由于美英作为航空强国的国际影响力,《百慕大协定》仍然为有关国家在初具规模的国际民用航空秩序及其制度框架内展开双边民用航空协定谈判提供了一个基本模式,[③]此即百慕大模式。

在《百慕大协定》签署之后,围绕战后国际民用航空的争论基本结

---

① *FRUS*, 1946, Vol. 1, pp. 1482, 1484.

② *FRUS*, 1946, Vol. 1, pp. 1489 – 1490.

③ Alan P. Dobson, *Flying in the Face of Competition*, p. 21.

束,于是,美国决意凭借其在国际民用航空领域的领导地位,进一步推进战后民用航空秩序的制度建设。① 1946 年 5—6 月,临时国际民用航空组织大会第一次会议在加拿大蒙特利尔举行,从而为建立正式的国际民用航空组织作出铺垫,②标志着战后国际民用航空秩序的建设朝着美国设计的方向又迈出了重要的一步。经过两年的临时过渡期之后,国际民用航空组织于 1947 年 4 月正式建立,并随即成为联合国的一个专门机构,同时成为具有普遍性的国际组织之一。

综上所述,随着《国际民用航空公约》的正式生效,以国际民用航空组织为中心的战后民用航空秩序及其制度体系基本建立,美国在国际民用航空领域的主导地位随之确立。

首先,战后国际民用航空制度的建立是美国政策设计的产物。为构筑美国主导的战后国际民用航空秩序及其制度体系,美国进行了周密的政策规划,先后设计并提出了“罗斯福备忘录”“3·24 备忘录”等计划方案,系统阐明了美国国际民用航空政策的原则与目标。关于国际民用航空秩序的基本原则,“罗斯福备忘录”和“3·24 备忘录”均认为,确立以过境自由权和非业务性着陆权为核心的飞行制度、以非歧视原则为基础的航空市场准入制度和空港及其设施利用规则是战后国际民用航空制度建设的主要目标,上述制度规则应通过一个多边民用航空协定予以规定。其中,作为美国政策设计的第一个重要步骤,“罗斯福备忘录”率先倡导以多边方式确立过境自由权和非业务性着陆权,③从而与此前普遍通过双边协定赋予过境权和着陆权的方式形成鲜明对照,既符合美国的利益取向,又体现美国的政策创新。关于战后国际民

① *FRUS*, 1946, Vol. 1, p. 1481.
② Brian F. Havel, *Beyond Open Skies: A New Regime for International Aviation*, Austin: Wolters Kluwer, 2009, p. 228.
③ Alan P. Dobson, *FDR and Civil Aviation*, p. 175.

用航空秩序的组织机构及其职权范围,"罗斯福备忘录"和"3·24备忘录"强调,应建立一个国际民用航空机构,但该机构的职权范围仅限于处理国际民用航空的技术性事务。关于具体的商业权利规则,"3·24备忘录"指出,包括航线划定、航次分配、运费确定等商业权利,应由政府间双边协定予以安排。至此,美国从基本原则、组织构架和制度安排等层面设计了战后国际民用航空秩序的基本蓝图,并为国际民用航空的多边和双边磋商设置了主要的谈判议程和程序安排,从而为战后国际民用航空制度的构建奠定了总体框架。

其次,战后国际民用航空制度的建立是美国外交推动的结果。作为"罗斯福备忘录"政策原则的细化,"3·24备忘录"不仅是美国政策目标的具体体现,而且是美国与其他国家进行谈判的政策基础。根据美国提出的政策计划和议程安排,"山姆大叔"随即同有关国家围绕国际民用航空问题展开了密集的磋商与谈判。基于通过多边协定确立过境自由权、非业务性着陆权以及航空市场准入的非歧视原则的政策目标,美国凭借强大的航空权力和综合实力优势,积极主持召开国际民用航空会议,敦促有关国家按照美国设计的议程展开谈判,同时运用外交手段推动会议进程,最终促使芝加哥会议达成《国际民用航空公约》和《国际航空过境协定》等一系列国际条约,以多边方式确认了美国倡导的政策原则和制度规则。与此同时,美国按照其设计的谈判路径,同有关国家就具体的商业权利规则展开了一系列双边谈判,尤其是运用财政援助作为谈判筹码,迫使英国接受了美国的政策主张并签署《百慕大协定》,从而以双边方式确认了民用航空商业权利的具体规则,以及引领自由运载权利原则的"第五大自由",由此确立了国际民用航空双边协定的"百慕大模式"。因此,不管是多边形式的《芝加哥公约》,还是双边形式的《百慕大协定》,均是美国外交推动的结果。诚然,英国和加拿大在谈判中也提出了各自的政策方案,但这些方案要么被美国拒绝,要么未能作为谈判的基础。纵观战后国际民用航空的谈判进程,所有谈判均是围绕美国设定的议程和程序展开的,鉴于此,战后国际民用航空的谈判过程亦体现了美国的主导作用。

再次,战后国际民用航空的制度规则主要体现了美国的政策目标和利益取向。在国际民用航空的飞行制度方面,通过多边方式确立过境自由权和非业务性着陆权是巩固并拓展美国民用航空世界领导地位的第一个先决条件,[①]因此,"罗斯福备忘录"和"3·24备忘录"均将其作为政策设计的重点。《国际民用航空公约》和《国际航空过境协定》有关过境自由权和非业务性着陆权的原则规定完全沿袭了美国的政策设计,并以多边方式构筑了国际民用航空的飞行制度,集中体现了美国倡导的自由天空的政策原则。在国际民用航空的商业制度方面,《国际民用航空公约》依据"3·24备忘录"的政策设计,通过多边方式规定了国际航空市场准入的非歧视原则,以及国际空港及其设施利用的最惠国待遇和国民待遇原则,充分体现了美国的政策目标和利益取向。尽管以多边方式确立自由运载的一般商业权利原则未能如美国所愿,但美国却通过一系列双边协定获致其政策目标,事实上确立了以"第五大自由"为主的自由运载权利原则在国际民用航空制度中的地位,美国亦据此基本实现了国际民用航空领域自由竞争的政策目标。与此同时,按照"3·24备忘录"的设计,美国与有关国家通过一系列政府间双边协定确立了民用航空具体的商业权利。因此,国际民用航空的双边协定模式亦完全符合美国的政策规划和利益取向。关于国际民用航空组织的职权范围,《国际民用航空公约》规定,国际民用航空组织的主要职责就是促进国际民用航空技术原则与标准的制定,从而将国际民用航空组织的职权限定在技术性事务领域,由此沿袭了"罗斯福备忘录"和

---

① Alan P. Dobson, *FDR and Civil Aviation*, p. 151.

"3·24备忘录"的原则,完整体现了美国的政策主张。同样值得重视的是,正是基于美国的政策设计,芝加哥会议及《国际民用航空公约》奠定了现代国际民用航空体系的技术基础。[1] 基于强大的航空权力尤其是技术优势,美国对国际民用航空技术标准的确立与发展亦发挥了重大影响。[2] 鉴于此,战后国际民用航空的制度规则和组织功能充分体现了美国的政策原则与目标,是美国主导战后国际民用航空秩序的重要标志;以芝加哥-百慕大机制为核心的战后国际民用航空制度体系亦为美国拓展国际民用航空利益、维护国际民用航空主导地位提供了制度保障。

总之,美国的政策设计为战后国际民用航空秩序构筑了基本框架,国际民用航空的制度规则亦主要体现了美国的政策目标和利益取向。基于美国的政策设计和外交推动,战后国际民用航空制度——芝加哥-百慕大机制——形成多边形式的国际民用航空组织和双边形式的民用航空协定相辅相成、融为一体的格局,美国在国际民用航空领域的主导地位最终确立。

结　语

国际民用航空制度是美国主导的战后国际制度体系的重要一环,透过国际民用航空制度的建立过程,可以更加清晰地认知美国国际制度战略的整体框架及其意义。

首先,国际民用航空制度是美国国际制度战略的重要组成部分,是

---

[1]　David MacKenzie, "An 'Ambitious Dream': The Chicago Conference and the Quest for Multilateralism in International Air Transport," *Diplomacy & Statecraft*, Vol. 2, No. 2, 1991, p. 270.

[2]　Mark W. Zacher, *Governing Global Networks*, pp. 95 - 96.

服务于美国的总体战略目标的。第二次世界大战期间,美国就开始筹划建立美国主导的战后世界秩序,通过一系列国际制度构建战后世界秩序的基本框架则是美国实现其战略目标的主要方式,同时借助国际制度确立并维系美国的全球霸权地位,这就是美国的国际制度战略。①为此,美国展开了规模空前的政策设计和外交努力,普遍性的联合国体系、国际货币金融领域的布雷顿森林体系、国际贸易领域的关贸总协定制度等均是美国国际制度战略的产物。就航空领域而言,国际民用航空的发展不仅可以拓展全球交通运输和贸易市场,获取经济利益,而且,民用航空还是国家技术实力的重要载体,更为重要的是,国际民用航空的发展可以加强国家之间的联系,展示国家的综合实力,提升国家的国际影响力。正因如此,国际民用航空的制度构建成为美国战后对外政策的内在组成部分。随着战后国际民用航空制度的建立,美国设计组建的国际制度体系得到进一步充实,美国主导的国际民用航空制度亦成为维护美国全球霸权地位的一个重要支撑。

其次,国际民用航空制度的建立展示了美国运用周密的政策设计和积极的外交努力,推进国际制度战略的制度构建路径。美国的国际制度战略涉及国际关系诸多重大领域,为此,美国制度构建的第一步就是根据美国的政策目标和利益取向,进行周密的政策设计,这种设计不仅是政策原则的设计,而且包括具体规则和程序规划,从而将政策原则、具体规则和实施程序融为一体,形成一个整体性制度构建框架。在国际民用航空领域,美国不仅通过"罗斯福备忘录"设计了政策原则,而且通过"3·24 备忘录"提出了具体的谈判议程和规则范畴。正是周密的政策设计为美国主导建立战后国际民用航空制度奠定了政策基础。

---

① 有关美国霸权与国际制度的论述,参见门洪华:《霸权之翼:美国国际制度战略》,北京:北京大学出版社 2005 年版。

实际上,国际民用航空的制度设计也是美国国际制度战略设计在特定领域的一个缩影。

综合运用多种外交手段推进美国的政策计划和构想是美国国际制度战略的另一个重要组成部分。总的来看,美国国际制度战略的推进步骤是:先期在主要国家之间就美国的政策计划展开双边磋商,这种前期磋商不仅可以缩小谈判范围,减轻谈判难度,而且,主要国家之间的谈判还便于美国发挥外交影响力,使不同的双边谈判形成相互策应之势,美国可以利用与一国的谈判进展向另一国施加压力,进而在主要国家之间达成一定共识,为美国政策计划的多边推进创造条件。在国际民用航空制度的建立过程中,美国的外交策略同样是先期与主要国家展开双边谈判,并呈逐步展开的态势,从而对相关国家形成一定的压力和影响力,这也是英国在与美国尚存重大分歧的情况下仍然决定参与芝加哥会议多边谈判的重要原因。因此,多边方式和双边方式均是美国推进国际制度战略的外交手段。

值得注意的是,对外援助是美国主导建立国际制度、推进国际制度战略的有效工具,[①]在战后国际民用航空制度的建立过程中,美国的援助亦发挥了独特作用,其中最突出的就是,美国利用英国的财政困难,以对英贷款为谈判筹码,最终迫使英国签署了《百慕大协定》,从而为战后国际民用航空制度的构建画上了句号。

透过国际民用航空制度的谈判过程不难看出,周密的政策设计、各种权力资源及不同政策手段的综合运用是美国推进国际制度战略的基本外交策略。

再次,国际民用航空制度的建立表明,结构性权力优势是美国主导

---

① 舒建中:《美国的战略性对外援助:一种现实主义的视角》,《外交评论》2009 年第 3 期,第 87 页。

战后国际民用航空制度的基础。所谓结构性权力,是指决定办事方法的权力,是塑造国家与国家之间关系框架的权力,安全结构、生产结构、金融结构和知识结构则是国际权力结构的基本组成部分,权力就是通过这四种结构对特定关系产生影响的。[1] 第二次世界大战结束前后,美国在国际关系中已经享有绝对的结构性权力优势,这是美国主导国际制度的基础。在航空领域,美国的结构性权力优势更加突出:在安全结构方面,美国的军事优势包括制空权优势,为美国民用航空的环球飞行提供了安全保障;在生产结构方面,美国的飞机制造能力无与伦比;在金融结构方面,美元的霸权地位为美国民用航空的全球拓展提供了金融支撑;在知识结构方面,美国的航空技术优势同样独占鳌头。正是基于结构性权力优势,美国最终主导了国际民用航空制度。因此,战后国际民用航空制度的建立再次表明,结构性权力是国际制度建立与发展的权力基础。

20 世纪 70 年代以来,随着欧洲民用航空的发展及其民用航空实力的增强,美国在国际民用航空秩序中的主导地位面临挑战。进入 21 世纪之后,新兴大国开始在国际民用航空制度规则与技术标准的制定和发展中发挥越来越重要的作用,同时引领国际民用航空的制度建设向着民主化的方向推进,国际民用航空秩序正经历一场意义深远的变革。

(本文原载《美国研究》2015 年第 4 期,中国社会科学网全文转载,收入本论文集时作了适当修改)

---

[1] Susan Strange, *States and Markets*, London: Pinter Publishers, 1988, pp. 24 - 28.

美国与国际民用航空的"开放天空机制"

【摘　要】　自 20 世纪 70 年代起,国际航空运输开始遭遇严峻挑战,国际民用航空制度因之面临变革的压力。在此背景下,美国提出了民用航空运输的"航空放松管制"政策。但一段时间内,美国在国际民用航空领域推进"航空放松管制"政策的努力却成效不彰,并未达到预期目标。冷战结束后,美国遂提出"开放天空倡议",目的就是构建自由化和市场化的"开放天空机制",将国际民用航空秩序打造成新自由主义的样板,维护美国在国际民用航空领域的主导地位。依托总体权力的优势地位,美国推动了"开放天空机制"的逐步建立和发展,初步构筑起以美国为中心的"开放天空机制",在芝加哥体系下突破了百慕大机制的约束,阶段性地实现了国际民用航空制度的自由化变革。"开放天空机制"的建立表明,美国再次主导了国际民用航空的议程设置,凸显了美国对国际民用航空制度及其变革的影响力。

【关键词】　美国　国际民用航空制度　"航空放松管制"政策"开放天空机制"

　　第二次世界大战结束后,美国依托在国际权力结构中的综合优势地位及其绝对领先的航空权力,设计并推动建立了全球性国际民用航空制度——芝加哥-百慕大机制,确立了美国在国际民用航空领域的主导地位。自 20 世纪 70 年代起,国际民用航空运输市场开始面临诸多问题和挑战,国际民用航空制度的变革因之提上美国政府的议事日程。为扭转美国在国际民用航空定期航线上市场份额下滑的趋势,维护美国的国际民用航空主导地位,"山姆大叔"遂试图按照美国主张的自由市场原则以及美国的利益取向,推动国际民用航空制度沿着美国的政策构想实现新的变革。为此,美国提出民用航空的"航空放松管制"政策。但一段时间内,美国在国际民用航空领域推进"航空放松管制"的努力却成效不彰,并未达到预期目标。冷战结束后,美国秉持新自由主义理念,提出国际民用航空的"开放天空倡议",以图按照美国的政策设计构建自由化的"开放天空机制",将国际民用航空秩序打造成新自由主义的样板,巩固美国在国际民用航空领域的主导地位。依托总体权力的优势地位,美国推动了"开放天空机制"的逐步建立和发展,初步构筑起以美国为中心的"开放天空机制",从而在芝加哥体系下突破了百慕大机制的约束,阶段性地实现了国际民用航空制度的自由化变革。"开放天空机制"的建立表明,美国再次主导了国际民用航空的议程设置,凸显了美国对国际民用航空制度及其变革的影响力。

一、美国"航空放松管制"政策与
国际民用航空制度变革的缘起

第二次世界大战结束后,美国依托综合权力优势及其绝对领先的航空权力,主导建立了全球性的国际民用航空制度——芝加哥-百慕大机制,其核心内涵包括:以多边方式构筑国际民用航空的飞行制度;通过多边方式规定国际航空市场准入的非歧视原则,以及国际空港及其设施利用的最惠国待遇原则和国民待遇原则;通过一系列双边协定确立自由的商业运载权利;国际民用航空组织的基本职责是主持国际民用航空技术原则和标准的设计制定。基于美国的政策设计和外交推动,以芝加哥-百慕大机制为核心载体的战后国际民用航空秩序及其制度体系形成多边形式的国际民用航空组织和双边形式的民用航空协定相辅相成、融为一体的格局,美国在国际民用航空领域的主导地位最终确立。[①]

进入 20 世纪 70 年代后,国际民用航空运输市场开始面临诸多问题和挑战,经济衰退、汇率波动、通货膨胀及石油危机等均对民用航空造成巨大冲击;在运输成本上升的同时,宽体客机的运营亦导致民用航空出现严重的运力过剩,以及航空公司之间的运费竞争。[②]

就美国方面而言,除上述因素之外,影响美国航空政策调整的动因还包括诸多自身的因素和条件。首先,20 世纪 70 年代初期以来,美国国际民用航空的市场占有率持续下滑,美国在国际民用航空定期航线上的市场份额从 1946 年约 73% 的最高峰逐步下降,到 1975 年已经降至 39%,美国民用航空的国际竞争力面临重大挑战;运力过剩亦导致美国高成本打造的新型波音 747 客机遭遇销售困境。其次,面对国际民用航空市场的挑战,美国认为,有关国家对航空公司的高额补贴扭曲了国际民用航空市场,削弱了美国的竞争力,因而必须予以扭转。最后,在经济政策理念上,美国出现抛弃凯恩斯主义、回归经济自由主义的新动向,主张放松政府的航空管制政策,以自由竞争原则重构民用航

① 有关美国主导建立芝加哥-百慕大机制的详细论述,参见舒建中:《美国与战后国际民用航空制度的建立》,《美国研究》2015 年第 4 期,第 109 - 130 页。

② Christer Jönsson, "Sphere of Flying: The Politics of International Aviation," *International Organization*, Vol. 35, No. 2, 1981, pp. 286 - 287.

空市场和制度。① 实际上,正是基于航空放松管制的政策理念,民用航空领域成为新自由主义在美国政策实践中最早铺展的试验场,此即所谓"天空中的新自由主义",由此开启了新自由主义作为美国主流政策思想的历史肇端;而总体的结构性权力优势,以及在国际民用航空领域占据相对领先地位的权力优势,则是美国选择将民用航空作为践行以航空放松管制为最初表现形式的新自由主义政策的根本原因。

由此可见,由于国际民用航空包括美国的民用航空运输面临一系列新问题,美国遂决定采取相应措施予以应对,试图按照美国主张的自由市场原则以及美国的利益取向,推动国际民用航空制度沿着美国新的政策思路实现新的变革。

美国的政策调整首先涉及国内层面,主旨是采取更具竞争性的民用航空举措。早在 1974 年年初,福特总统就授权成立专门委员会,对航空运输业的管制进行调查。通过对航空管制和运费竞争关系的分析,调查小组认定政府对航空业的管制不利于市场竞争,造成人为的高运费和低劣服务。在前期调查的基础上,福特政府于 1975 年 10 月向国会提交新的航空法案,以期取代《1938 年民用航空法》,②主张以自由市场竞争取代政府管制,由此启动了民用航空的"航空放松管制"(Airline Deregulation)政策的历程,进而引发了相关国家在民用航空领域互动模式的最显著的变化,③预示着战后国际民用航空制度——芝加哥-百慕大机制——将经历新的变革。

---

① Alan P. Dobson, "The USA, Hegemony and Airline Market Access to Britain and Western Europe, 1945 – 96," *Diplomacy & Statecraft*, Vol. 9, No. 2, 1998, pp. 140 – 141.

② 根据《1938 年民用航空法》,美国联邦政府对民用航空实施管制,严格限制新企业进入民用航空运输领域,并规定由政府控制运价。

③ Christer Jönsson, "Sphere of Flying: The Politics of International Aviation," p. 287.

1977 年上台执政的卡特政府继续秉持航空放松管制的政策思路，主张实现更加自由的民用航空运输，包括更加自由和开放的国际民用航空运输。在 3 月致国会的第一封国情咨文中，卡特就强调，在民用航空领域，美国政府的主要目标之一就是去除政府对民用航空运输的过度管制。作为实现这一目标的第一个步骤，卡特呼吁国会采取立法措施，削减对民用航空运输的联邦管制，[①]由此再度发出了"航空放松管制"的明确信号。

基于美国政府于 1978 年 2 月提交的有关"航空放松管制"的立法草案，美国国会最终于 10 月通过《航空业放松管理法》，明确规定逐步解除联邦政府对航线和航次的限制，取消航空运价管制措施。随着新的民用航空法的实施，美国的国内民用航空政策实现了历史性变革，目的就是根据自由市场原则，有计划地全面放松政府对民用航空运输市场的管制。至此，建立自由竞争的航空市场成为美国民用航空政策的改革方向。

在推进国内放松管制的同时，美国还力图将自由化的"航空放松管制"政策推向国际民用航空领域，以期凭借美国总体的结构性权力优势和航空竞争优势，增加美国在国际航空运输市场的份额，扩展美国的航空利益。[②] 为此，美国采取了多种政策和外交手段，其中最重要和最引人注目的举措就是，美国将百慕大机制所确立的国际航空运输协会

---

① Alan P. Dobson, "Negotiating the EU-U. S. Open Aviation Area Agreement 2007 in the Context of Transatlantic Airline Regimes since 1944," *Diplomacy & Statecraft*, Vol. 20, No. 1, 2009, p. 140.

② Rigas Doganis, *Flying Off Course: The Economics of International Airlines*, London: George Allen & Unwin, 1985, p. 52.

（International Air Transport Association,IATA）的定价规则①作为攻击目标。

实际上,自国际航空运输协会成立之日起,美国就对其不屑一顾,认为国际航空运输协会的定价权和定价规则具有垄断性质,限制了国际民用航空的市场竞争。② 与推进"航空放松管制"政策的目标相适应,美国民用航空委员会从1977年起开始公开抨击国际民用航空制度存在的反竞争问题,初步展露了美国方面反对国际航空运输协会的定价权和定价规则、寻求自由化的运费竞争的政策立场。1978年6月9日,美国民用航空委员会单方面发布所谓"理由陈述令"（Show Cause Order）,要求国际航空运输协会以及其他相关利益方提供充分证据,说明拒不撤销反托拉斯豁免权的理由。③ 鉴于国际航空运输协会的定价权和定价规则是百慕大机制的基本规则之一,百慕大机制又是战后国际民用航空秩序的核心制度之一,④美国向国际航空运输协会定价规则发起的挑战实质上就是对百慕大机制的挑战,目的就是彻底废除国际民用航空运输的价格管制,实现基于市场原则的自由竞争,以期在一个更具竞争性的制度框架下提高美国民用航空的国际市场份额和占

---

① 有关国际航空运输协会定价规则的详细分析,参见 Robert L. Thornton, "Governments and Airlines," *International Organization*, Vol. 25, No. 3, 1971, pp. 541 – 553。

② Frederick C. Thayer, "International Air Transport: A Microsystem in Need of New Approaches," *International Organization*, Vol. 25, No. 4, 1971, pp. 887 – 888.

③ Christer Jönsson, "Interorganization Theory and International Organization," *International Studies Quarterly*, Vol. 30, No. 1, 1986, p. 48.

④ John E. Richards, "Institutions for Flying: How States Built a Market in International Aviation Services," *International Organization*, Vol. 55, No. 4, 2001, pp. 998 – 999.

有率。①

　　美国单方面挑战国际航空运输协会定价权和定价规则的举措引发了激烈的争论,迅速成为国家间展开国际民用航空制度角逐的新焦点。截至 1979 年 2 月底,共有 46 个国家、45 家航空公司、5 个区域航空协会就"理由陈述令"向美国政府提出正式抗议。② 作为与美国长期进行国际民用航空事务博弈的老对手,英国毫不留情地指责美国对国际航空运输协会的单边主义攻击违背了美国在百慕大机制框架下所承担的国际义务,其根源就是"航空放松管制"倡议彻底改变了美国自 1945 年以来所奉行的民用航空政策。③ 美国的单边主义举措不仅招致英国的强烈抨击,而且事实上,即便同美国签订了新的双边航空运输协定的部分国家亦表示震惊和不解。尽管美国"航空放松管制"政策引发诸多争议,但争论的焦点主要是:如何界定国际民用航空的自由竞争? 美国推进竞争的策略和手段是否合法?④ 多数国家尤其是发展中国家强烈反对美国的立场,认为美国的真实目的就是试图凭借强大的民用航空权力,通过所谓"航空放松管制"的国际化,为美国航空公司攫取更大的国际市场份额,正因如此,所谓"航空放松管制"国际化的实质就是美国的"航空帝国主义"。⑤

　　面对强大的反对压力,美国不得不调整政策策略。1979 年 12 月,

---

①　Christer Jönsson, *International Aviation and the Politics of Regime Change*, New York: St. Martin's Press, 1987, p. 54. John E. Richards, "Toward a Positive Theory of International Institutions: Regulating International Aviation Markets," *International Organization*, Vol. 53, No. 1, 1999, pp. 22, 27.

②　Christer Jönsson, "Interorganization Theory and International Organization," p. 48.

③　Edmund Dell, "Interdependence and the Judges: Civil Aviation and Antitrust," *International Affairs*, Vol. 61, No. 3, 1985, p. 359.

④　James R. Atwood, "International Aviation: How Much Competition, and How?" *Stanford Law Review*, Vol. 32, No. 5, 1980, pp. 1063 - 1064.

⑤　Christer Jönsson, "Sphere of Flying: The Politics of International Aviation," pp. 288 - 289.

美国民用航空委员会宣布中止"理由陈述令"的调查程序。同时,为继续表明美国主张自由定价和自由竞争的政策立场,美国民用航空委员会于 1980 年 4 月宣布,美国航空公司将拒绝出席由国际航空运输协会主持的北大西洋区域航线定价协调大会,[①]以图削弱并动摇国际航空运输协会的定价权和定价规则。由此可见,尽管宣布中止"理由陈述令"的调查程序,美国坚持自由定价的政策立场并未改变,国际航空运输协会的定价权和定价规则依然面临美国的持续挑战。

在向国际航空运输协会的定价权和定价规则发起持续挑战的同时,美国还根据"航空放松管制"政策的原则,积极寻求同有关国家签订新的双边航空运输协定,以期为"航空放松管制"政策的国际化提供先例和样板。1978 年 3 月,美国以"航空放松管制"政策为引领,率先同荷兰签订新的航空运输协定,规定了自由市场准入的条款。[②] 至此,《美荷航空运输协定》成为美国推进"航空放松管制"政策国际化取得的第一个双边成果。同年,美国同比利时、西德签署了具有"航空放松管制"性质的新的双边航空运输协定。到 1980 年,美国共与 12 个国家签订了类似协定。[③] 通过一系列外交努力,美国政府着力推进的具有新自由主义色彩的"航空放松管制"政策取得阶段性进展,并为实现更大范围的国际民用航空运输自由化创造了条件。

为进一步推动美国"航空放松管制"政策在国际民用航空领域的实施,彰显美国改革国际民用航空制度的政治意愿,美国国会接受政府提交的立法草案,于 1980 年 2 月通过《1979 年国际航空运输竞争法》并

---

① Christer Jönsson, "Interorganization Theory and International Organization," p. 49.

② Giles Scott-Smith and David J. Snyder, "'A Test of Sentiments': Civil Aviation, Alliance Politics, and the KLM Challenge in Dutch-American Relations," *Diplomatic History*, Vol. 37, No. 5, 2013, p. 944.

③ Alan P. Dobson, "Negotiating the EU-U. S. Open Aviation Area Agreement 2007 in the Context of Transatlantic Airline Regimes since 1944," p. 140.

经卡特总统签署生效,强调应加强国际航空运输一体化,呼吁减轻民用航空的管制措施,最大限度地减少对民用航空市场的限制。[①] 依据国内立法的支撑,美国方面试图进一步推进"航空放松管制"政策在国际层面的实施,但由于英国等发达国家尤其是发展中国家的强烈反对,美国的政策推进并没有取得预期效果。

从更广阔的国际背景来看,20 世纪 70 年代是国际关系大重组、大改革的时期,国际经济关系亦出现诸多具有深远影响的变化,美国的霸权地位相对削弱并开始面临诸多挑战。在国际贸易领域,关贸总协定制度的"东京回合"表明,美国的贸易霸权面临新的挑战。在国际货币金融领域,布雷顿森林体系的解体导致美国的金融霸权备受质疑。尤其是发展中国家借助联合国这一最具普遍性和权威性的多边平台正式发出了建立国际经济新秩序的倡议并得到联合国的认可,国际经济新秩序成为联合国确立的全球性改革和发展议程,[②]美国霸权主导的战后国际经济秩序所面临的改革压力骤然增加。

应当看到,尽管在战后国际经济秩序中的霸权地位面临诸多挑战,美国总体的结构性权力优势并未出现实质性改变;在国际民用航空领域,美国依然拥有世界领先的权力和竞争优势。从这个意义上讲,美国倡导的自由化"航空放松管制"政策恰恰是美国主动运用航空领域的权力优势应对竞争压力的新举措,更是美国依托航空优势维护全球经济领导地位的政策选择,目的就是按照美国的自由化理念重构百慕大机制。鉴于此,正是美国的"航空放松管制"政策对芝加哥-百慕大机制发出了直接的挑战。

---

① Alan P. Dobson, "The USA, Hegemony and Airline Market Access to Britain and Western Europe, 1945 – 96," p. 143.

② 有关美国霸权在国际经济领域面临的挑战以及国际经济新秩序的详细论述,参见舒建中:《国际经济新秩序:历史与现实》,南京:南京大学出版社 2013 年版。

诚然,美国在国际民用航空领域推行的"航空放松管制"政策一度成效不彰,芝加哥-百慕大机制的基本规则并未出现重大变化。总体上讲,美国的"航空放松管制"政策最终未能改写国际民用航空制度规则的主要原因就在于,在这一时期,美国的战略重心是美苏冷战对峙,而发展中国家则是美国实施全球冷战战略的一个重要环节。正因如此,面对发展中国家对"航空放松管制"政策的强烈抵制,美国不愿因国际民用航空政策的分歧而干扰冷战对抗的大局。

二、美国与"开放天空机制"的建立

冷战结束之后,新自由主义作为美国主流政策思想的地位进一步强化,为此,美国挟冷战胜利者的余威及航空权力优势,着手采取进一步措施,强力推进国际民用航空运输自由化的政策构想。1992 年年初,布什政府正式提出"开放天空倡议"(Open-Skies Initiative),主张在双边航空运输协定中实行无限制的、充分的自由市场准入;全面放开航空定价机制(运费由航空公司自行确定);取消航线、航次、运力以及运营权限制;实现包机自由;开放航空公司代码共享等。美国"开放天空倡议"的目的就是为芝加哥体系下最大限度的国际民用航空自由化设定谈判框架。[①] 美国的战略意图是:通过"开放天空倡议",构建自由化和市场化的"开放天空机制"(Open-Skies Regime),将国际民用航空秩序打造成新自由主义的样板,为按照新自由主义的政策原则重塑冷战后的国际经济秩序开辟一个试验场和新通道。

在美国的推动下,"开放天空倡议"取得积极的阶段性进展。早在

[①] Brian F. Havel, *Beyond Open Skies: A New Regime for International Aviation*, Austin: Wolters Kluwer, 2009, pp. 12 – 14.

1978 年,美国就同荷兰签署了基于"航空放松管制"原则的第一个双边航空服务协定——《美荷航空运输协定》。依托航空自由化的前期成果,美国与荷兰于 1992 年 10 月签订第一个"开放天空"协定——《1992年美荷航空运输协定》。该协定摒弃了所有传统的双边航空运输限制,赋予航空公司完全的运营自由。① 由此可见,《1992 年美荷航空运输协定》是美国"开放天空倡议"取得的第一个标志性成果,并为"开放天空机制"的构建奠定了基础。

1993 年入主白宫后,克林顿政府继续秉持"开放天空倡议"的政策构想,力推国际民用航空运输的自由化。为此,克林顿政府专门设立航线委员会,致力于推动国际民用航空运输的自由化。在 1994 年举行的《芝加哥公约》50 周年纪念仪式上,美国政府宣布,将致力于构建一个全新的"开放天空"的双边体系以取代传统的百慕大机制,进而促进国际民用航空实现充分的自由化,②进一步宣示了美国决意构建"开放天空机制"的政治意愿。

为寻求构建美国主导的"开放天空机制","山姆大叔"采取了分而治之的策略,继与荷兰率先签订"开放天空"协定之后,美国先后同包括奥地利、比利时、丹麦、芬兰、冰岛、卢森堡、挪威、瑞典、瑞士等 9 国在内的欧洲国家签订了双边"开放天空"协定,目的就是以此为诱饵,吸引英国、法国、德国等航空大国参与"开放天空"协定的谈判,③进而为构筑美国主导的"开放天空机制"夯实基础,推进美国倡导的国际民用航空运输自由化。

① Alan P. Dobson, "The USA, Hegemony and Airline Market Access to Britain and Western Europe, 1945 - 96," p.148. 黄涧秋:《"开放天空":欧盟航空运输管理体制的自由化》,《欧洲研究》2009 年第 2 期,第 68 页。

② Brian F. Havel, *Beyond Open Skies*, pp. 25 - 26.

③ Brian F. Havel, *Beyond Open Skies*, pp. 29 - 33.

事实证明，美国的政策策略达到了预期的目标。在 1996 年到 2001 年，美国分别同德国、意大利、葡萄牙、法国等签订双边"开放天空"协定，唯独与美国长期展开民用航空较量的老对手英国继续置身事外，漠然处之。尽管遭到英国的抵制，美国的政策推进依然取得新的积极进展，"开放天空"协定的参与者稳步增加。截至 2003 年 2 月，美国已经同有关国家和地区缔结了 59 个涉及"开放天空"条款的新的民用航空运输协定。[①] 作为持续推进"开放天空倡议"的成果，美国主导的"开放天空机制"的制度构建稳步推进。

在谈判并签署双边"开放天空"协定的同时，美国不遗余力地利用多边方式推销"开放天空倡议"。关贸总协定制度"乌拉圭回合"(1986—1994 年)期间，服务贸易成为重要的谈判议程。在磋商过程中，美国竭力主张将航空运输服务纳入"乌拉圭回合"的谈判范畴。为寻求解决相关分歧，经美国的倡导和推动，参与"乌拉圭回合"谈判的有关国家于 1992 年 4 月专门举行世界航空运输专题会议，对航空服务是否应纳入"乌拉圭回合"服务贸易谈判议程进行磋商。在此期间，美国方面强烈要求将国际航空运输服务议题纳入酝酿中的《服务贸易总协定》，进而寻求在多边基础上构建"开放天空机制"，尤其是在国际民用航空市场准入等方面推行全面的自由化。[②] 尽管"乌拉圭回合"最终达成的《服务贸易总协定》及其《航空运输服务附件》没有采纳美国力推的"开放天空"的政策主张，美国寻求以多边方式推进"开放天空倡议"并构建全球化的"开放天空机制"的意图可见一斑。

为进一步推销美国的"开放天空倡议"并寻求在多边基础上达成共识，经美国政府的发起和积极推动，来自 93 个国家的官员于 1999 年

①　张世良：《WTO 航空立法研究》，北京：中国民航出版社 2006 年版，第 188 页。
②　贺富永、王盛蕾：《论国际航空运输管理体制发展历程及基本走向》，《北京航空航天大学学报(社会科学版)》2015 年第 3 期，第 65 页。

12 月在美国芝加哥聚会,举行题为"21 世纪的民用航空:超越'开放天空'"(Aviation in the 21st Century: Beyond Open Skies)的多边会议。在此期间,美国呼吁全球更多的国家和地区参与航空市场自由化的磋商和谈判,实质性地推动国际民用航空制度的改革。① 由此可见,美国加大了推进以国际民用航空自由化为核心的"开放天空倡议"的力度,以期在更广阔的范围内面实现美国的政策目标。

尽管在多边基础上寻求构建"开放天空机制"的外交努力未能如愿,美国利用双边途径推进"开放天空倡议"的政策构想却取得重大进展,"开放天空机制"的构建取得新的更具实质性意义的阶段性成果,其突出标志就是美欧"开放天空"协定的签署。

作为与美国并驾齐驱的重要的民航经济体,欧洲经济共同体(欧共体)从 20 世纪 80 年代就开始探索建立内部统一的民用航空市场,构筑"单一欧洲天空",实现欧共体民用航空运输的自由化;与此同时,在欧共体看来,奉行"开放天空"政策亦有助于欧洲扩展对外航空市场。② 鉴于此,对于美国不遗余力地推进"开放天空倡议"的外交努力,欧共体的继承者欧洲联盟(欧盟)予以积极回应。从 2003 年 10 月起,美国与欧盟围绕双边"开放天空"协定展开了紧张激烈的谈判。③ 2007 年 4 月,美国和欧盟最终签署了有关"开放天空"第一阶段的《美欧航空运输协定》(2008 年 3 月生效),其主要内容包括:美欧互相给予无限制的第三航权、第四航权,以及指定航线上的第五航权,但不开放国内航空运输权;美欧民用航空企业享有确定运价、机型、航次、起降时刻等方面的

① Brian F. Havel, *Beyond Open Skies*, p. 54.
② 黄涧秋:《"开放天空":欧盟航空运输管理体制的自由化》,第 61 - 62 页。
③ 有关美欧"开放天空"协定谈判进程的分析,参见 Cornelia Woll, "Open Skies, Closed Markets: Future Games in the Negotiation of International Air Transport," *Review of International Political Economy*, Vol. 19, No. 5, 2012, pp. 924 - 931。

自由,政府不作任何指定或限制;美欧共同确认,双方的民用航空运输企业可以进行自由的代码共享。①

就其意义和影响而言,美欧第一阶段"开放天空"协定推动跨大西洋航空市场进入新的历史阶段,是国际航空运输管理体制走向自由化的典范。② 更为重要的是,美欧"开放天空"协定的主要条款均符合美国"开放天空倡议"的标准,是国际民用航空运输机制走向自由化的一个新起点,③标志着美国推动并主导的"开放天空机制"的构建实现了新的重大突破。除航空运输市场自由化的条款之外,美欧第一阶段"开放天空"协定正式奠定了代码共享和航空联盟的国际制度基础,从而为国际民用航空的进一步自由化提供了更为强劲的动力,并为随后的"开放天空倡议"的谈判提供了可资借鉴的先例和模式。

在与欧盟达成阶段性"开放天空"协定后,美国依据美欧谈判的经验,进一步推动同其他国家的"开放天空"协定的谈判,在达成的协定中规定了程度不等的"开放天空"条款,从而构筑起以美国为中心的"开放天空机制",在芝加哥体系下突破了百慕大机制的约束,阶段性地实现了美国力推的国际民用航空制度自由化的变革目标。

纵观国际民用航空制度走向自由化的历程,"开放天空机制"的确立与发展表明,美国再次主导了国际民用航空的议程设置,凸显了美国对国际民用航空制度及其变革的影响力。更为重要的是,一系列"开放天空"协定及其机制是美国寻求竞争性国际民用航空制度的最具自由

---

① 关于美欧"开放天空"协定的内容及其分析,参见黄涧秋:《"开放天空":欧盟航空运输管理体制的自由化》,第74-75页。

② 黄涧秋:《"开放天空":欧盟航空运输管理体制的自由化》,第73页。

③ Brian F. Havel, *Beyond Open Skies*, pp. 78-79. Alan P. Dobson, "Negotiating the EU-U. S. Open Aviation Area Agreement 2007 in the Context of Transatlantic Airline Regimes since 1944," p. 154.

化色彩的载体，①总体上符合美国的政策目标和战略利益，即依托美国的权力优势及民用航空的竞争优势，通过双边形式的"开放天空"协定逐步构建并扩展"开放天空机制"，敦促其他国家开放民用航空市场，进一步拓展美国在民用航空竞争中的全球利益，同时从制度上增进美国的航空权力，维护美国在国际民用航空领域的主导地位。

冷战结束后，美国成为世界上唯一的超级大国，冷战的结束亦被视为西方自由主义意识形态的胜利。在此背景下，美国依托总体权力的优势地位，明确提出"开放天空"的政策倡议和谈判议程，推动了"开放天空机制"的逐步建立和发展。因此，美国的总体权力优势是国际民用航空制度转向自由化的关键因素，美国的"开放天空倡议"被纳入国际议程并通过"开放天空机制"逐步实现制度化再次证明，国际权力结构是国际制度发展演进的权力基础。

余论：发展中国家与国际民用航空制度

领空主权原则是国际民用航空制度的基石，这在国际民用航空制度的第一个国际条约——1919年《巴黎航空公约》——中就已经明确规定，正是领空主权原则赋予民用航空鲜明的政治属性。② 基于领空主权原则，国际民用航空与国际政治的联系更加紧密，国际民用航空运输不仅促进了跨国贸易、投资和旅游，更增强了国家间在经济、政治、社会、文化和外交等多领域的联系。基于多维度、多层面的政治经济含

---

① Alan P. Dobson, "Negotiating the EU-U. S. Open Aviation Area Agreement 2007 in the Context of Transatlantic Airline Regimes since 1944," pp. 136 – 137.

② Alan P. Dobson, "The USA, Hegemony and Airline Market Access to Britain and Western Europe, 1945 – 96," pp. 129, 132.

义,跨国民用航空从一开始就是国际关系中一个重要的问题领域。[①]在此框架下,发展中国家与国际民用航空制度的关系具有多维属性。

一方面,领空主权原则决定了国际民用航空制度的规则和程序,有关航线划分、航次安排等具体的国际民用航空规则和程序均是从领空主权原则出发加以制定的。[②] 因此,领空主权原则为发展中国家参与国际民用航空提供了制度保障,基于领空主权原则的国际民用航空制度赋予发展中国家平等参与国际民航运输的权利。在以领空主权原则为导向的制度环境中,发展中国家拥有平等的谈判权利,可以获得更为合理的市场份额,发达国家的航空公司则不能简单地行使飞行权和着陆权,更不能充分利用技术、规模等方面的经济优势占有发展中国家的民用航空市场。鉴于此,在国际民用航空领域,发展中国家处于较为平等的地位。[③]

另一方面,领空主权原则固然为发展中国家捍卫平等参与国际民用航空事务的权利提供了制度保障,但影响发展中国家参与国际民用航空的因素是多种多样的,航空公司规模、航空运输能力、机场规模和空港布局、航空技术和飞机制造能力等,均是航空权力的基本内涵,是影响发展中国家参与国际民用航空竞争的重要因素。由此可见,在影响国际民用航空竞争力的所有因素中,发展中国家均处于弱势地位。与发达国家的航空优势相比,位居弱势的航空权力严重制约了发展中国家参与国际民用航空制度建设的能力。诚然,发展中国家就国际民用航空制度的改革提出了相关方案,包括切实增加发展中国家在国际

① Andreas F. Lowenfeld, "A New Takeoff for International Air Transport," *Foreign Affairs*, Vol. 54, No. 1, 1975, p. 36.

② Stephen D. Krasner, *Structural Conflict: The Third World against Global Liberalism*, Berkeley: University of California Press, 1985, pp. 196 - 197.

③ Stephen D. Krasner, *Structural Conflict*, pp. 197 - 198, 204.

民用航空运输市场中的份额、强化国际民用航空组织的职能、鼓励面向发展中国家的航空技术援助和转让等。但由于美国等发达国家的阻挠,发展中国家的制度改革努力均未实现。①

纵观战后国际民用航空制度的发展历程,由于航空权力的巨大差距,发展中国家在国际民用航空制度的建设和改革方面几乎无所作为,既没有在国际民用航空领域提出具有可行性的改革倡议,也没有实质性地影响国际民用航空技术标准和安全规范的创建和制定。与南北关系的其他领域相比,发展中国家在国际民用航空体系中鲜有建树。②从这个意义上讲,发展中国家实质性影响国际民用航空制度改革的历程可谓路漫漫其修远兮。

综上所述,权力是解读国际民用航空发展历程的更有效的切入点,③在国际民用航空制度的发展进程中,结构性权力发挥了关键作用,国际权力结构始终是影响国际民用航空制度及其发展变革的决定性因素。芝加哥-百慕大机制是全球性国际民用航空制度正式确立的标志,凭借权力优势,美国的政策目标在芝加哥-百慕大机制中得到充分体现,美国有关飞行制度、商业制度和国际组织制度的政策原则构筑了国际民用航空制度的主体框架。凭借冷战结束后唯一超级大国的权力优势地位,同时依托美国竭力倡导并推销的新自由主义政策理念,美国主导了"开放天空机制"的逐步建立,实现了打破国际航空运输协会定价机制的政策目标,推动了国际民用航空制度的自由化和市场化进程。从根本上讲,以航空技术优势为代表的结构性权力优势是美国在

---

① Nils P. Gleditsch, "Towards a Multilateral Aviation Treaty," *Journal of Peace Research*, Vol. 14, No. 3, 1977, pp. 241, 246.

② Eugene Sochor, "International Civil Aviation and the Third World: How Fair Is the System?" *Third World Quarterly*, Vol. 10, No. 3, 1988, p. 1301.

③ Baldev R. Nayar, "Regimes, Power, and International Aviation," *International Organization*, Vol. 49, No. 1, 1995, p. 168.

国际民用航空领域推行新自由主义"开放天空倡议"的基础,"开放天空机制"的建立则是美国倡导的新自由主义政策原则在国际民用航空领域的具体体现。与美国等发达国家的权力优势相比,发展中国家的兴起并没有影响国际民用航空体系的权力结构;[1]在航空技术等结构性权力领域,发展中国家依然处于明显的弱势地位,这是发展中国家无法有效参与国际民用航空规则谈判和制度建设的根源所在。国际民用航空领域的制度变迁再次证明,尽管影响国际民用航空秩序的因素多种多样,但权力结构始终是决定性因素。

在关贸总协定制度"乌拉圭回合"期间,航空运输服务就是争论的议题。根据《服务贸易总协定》及其《航空运输服务附件》的规定,世界贸易组织成员围绕国际民用航空服务贸易展开了新的磋商。在"多哈回合"谈判中,民用航空服务再度引发争论。与"乌拉圭回合"期间所持立场不同,美方认为,随着世贸组织的建立以及发展中国家的广泛参与,美国已经难以操控世贸组织的多边规则。与之相对,随着美欧第一阶段"开放天空"协定的签署和生效,美国主导的基于双边协定的"开放天空机制"已经取得重大进展。鉴于美国的目标是维护并巩固由其主导的"开放天空机制",为绕开世贸组织多边服务贸易规则的制约,美国一改前期所寻求的通过多边方式推进"开放天空倡议"的政策立场,转而主张继续通过双边方式推进"开放天空机制"的构建和完善,强调双边基础上达成的航空服务规则不应受制于多边贸易体系及其制度规范。与美国的政策转向截然不同,欧盟、澳大利亚、新西兰等则认为,通过双边航空运输协定实现国际民用航空制度自由化的难度大于多边协定,呼吁在世界贸易组织及其服务贸易体系的框架内就多边航空服务

---

[1] Eugene Sochor, "International Civil Aviation and the Third World: How Fair Is the System?" p. 1322.

协定进行谈判。① 相较之下,发展中国家在"多哈回合"及相关谈判中没有就航空运输服务提出具体的政策主张,在谈判中处于明显的被动地位。由于美国和欧盟之间分歧巨大,多边贸易体系框架下的航空服务贸易谈判尚未取得任何进展。

（本文原载舒建中:《战后国际秩序的历史演进》,南京:南京大学出版社 2023 年版,第 239-252 页,收入本论文集时作了适当修改）

---

① 郑兴无:《国际航空运输服务贸易的理论、政策与实证研究》,北京:中国经济出版社 2010 年版,第 71-72 页。

美国与战后国际海洋制度的缘起
(1945—1958)

【摘　要】　以美国"杜鲁门公告"为肇端,国际海洋事务成为战后国际关系中一个争论激烈的领域,其中,因美国的大陆架政策和渔业保护区政策而引发的领海及领海宽度问题、毗连区渔业问题始终是国际海洋谈判的主题和争论的焦点。在联合国第一次海洋法会议期间,领海宽度问题、毗连区渔业问题是美国同有关国家博弈的核心议题,相关分歧是影响谈判进程的关键因素。依托谈判达成的成果,领海及毗连区机制、公海机制、公海生物资源养护机制、大陆架机制等国际海洋制度初现端倪。尽管领海宽度和毗连区渔业问题分歧犹存,联合国第一次海洋法会议及其确立的相关机制毕竟为国际海洋关系的发展构筑了制度议程和谈判框架,标志着战后国际海洋制度的缘起。从这个意义上讲,"杜鲁门公告"不仅引发了广泛的海洋争论,而且拉开了战后国际海洋制度发展变革的帷幕,催生了国际海洋关系的制度化进程,促使有关国家和联合国开始寻求构建普遍性的国际海洋制度。

【关键词】　美国　"杜鲁门公告"　联合国第一次海洋法会议　国际海洋制度

第二次世界大战结束后,海洋成为国家间矛盾冲突的重要根源,围绕海洋控制权的纷争成为国际体系的一个永久特征。① 在此背景下,国际海洋关系进入调整时期,制度建构成为战后国际海洋关系变革的核心议程。作为战后国际海洋制度变革的肇引,美国"杜鲁门公告"所宣示的大陆架政策和渔业保护区政策引发了一系列的海洋问题,催生了战后国际海洋关系的制度化进程,以及联合国第一次海洋法会议的召开。因此,探讨美国与战后国际海洋制度的缘起,无疑是认识国际海洋关系变革的一个重要维度。对于美国与战后国际海洋制度的发展与变革,国内外学术界均作出相应的研究,但存在明显不足,关于美国与联合国第一次海洋法会议之间关系的研究成果明显偏少,因而无法完整理解战后国际海洋制度的起源及其影响。本文主要利用美国国务院解密的外交档案资料,同时借鉴相关研究成果,致力于从政策设计、外交谈判的角度探讨美国"杜鲁门公告"的国际影响及其引发的新的海洋问题,追溯战后美国围绕国际海洋事务同有关国家展开的早期磋商和政策博弈,剖析美国参与联合国第一次海洋法会议的政策意图和谈判进程,进而梳理联合国第一次海洋法会议的谈判成果,廓清美国与战后国际海洋制度缘起之间的关系,以期从一个侧面揭示战后国际海洋制度的发展和变革历程。

一、"杜鲁门公告"与拉美国家的回应

早在第二次世界大战期间,美国就开始审视技术发展对海洋事务尤其是对大陆架石油和其他自然资源以及海洋渔业的影响。经过长期

---

① Barry Buzan, "A Sea of Troubles? Sources of Dispute in the New Ocean Regime," *Adelphi Papers*, No. 143, 1978, pp. 1 - 2.

酝酿,美国总统杜鲁门于 1945 年 9 月 28 日发布两份公告,就大陆架和渔业保护区问题宣示了美国的政策立场,此即"杜鲁门公告"。

关于大陆架问题,"杜鲁门公告"宣布,位于公海之下但邻接美国海岸的大陆架海底和底土的自然资源属于美国,美国对其享有管辖权和控制权;"杜鲁门公告"强调,大陆架上覆水域的公海性质及其允许自由与无障碍航行的权利并不因此受到任何影响。① 关于公海区域的渔业保护区问题,"杜鲁门公告"宣布,基于保护公海渔业资源并防止过度捕捞的考量,美国将在邻接美国的公海区域建立渔业保护区,以便管理和控制由美国人独自开发的特定区域的所有渔业活动;在由美国公民和其他国家公民共同从事合法渔业活动的区域,美国愿意同其他国家订立协定并建立渔业区,以便联合管理相关渔业活动。"杜鲁门公告"同时表示,美国将承认其他国家在邻近其海岸的公海区域建立渔业保护区的权利。② 至此,美国以"杜鲁门公告"的形式,从大陆架和渔业保护区两个层面正式公布了美国的战后海洋政策。

尽管是单方面的政策宣示,"杜鲁门公告"在海洋政治史上却发挥了打破传统海洋格局的作用。首先,"杜鲁门公告"明确宣示了美国对邻接其海岸的大陆架的管辖权,由此标志着美国的大陆架政策正式确立,美国的海洋政策出现重大变化。从对国际海洋制度的影响来看,"杜鲁门公告"是海洋大国对超出领海范围的大陆架提出管辖权的第一个权利主张,堪称海底政治的一个里程碑。③ 更为重要的是,尽管"杜

---

① 有关"杜鲁门公告"及其大陆架政策的详细论述,参见舒建中:《美国对外政策与大陆架制度的建立》,《国际论坛》2013 年第 4 期,第 39 - 44 页。

② U. S. , Department of State, *Foreign Relations of the United States* (cited as *FRUS*), 1945, Vol. 2, Washington, D. C. : U. S. Government Printing Office, 1967, pp. 1528 - 1529.

③ (加拿大)巴里·布赞:《海底政治》,时富鑫译,北京:生活·读书·新知三联书店 1981 年版,第 16 页。

鲁门公告"并非提出领土性主张,但依然对传统的海洋自由原则构成了全新的挑战,至少改变了广为接受的海洋自由原则。① 正因如此,以"杜鲁门公告"为标志,大陆架问题成为国际海洋关系中一个新的重要议题,从某种意义上讲,"杜鲁门公告"宣示的大陆架政策为相关国家提出专属经济区议程提供了先例。

其次,长期以来,捕鱼是人类海洋活动的重要方式之一,捕鱼自由是传统海洋自由原则的一个重要体现。与此同时,随着技术的发展,过度捕捞问题日益显现,国家间的海洋渔业纠纷日渐频繁。出于保护美国渔业利益的考量,"杜鲁门公告"单方面宣布在邻近美国的公海区域建立渔业保护区,从而背离了传统的公海捕鱼自由原则。诚然,在美国看来,"杜鲁门公告"的渔业保护区政策并没有改变美国的领海政策,公海渔业管辖权是一种基于有限目的的特殊类型的管辖权,并不意味着美国主权向3海里领海之外拓展。② 但与大陆架政策的理念一脉相承,"杜鲁门公告"的渔业保护区政策同样具有两面性。就其政策实质而言,"杜鲁门公告"的渔业保护区政策在寻求维护美国近海渔业利益的同时,又试图在海洋自由原则的名义下继续获取海洋生物和渔业资源。③ 基于政策的两面性,"杜鲁门公告"的渔业保护区政策事实上对海洋自由原则再度发起挑战。此后,渔业保护区问题成为国际海洋关系的一个重要议题。

作为世界性海洋强国单方面的政策宣示,"杜鲁门公告"在很大程

---

① Ram P. Anand, *Origin and Development of the Law of the Sea*, Hague: Martinus Nijhoff Publishers, 1982, p.164.

② Charles B. Selak, Jr., "Recent Developments in High Seas Fisheries Jurisdiction under the Presidential Proclamation of 1945," *The American Journal of International Law*, Vol.44, No.4, 1950, p.679.

③ Peter Jacques and Zachary A. Smith, *Ocean Politics and Policy: A Reference Handbook*, Santa Barbara: ABC-CLIO, 2003, p.17.

度上对海洋自由原则构成最严重的冲击,其具体表现就是,"杜鲁门公告"引发了其他国家对于海洋资源的一系列单方面和更大范围的政策诉求。① 尽管"杜鲁门公告"刻意使用了含糊的措辞,力图将大陆架管辖权和渔业管辖权同其他海洋议程区别开来,进而避免损害对美国有利的海洋自由机制,但从实际效果来看,"杜鲁门公告"却播下了逐渐破坏海洋自由机制的种子,是战后国际海洋机制步入转换时期的转折点,②开启了战后国际海洋制度变革的历史进程。

鉴于"杜鲁门公告"将直接影响美国的周边国家,尤其是南美洲国家,因此,拉美国家率先跟随"杜鲁门公告"的政策轨迹,并巧妙地将"杜鲁门公告"的大陆架政策和渔业保护区政策结合起来,甚至提出大陆架上覆水域主权诉求和 200 海里渔业管辖权。③

在拉美国家中,墨西哥是第一个效法美国的国家。10 月 29 日,墨西哥总统曼努埃尔·卡马乔发表声明,称将在近期宣布墨西哥的大陆架政策。1946 年 1 月,墨西哥政府以备忘录方式致函美洲共和国联盟下属美洲共和国事务办公室,正式宣布了墨西哥的大陆架政策。与美国将大陆架最大宽度限定为 100 英尺等深线不同,墨西哥的解读是,大陆架指从邻近海岸的低潮线延伸至 600 英尺等深线的海底及其底土。对此,美国立即提出异议,认为墨西哥宣布的大陆架范围远远超过了美国对大陆架的界定;更为重要的是,在美国看来,墨西哥的大陆架政策将影响美国在墨西哥湾甚至西海岸的渔业活动。鉴于此,美国国务院致函墨西哥方面,希望美墨两国根据"杜鲁门公告"的有关原则,在互惠

① Jack N. Barkenbus, "The Politics of Ocean Resource Exploitation", *International Studies Quarterly*, Vol. 21, No. 4, 1977, p. 677.

② Robert O. Keohane and Joseph S. Nye, *Power and Interdependence: World Politics in Transition*, Boston: Little, Brown and Company, 1977, pp. 93 - 94.

③ Clyde Sanger, *Ordering the Oceans: The Making of the Law of the Sea*, Toronto: University of Toronto Press, 1987, p. 15.

的基础上就沿海渔业资源及渔业保护区问题展开合作并达成协议。美方强调,美国承认其他国家在邻近其海岸的公海区域建立渔业保护区的一个前提条件就是:美国的渔业利益应得到足够的认可。①

对于美国的提议,墨西哥没有作出答复。9 月,墨西哥方面以非法进入墨西哥水域从事渔业活动为由,先后扣押了 9 艘美国渔船。经过斡旋,墨西哥政府释放了美国渔船,但美国不得不承认,这一事件不仅延续了美墨两国之间有关领海宽度的争论(美国主张 3 海里领海,墨西哥则主张 9 海里领海),而且展示了美墨之间在大陆架和渔业保护区问题上的分歧。美国国务院同时指出,美国渔船遭扣押事件致使美国的海洋政策处于两难境地:一方面,美国不会认可墨西哥所宣示的大陆架政策;另一方面,如果美国反对墨西哥在 3 海里领海之外单方面实施大陆架政策,那么,美国将授其他国家以借口,抗议美国根据"杜鲁门公告"在公海区域建立渔业保护区的任何单方面行动。为寻求打破政策困境,美国国务院于 11 月 15 日照会墨西哥,一方面重申美国将坚持渔业保护区的谈判原则;另一方面,美方强调,在美墨之间达成渔业协定之前,美国有权在 3 海里领海之外的墨西哥湾水域自由地从事渔业活动。② 由此不难看出,墨西哥的政策动向已经彰明较著地预示了一种前景:为实现利益最大化,有关国家将不会对美国的模式亦步亦趋,提出更大的近海权利主张者势必层出不穷。③

在美墨之间围绕大陆架和渔业保护区的纠纷依然悬而未决之际,哥斯达黎加亦对"杜鲁门公告"作出回应,公开宣布拟制定有关大陆架

---

① *FRUS*, 1946, Vol. 11, Washington, D. C. : U. S. Government Printing Office, 1969, pp. 1054 – 1056.

② *FRUS*, 1946, Vol. 11, pp. 1062 – 1065.

③ 曲升:《战后"蓝色圈地运动"的滥觞:"杜鲁门公告"的单方面宣布及其影响》,《中国社会科学院研究生院学报》2020 年第 4 期,第 126 页。

和渔业保护区的政策和法律。面对哥斯达黎加的政策动向,华盛顿方面随即于 1947 年 6 月 18 日致函哥斯达黎加政府,声称在确立公海渔业管辖权之前,提出渔业管辖权的国家必须同在相关区域拥有合法渔业利益的国家达成协议;渔业管辖权的确立应基于科学依据,并以渔业保护为唯一目的。美方特别强调,美国在哥斯达黎加附近海域长期从事渔业活动并拥有合法的渔业利益,鉴于此,美国愿意同哥斯达黎加就渔业保护和科学调查等问题展开合作并达成协议。[①]

就在美国同墨西哥、哥斯达黎加围绕大陆架和渔业保护区问题展开外交博弈之际,智利总统于 6 月 23 日发表一份产生巨大国际影响的政策声明,宣布智利国家主权权利扩展至邻接其海岸的海域,其范围以保护和开发在上述海域上、海域中和海域下的自然资源特别是渔业资源为根据。为此,智利政府将对距离大陆海岸 200 海里的海域实施保护和控制。8 月 1 日,秘鲁颁布法令,宣布对 200 海里海域及其资源实施管辖权。萨尔瓦多随即跟进并提出更为激进的海洋主张,宣布实行一项完全的 200 海里领海政策。[②]

面对因"杜鲁门公告"而引发的南美国家对大陆架及沿海资源提出的诸多权利主张,美国迅即同相关国家进行了一系列磋商,指责南美国家的海洋诉求与"杜鲁门公告"的政策原则相去甚远,但截至 1948 年 7 月,相关磋商均未取得进展。[③]

在与美国协商未果后,哥斯达黎加于 1948 年 7 月 28 日颁布有关大陆架的法令,同时宣布 200 海里领海主权。8 月 30 日,美方致函哥

---

① *FRUS*, 1947, Vol. 8, Washington, D. C.: U. S. Government Printing Office, 1972, pp. 598 – 599.

② 刘中民:《世界海洋政治与中国海洋发展战略》,北京:时事出版社 2009 年版,第 220 页。

③ *FRUS*, 1948, Vol. 9, Washington, D. C.: U. S. Government Printing Office, 1972, p. 263.

斯达黎加,宣称"杜鲁门公告"绝无普遍延展领海宽度之意,对于包括哥斯达黎加在内的南美国家的大陆架主张,美国提出两点保留,一是反对在普遍接受的领海界限之外主张国家主权,二是有关国家对美国在公海的渔业权利和利益必须予以充分尊重。美方强调,美国在濒临哥斯达黎加海岸的公海区域享有历史性渔业利益,哥斯达黎加在 3 海里领海之外对美国渔业活动的干扰将引起美国政府的严重关切。美方同时表示,愿就包括渔业保护区在内的渔业问题同哥斯达黎加继续展开谈判。[①]

　　总之,"杜鲁门公告"堪称海洋史上海洋管辖权逐步扩展的肇端。[②]在"杜鲁门公告"发布之后,拉美国家率先作出回应,纷纷寻求对大陆架行使管辖权并扩大渔业权利,进而引发了一系列海洋纷争。[③] 作为战后海洋纷争最早集中展开的地区,美国和拉美国家围绕大陆架和渔业问题的较量已经延展到领海宽度的争议,展示了国际海洋议程的复杂性和矛盾性,预示着海洋权益的重新分配和调整已经势不可当,海洋问题成为美拉关系甚至国际关系的热点之一。同时应当看到,美国同拉美国家的一系列海洋纷争均源自"杜鲁门公告",并以大陆架问题和渔业问题为中心展开,归根到底是对"杜鲁门公告"的回应,因此,"杜鲁门公告"不仅是美拉海洋纷争的诱因,而且为国际海洋法的发展,以及联合国第一次海洋法会议的召开作出铺垫,[④]拉开了战后国际海洋制度

---

① *FRUS*, 1948, Vol. 9, pp. 263 - 264.

② Robert L. Friedheim, *Negotiating the New Ocean Regime*, Columbia: University of South Carolina Press, 1993, p. 112.

③ 有关"杜鲁门公告"引发的拉美国家海洋诉求的详细论述,参见 F. V. Garcia-Amador, "The Latin American Contribution to the Development of the Law of the Sea," *The American Journal of International Law*, Vol. 68, No. 1, 1974, pp. 33 - 38。

④ Lawrence Juda, *International Law and Ocean Use Management: The Evolution of Ocean Governance*, London: Routledge, 1996, p. 114.

发展变革的帷幕。

二、美国与战后国际海洋事务的早期谈判

直至 1950 年年初,美国同拉美国家围绕大陆架和渔业保护区的谈判依然毫无成效。不仅如此,在"杜鲁门公告"的影响下,包括欧洲国家在内的其他国家纷纷通过各种方式拓展海洋管辖权,在此背景下,美国认为应在更大范围内就海洋问题展开磋商。鉴于大陆架、渔业保护区问题和领海问题息息相关,就领海宽度达成一致是解决渔业保护区问题的基本前提。面对新的国际海洋局势,立足扩大谈判范围的考量,美国国务院于 1950 年 3 月致电相关驻外使团,要求搜集有关国家涉及内陆水和边缘海的信息,包括法律法规、政策规章、国际条约及相关文件。① 不难看出,为应对新的海洋问题,美国开始着手相关的政策准备。

根据搜集到的信息,美国国务院于 8 月再度致电相关驻外使团,总结了有关国家对待领海宽度及相关问题的政策立场。概括地讲,这些政策主张主要包括:3 海里领海;6 海里领海;12 海里领海;6 海里领海以及与之相关的毗连区;3 海里领海和 12 海里毗连区;3 海里领海和 200 海里毗连区。面对纷繁复杂的海洋问题和利益纠葛,美国国务院不得不承认,沿海国家在世界历史上从来没有提出过如此众多的相互冲突且相去甚远的政策诉求。②

由此可见,自美国发布"杜鲁门公告"以来,相关国家纷纷仿效并采取措施扩大海洋管辖权和海洋权益。作为海洋管辖权的根基,长期悬

---

① *FRUS*, 1950, Vol. 1, Washington, D. C. : U. S. Government Printing Office, 1977, pp. 875 – 876.

② *FRUS*, 1950, Vol. 1, pp. 879 – 884.

而未决的领海宽度之争再度浮出水面。总体上讲,欧洲和亚洲国家主要关心领海宽度问题;作为美国的近邻,拉美国家切身感受到"杜鲁门公告"以及美国海洋政策的直接影响,因此,除关心领海问题外,拉美国家还集中围绕大陆架和毗连区提出各自的政策主张。① 面对"杜鲁门公告"引发的系列海洋问题,美国深感新一轮海洋博弈即将来临,因此未雨绸缪,事先搜集有关国家的政策主张和举措,以便为在更大范围内同有关国家展开谈判提供政策准备和支撑。

实际上,早在 1949 年 4 月举行的联合国国际法委员会第一次会议上,美国就促使国际法委员会将公海问题(包括毗连区、大陆架)和领海问题列为优先讨论的事项。② 借助国际法委员会会议这一平台,有关国家围绕国际海洋关系中的相关问题展开了激烈争论,其中,领海问题成为争论的焦点。鉴于美英两国同为海洋大国且对 3 海里领海持有相同主张,从 1950 年 6 月起,美英就开始酝酿双边磋商以便形成共同立场,进而影响国际海洋问题的谈判进程。③

按照约定,美英两国于 1951 年 3 月 22—23 日在华盛顿举行双边会谈,就范围广阔的国际海洋问题交换了看法。作为谈判的基础,美英强调将致力于维护海洋航行自由原则和 3 海里领海规则,反对将领海宽度延展至 3 海里以外的任何主张。④

关于毗连区问题,美英认为,毗连区主要涉及海关关税、渔业两个层面。美方指出,根据《1935 年反走私法》,美国在距离海岸线 12 海里

---

① 有关国家对领海、毗连区和大陆架的政策诉求及其详细分析,参见 S. Whittemore Boggs, "National Claims in Adjacent Seas," *Geographical Review*, Vol. 41, No. 2, 1951, pp. 190 – 203。

② Lawrence Juda, *International Law and Ocean Use Management*, pp. 98 – 99。

③ *FRUS*, 1951, Vol. 1, Washington, D. C.: U. S. Government Printing Office, 1979, pp. 1685 – 1688.

④ *FRUS*, 1951, Vol. 1, pp. 1694 – 1696.

的范围内确立了海关区,可以在必要时登临甚至扣押相关船只;在走私猖獗的区域,美国总统还有权在海关区外 50 海里的区域建立海关强制执行区。① 鉴于美国事实上单方面宣布了基于海关目的的 12 海里毗连区,美国无法反对和阻止其他国家采取类似政策和行动。英方认为,毗连区是一个模糊的地理概念,毗连区管辖权的类型和方式也是容易引起争议的问题。不仅如此,由于英国同冰岛、挪威、瑞典等国存在海洋渔业纠纷,英国尤其反对毗连区的渔业管辖权,鉴于此,英方对"杜鲁门公告"中的渔业保护区政策持明确的反对态度。②

关于大陆架问题,美英认为,根据"杜鲁门公告"的基本原则,沿海国对邻接其海岸的大陆架拥有初始权利,大陆架外部界限应为 200 米等深线;对于拉美国家提出的 200 海里领海主权问题,美英均认为应予反对。美方重申,根据"杜鲁门公告",美国宣布对大陆架及其自然资源行使管辖权,其目的就是不改变大陆架上覆水域的公海性质,但有关国家却宣布对大陆架行使主权,这有违美国的政策初衷。关于大陆架权利主张对大陆架上覆水域航行的影响,尤其是在大陆架上建立的人工设施对航行的影响问题,美英认为,大陆架的开采权利及其人工设施不应对公海航行自由构成不合理的妨碍。美英同时指出,从一般意义上讲,大陆架上的人工设施及海洋中的人工岛屿不具有岛屿属性,而应被

---

① 实际上,从 1799 年起,美国就以反走私为名,在距离美国海岸线 12 海里的范围内行使海关和税收等方面的管辖权。《1922 年关税法》第一次明确规定,美国政府可在领海之外 12 海里的范围内行使更为严格的管辖权,包括扣押或没收外国船只和商品。有关详细论述,参见 Shigeru Oda, "The Concept of the Contiguous Zone," *The International and Comparative Law Quarterly*, Vol. 11, No. 1, 1962, pp. 133 - 135。

② *FRUS*, 1951, Vol. 1, pp. 1697 - 1701. 实际上,早在 1945 年 6 月,英国就对美国酝酿中的渔业保护区政策提出异议,认为美国一旦公布渔业保护区政策,无疑将激化本已混乱不堪的欧洲渔业,损害英国的渔业利益和地位,因此,英国希望美国不要急于公布渔业保护区政策,同时将政策重点转向捍卫 3 海里领海规则以及公海渔业资源的国际管理,参见 *FRUS*, 1945, Vol. 2, pp. 1512 - 1513。

视为永久锚泊的船舶,相关国家仅仅享有相应的管辖权,不应在其周边划定领海区域;为防止危及人工设施和人工岛屿的行为,相关国家可以在其周围划定不具有领海性质的安全带并行使必要的管辖权。鉴于美英两国已经在海洋上建造了人工岛屿,美英一致认为,在符合可见性、牢固性和永久性的条件下,特定的人工岛屿可以被视为天然岛屿并拥有领海。关于在大陆架上铺设海底电缆和石油管线问题,美方强调,根据"杜鲁门公告"设定的管辖权原则,在大陆架上铺设海底电缆和石油管线的行为无需事先获得沿海国的批准。鉴于新的海洋事务纷繁复杂且争议颇多,美英认为,在进一步协调立场之前,美英应设法阻止联合国发起召开海洋问题的国际会议,目的就是确保美英对国际海洋议程及国际法委员会会议的影响力。[1]

华盛顿会谈是美国宣布"杜鲁门公告"以来美英两国就战后海洋问题举行的第一次全面深入的非正式磋商。总体上讲,美英在领海宽度问题上持相同立场。在毗连区问题上,美国倾向于承认毗连区在国际海洋事务中的地位,英国基于自身利益的考量,对毗连区问题持怀疑和反对态度。大陆架问题是引发战后国际海洋议程的直接诱因,也是美英此轮磋商的重点。对于大陆架的地理界定,美英原则上达成一致。关于人工岛屿问题,美英力图设置截然不同的领海模式,充分展示了美英两国立足自身实践和国家利益设计海洋议程的政策意图。相较于美国同拉美国家的谈判,美英华盛顿会谈的范畴更加广阔,涉及领海、毗连区及其渔业问题、大陆架、人工岛屿等诸多海洋议题,进一步丰富了战后国际海洋议程的谈判框架,为推进海洋议程的国际谈判作出进一步的铺垫。与此同时,华盛顿会谈表明,美英双方在海洋议程上既有合作,又有分歧,进一步昭示了国际海洋议程的复杂性和矛盾性,预示着

---

[1] *FRUS*, 1951, Vol. 1, pp. 1705 – 1712.

战后国际海洋制度的谈判与构建将面临艰辛而漫长的历程。

在美英两国的推动下,国际法委员会从 1951 年 6—7 月集中围绕领海、毗连区及大陆架等问题进行专门磋商,形成一份有关大陆架及相关问题的草案。1952 年 4 月,国际法委员会将包括大陆架草案条款的中期报告提交联合国大会并送交有关国家审议。对于国际法委员会中期报告有关大陆架的条款,美国表示基本认同,认为大陆架草案有关大陆架及其界限、大陆架权利属性等问题的界定与"杜鲁门公告"基本一致,因此,美国同意大陆架草案的原则条款,希望以此为基础推动有关磋商的展开并形成最后文本。对于国际法委员会中期报告中涉及的领海、毗连区等其他海洋议程,美国则认为与其政策立场存在差距,因而需要进一步权衡和沟通。① 不难看出,国际法委员会中期报告中的大陆架草案基本沿袭了"杜鲁门公告"的政策原则,美国借助联合国平台推进大陆架议程的努力取得积极进展,标志着"杜鲁门公告"设置的大陆架议程初步获得多边认可并成为国际谈判的基础。

由于国际法委员会围绕领海、公海及渔业问题的争论长期相持不下,美国深感必须重新审视美国的海洋政策,制定有关海洋议程的整体性方案。为此,美国国务院进行了周密的政策筹划,于 1953 年 3 月 19 日将题为"美国有关沿海国家诉求的立场"的文件及其附件送交国防部、财政部、内务部、商务部等机构审议并获得一致认可,此即"3·19 备忘录"(Memorandum of March 19)。在追溯 3 海里领海、公海规则以及毗连区概念的起源和发展历程后,"3·19 备忘录"坦承,美国率先提出的大陆架和渔业保护区主张对传统的海洋自由原则构成最严重的直接威胁。一方面,"杜鲁门公告"有关渔业保护区的主张为毗连区问

---

① *FRUS*, 1952 - 1954, Vol. 1, Part 2, Washington, D. C. : U. S. Government Printing Office, 1983, pp. 1666 - 1667.

题再度进入国际海洋议程提供了强劲的动力;另一方面,有关大陆架的政策则为其他国家主张类似管辖权并扩大海洋管控范围提供了先例和借口。面对纷繁复杂的海洋议程以及与之相关的系列海洋争议,"3·19备忘录"擘画了美国的政策立场,强调美国的总体政策最大限度地维护基于3海里领海的海洋自由原则,认为海洋航行自由及相关的空中航行自由不仅有助于保护美国的安全利益,而且有利于促进美国的商业利益。此外,美国的渔业利益也依赖公海渔业资源的保护。因此,国家利益是美国反对任何扩大海洋控制权趋势的决定性因素。关于领海问题,"3·19备忘录"明确指出,国际法委员会中期报告有关6海里领海或12海里领海的建议与美国坚持3海里领海的传统立场相悖,不符合美国的经济和安全利益,因此,美国将不予支持。关于毗连区问题,"3·19备忘录"认为,考虑到美国的政策传统及"杜鲁门公告"的政策主张,美国原则上不反对沿海国家设立毗连区,但对于9海里毗连区的构想,美国至少在目前不应支持。①

由此可见,继"杜鲁门公告"擘画了美国的大陆架和渔业保护区政策之后,面对新的海洋议程,以及各国围绕海洋权益的激烈角逐,基于最大限度维护美国海洋利益的考量,"3·19备忘录"进一步阐述了美国在领海、毗连区等问题上的原则立场,美国在战后海洋议程谈判早期的整体性政策框架基本确立。因此,"3·19备忘录"是"杜鲁门公告"的延续,是美国战后海洋政策的组成部分,从更广阔的层面为美国参与国际海洋议程的谈判提供了指导。同时应当看到,"3·19备忘录"在毗连区问题上留有余地,表明美国深切感受到毗连区及毗连区宽度争论的复杂性,意味着美国在具体的谈判中将灵活变通,相机处置。

在完成政策设计之后,美英两国从7月到8月围绕领海等海洋问

---

① *FRUS*, 1952 – 1954, Vol. 1, Part 2, pp. 1674 – 1684.

题在伦敦进行了新一轮非正式磋商,以期进一步协调立场。关于领海问题,美英重申应坚守 3 海里领海规则,对于国际法委员会建议的 6 海里领海或 12 海里领海方案,美英认为此举将削弱海洋大国的地位,因而不可接受。① 关于毗连区问题,美英立场均出现变化。在严格区分领海和毗连区的基础上,美英一致同意,作为有关国家承认 3 海里领海的交换条件,美英可以认可基于海关和税收目的的 12 海里毗连区;对于毗连区内的渔业问题,英方仍然有异议,但同意考虑妥协方案,即有关国家应通过国际协定的方式解决毗连区内的渔业问题。② 由此可见,毗连区渔业问题依然是美英分歧的焦点,尽管英国有所让步,但并未承认单方面的毗连区渔业管辖权,因此,英国有关毗连区渔业的政策立场与美国"杜鲁门公告"所宣示的渔业保护区政策依然存在差距。

由于国际法委员会的大陆架草案基本满足了美国的要求,总体上符合"杜鲁门公告"的政策设计,美国积极寻求 1953 年第八届联合国大会先期通过大陆架草案,以便将"杜鲁门公告"的大陆架政策制度化。由于冰岛等国的一致反对,联合国大会于 12 月通过的相关决议强调指出,公海、领海、毗连区和大陆架问题是一个密切相关的整体,在包括公海和领海等所有海洋事务的条款制定完成前,联合国大会将不对海洋制度的部分条款采取任何行动。③ 至此,美国希望联合国大会单独通过大陆架草案的努力没有成功。

尽管美国作出一系列外交努力以期推动 1954 年第九届联合国大会再次单独审议大陆架草案并通过决议,但其他国家坚持海洋法涉及

① *FRUS*, 1952 - 1954, Vol. 1, Part 2, pp. 1685 - 1690.

② *FRUS*, 1952 - 1954, Vol. 1, Part 2, pp. 1690 - 1693.

③ *FRUS*, 1952 - 1954, Vol. 1, Part 2, p. 1697. UN, Department of Public Information, *Yearbook of the United Nations* (cited as *YUN*), 1953, New York: United Nations, 1980, pp. 678 - 679.

的问题是一个彼此相关的有机整体,反对将大陆架问题从其他海洋议程的谈判中分割出来。在此背景下,联合国大会于 12 月通过决议,要求国际法委员会继续研究公海机制、领海机制及所有相关问题并形成整体性最终报告,以便提交 1956 年第十一届联合国大会审议。鉴于渔业问题是有关国家包括美英两国海洋政策的分歧焦点之一,根据美英等国的联合倡议,第九届联合国大会同时通过决议,决定于 1955 年 4 月在联合国粮农组织总部举行一次专门的国际会议,着力讨论海洋生物资源(包括渔业资源)的国际保护问题,以便为国际海洋议程的磋商提供进一步的科学和技术依据。① 至此,美国先期建立大陆架机制的努力再度受挫。此与同时,第九届联合国大会的决议为国际法委员会的海洋磋商设定了明确期限,为联合国第一次海洋法会议的召开以及国际海洋机制的构建作出铺垫。②

总之,"杜鲁门公告"是战后海洋法变革的引爆器。③ 面对"杜鲁门公告"引发的系列海洋争议,在与拉美国家磋商无果的情况下,美英两国随即围绕海洋问题进行了多轮会谈。在 3 海里领海、大陆架外部界线、海洋中的人工设施和人工岛屿等问题上,美英立场基本一致。但在毗连区渔业问题上,美英双方的政策立场依然难以调和。就其对战后国际海洋制度谈判的影响而言,美英围绕海洋问题的合作与纷争拓展了海洋问题的谈判范畴,揭示了国际海洋议程的广泛性和复杂性,并从

---

① *FRUS*, 1952 - 1954, Vol. 1, Part 2, p. 1726. *YUN*, 1954, New York: United Nations, 1955, p. 414.

② 有关国际法委员会、联合国大会与第一次海洋法会议的准备工作的详细论述,参见 D. H. N. Johnson, "The Preparation of the 1958 Geneva Conference on the Law of the Sea," *The International and Comparative Law Quarterly*, Vol. 8, No. 1, 1959, pp. 122 - 145。

③ Louis Henkin, "Politics and the Changing Law of the Sea," *Political Science Quarterly*, Vol. 89, No. 1, 1974, p. 49.

一个侧面再次表明,战后国际海洋制度的构建从一开始就步履维艰。同时应当看到,美英谈判始终以大陆架问题和渔业问题为主线,进而延伸到领海、毗连区及海洋生物资源保护等更为广阔的海洋议程,从这个意义上讲,美英两国的海洋磋商依然以"杜鲁门公告"设置的海洋议程为中心并渐次铺展,既扩充了战后国际海洋事务的谈判框架,又体现了美国对战后国际海洋制度变革的影响力。

三、美国、联合国第一次海洋法会议与国际海洋制度的初步确立

在"杜鲁门公告"之后,渔业问题的争论就与领海和毗连区问题、公海问题等国际海洋议程紧密联系。在第九届联合国大会通过召开海洋生物资源国际会议的决议后,美国展开了新的外交努力,以期协调同英国等国的立场。1954 年 12 月 21 日,美方致函英方,建议由美英及其他欧洲国家先期举行会谈,以便为海洋生物资源国际会议准备议程和谈判方案。① 12 月 30 日,美国国务卿约翰·杜勒斯再度致电英方,强调海洋生物资源国际会议的主要目的是在世界范围而非区域范围内启动公海渔业资源保护和管理的磋商,扭转个别国家在渔业管辖问题上的激进观点和单边行为,并就渔业资源达成相应的国际程序和原则。为此,美方希望与英方共同发起前期磋商并制订共同计划,进而推动海洋生物资源国际会议的如期举行。② 对于美方的建议,英方没有作出任何答复,再度展示了英国在海洋渔业问题上同美国立场的对立。

根据联合国大会决议,联合国海洋生物资源保护国际会议于 1955

---

① *FRUS*, 1952 – 1954, Vol. 1, Part 2, pp. 1729 – 1730.

② *FRUS*, 1952 – 1954, Vol. 1, Part 2, pp. 1731 – 1732.

年 4 月 18 日—5 月 10 日在意大利首都罗马举行,其目的是就海洋渔业资源的开发和保护向国际法委员会提出建议。会议认为,从事海洋渔业捕捞的国家及其沿海国家应在科学研究的基础上订立海洋渔业资源保护的国际公约,该公约应包括渔业规则和运行程序。至此,通过国际公约管理海洋渔业资源的路径基本确立。① 在美国看来,通过倡导订立渔业资源国际公约,联合国海洋生物资源保护国际会议的成果实质性地增强了美国在渔业资源问题上的影响力,削弱了以渔业资源保护为由主张公海管辖权的诉求,从而间接有利于提升美国在领海及海洋管辖权问题上的谈判地位。②

　　与此同时,美国与拉美国家的海洋分歧依然悬而未决。经拉美国家倡议,美洲国家组织的大陆架和海洋事务特别会议于 1956 年 3 月在多米尼加首都圣多明各举行。美方认为,圣多明各会议的结果将对联合国大会的讨论及美国目标的实现产生重要影响。③ 为此,美国国务院于 1 月制定了一份备忘录,确立了美国与会的基本立场和政策目标。该备忘录指出,基于 1952 年 8 月由智利、厄瓜多尔和秘鲁发表的《圣地亚哥宣言》,相关国家将利用圣多明各会议推进 200 海里主权或管辖权,这是美国在会议期间面临的严峻挑战。鉴于此,美国的政策立场是:包括公海机制在内的海洋问题应由联合国而非区域性的美洲国家主持谈判并达成协定;作为美洲国家组织磋商大陆架和海洋问题的第一次会议,圣多明各会议的目的仅仅在于讨论大陆架资源保护问题及相关海洋事务,而非作出决定;美国反对在圣多明各会议上就领海问

① Ann L. Hollick, *U. S. Foreign Policy and the Law of the Sea*, Princeton: Princeton University Press, 1981, pp. 128 - 129.

② *FRUS*, 1955 - 1957, Vol. 11, Washington, D. C.: U. S. Government Printing Office, 1988, pp. 528 - 530.

③ *U. S. Declassified Documents Online* (cited as *USDDO*), Gale Group, Inc., No. CK2349314469, p. 10.

题、毗连区问题和公海问题达成协议的任何努力;在海洋议程的经济层面,应利用圣多明各会议展示美国在海洋渔业保护领域的成就,突出联合国海洋生物资源保护国际会议及其成果的重要性。①

在圣多明各会议期间,美国同相关拉美国家围绕领海、大陆架、海洋渔业资源保护及其管辖权等问题展开了激烈争论,美国甚至威胁退出美洲国家组织。在美国的影响下,圣多明各会议没有就领海宽度、毗连区渔业及公海渔业养护等广泛的海洋议题达成一致意见,仅就两个问题形成初步共识:一是大陆架外部界限的可开采原则,二是模糊地认可沿海国对于邻接其领海的公海区域内的生物资源享有特殊利益。②至此,美国成功阻止圣多明各会议就海洋问题作出决定。随后,美国迅速将目光投向即将举行的国际法委员会会议和联合国大会,以期在联合国的框架内推进领海机制和公海机制等国际海洋议程。③

按照联合国大会决议的要求,国际法委员会于 1956 年 7 月完成海洋法问题的磋商并将最终报告提交联合国大会,建议召开一次专门的海洋法国际会议,以便不仅从法律方面,而且从技术、生物、经济和政治等方面综合考虑海洋问题,并将其谈判成果体现为一个国际公约或多个国际公约。对于国际法委员会的报告,美国表示完全支持。在美国看来,根据国际法委员会的报告,拟议中的联合国海洋法国际会议应将政治、经济、技术和法律等因素纳入国际海洋议程的谈判中,从而为美国影响谈判进程提供了广阔的空间和多样的手段,④同时实现了美国有关由联合国而非区域性组织主持国际海洋议程谈判并达成协定的政

① *FRUS*, 1955 - 1957, Vol. 11, pp. 538 - 541.
② *USDDO*, No. CK2349314500, p. 1. Ann L. Hollick, *U. S. Foreign Policy and the Law of the Sea*, pp. 94 - 95.
③ *FRUS*, 1955 - 1957, Vol. 11, pp. 555 - 557.
④ *FRUS*, 1955 - 1957, Vol. 11, pp. 557 - 558.

策立场。

1957 年 2 月,联合国大会通过一项决议,决定举行一次综合性海洋法国际会议,以便根据国际法委员会提交的报告,就国际海洋议程展开谈判,寻求达成相应的国际公约。在进一步协商之后,联合国秘书长于 8 月宣布,海洋法国际会议将于 1958 年 2 月举行。① 鉴于联合国大会决议基本符合美国的政策预期和谈判思路,美国对海洋法会议高度重视,并为此展开了一系列的外交努力,以期推动海洋法会议沿着美国预期的谈判方向发展。

1957 年 5 月 29 日,美国国务院致电相关驻外使团,要求其就海洋法会议问题同有关国家展开尽可能充分的会前外交磋商,明确提出美国的目标是:摸清有关国家的政策观点,敦促有关国家接受美国的政策立场。② 11 月 8 日,国务院再度致电相关驻外使团,强调领海宽度及与之相关的渔业资源保护将是最具争议性的问题,也是美国面临的最艰难的问题。为此,国务院要求相关驻外使团在领海及基于渔业目的的毗连区问题上加强与驻在国政府的沟通。③

领海宽度和毗连区问题是国际海洋议程的争论焦点和核心议题,安全利益和渔业利益的相互联系和相互制衡是影响美国领海宽度政策和渔业区政策的重要因素。④ 为此,美国作出周密的政策权衡和准备。美方认为,基于国家安全的考量,美国必须维护海洋自由原则,3 海里领海规则对美国至关重要。根据会前外交所获取的信息,在权衡利弊的基础上,美国于 1958 年 2 月 20 日确定了谈判立场:作为维系 3 海里领海的交换条件,美国可以认可在 3 海里领海以外不超过 9 海里的范

---

① *YUN*, 1957, New York: United Nations, 1958, p. 377.
② *FRUS*, 1955 - 1957, Vol. 11, pp. 570 - 571.
③ *FRUS*, 1955 - 1957, Vol. 11, pp. 584 - 585.
④ Ann L. Hollick, *U. S. Foreign Policy and the Law of the Sea*, p. 137.

围内确立沿海国家的排他性渔业管辖权。在美国方面看来,此种安排有利于维护美国的安全利益,也有助于推进美国的渔业利益。[1] 至此,美国根据海洋谈判的新局势,对"3·19备忘录"的毗连区政策作出调整,目的就是尽最大努力捍卫3海里领海政策。

1958年2月24日,联合国第一次海洋法会议在日内瓦举行,87个国家出席会议,领海以及基于渔业目的的毗连区问题成为贯穿会议始终并影响会议进程的焦点。

整个联合国第一次海洋法会议期间,美英围绕领海和毗连专属渔业区的争论一直影响着谈判进程。会议开始之际,英方就向美方表示,英国反对9海里毗连专属渔业区以及3海里领海以外的任何排他性渔权,至此,美英在毗连区问题上的分歧再度凸显。3月4日,美国总统艾森豪威尔致电英国首相麦克米伦,宣称美英两国均致力于维护3海里领海规则,为阻止海洋法会议以2/3多数表决方式通过12海里领海方案,美方认为美英应作出必要妥协。但与美国主张在渔业问题上适当让步不同,英国基于保护渔业利益的考量,反对以渔业问题为交换,转而支持6海里领海的主张。鉴于此,艾森豪威尔指出,英方纠结于商业利益的政策将严重损害"自由世界"的安全利益。[2] 3月8日,麦克米伦回复艾森豪威尔,声称包括公海捕渔权在内的渔业问题对英国经济至关重要,英国不会接受限制或否认英国传统的公海渔业权利的任何方案。[3]

面对美英立场的对峙,美国加紧与加拿大的沟通。在与美国协调立场后,加拿大于3月17日提出3海里领海加基于排他性渔业权利的

① *FRUS*, 1958 - 1960, Vol. 2, Washington, D. C. : U. S. Government Printing Office, 1991, pp. 647 - 648.
② *FRUS*, 1958 - 1960, Vol. 2, pp. 650 - 652. *USDDO*, No. CK2349213482, pp. 1 - 2.
③ *FRUS*, 1958 - 1960, Vol. 2, pp. 654, 657.

9海里毗连区方案。由于"加拿大方案"与美国在会前确立的政策立场完全一致,美国强力支持"加拿大方案",认为这是解决领海和渔业权利问题的最佳和唯一可行的方案。不仅如此,美国国务院还专门致电驻拉美国家使团,要求其尽最大努力敦促拉美国家接受"加拿大方案",至少不予以反对。英国认为,"加拿大方案"将对英国渔业产生严重影响,因而明确表示反对。此外,葡萄牙、西班牙、法国、比利时、荷兰等欧洲国家同样表达了反对"加拿大方案"的政策立场。尽管美国、加拿大同欧洲国家举行了一系列会谈,但欧洲国家反对"加拿大方案"的立场并未改变。①

在 4 月初的会谈中,美国和加拿大共同向英方施压,希望英国接受"加拿大方案"。但英方再度拒绝,同时重申 6 海里领海主张,反对有关毗连区的任何方案。美国和加拿大立即指责"英国方案"是危险的游戏,将引发更大的政策争论,严重损害传统的 3 海里领海规则,进一步削弱"加拿大方案"获得通过的机会,刺激苏联、东欧国家、拉美国家和中东国家坚持 12 海里领海诉求,进而招致海洋法会议无果而终。对于美国和加拿大的指责,英方不为所动。②

面对海洋法会议的谈判僵局,美国认为,以领海宽度为中心的争论极有可能导致海洋法会议的失败。为调和"加拿大方案"、"英国方案"和"墨西哥方案"(将领海宽度限定在 3 海里到 12 海里之间)的分歧,美国于 4 月 15 日提出新方案("美国方案"),主张确立最大限度 6 海里领海和最大限度 6 海里毗连区(含毗连渔业区)。美方声称,美国的目的是维护窄领海原则,抑制宽领海诉求,同时满足相关国家的渔业利益。③ 鉴于"美国方案"的主旨是维护对西方国家有利的窄领海原则,

---

① *FRUS*, 1958 – 1960, Vol. 2, pp. 664 – 666, 673 – 674.
② *FRUS*, 1958 – 1960, Vol. 2, pp. 676 – 680.
③ *FRUS*, 1958 – 1960, Vol. 2, pp. 692 – 693.

除英国之外的多数欧洲发达国家表示原则认可,但主张 12 海里领海的发展中国家以及苏联和东欧国家持反对立场,导致"美国方案"无法获得多数支持。① 由于分歧巨大,联合国第一次海洋法会议未能就领海宽度和毗连渔业区问题达成协议。

4 月 27 日,联合国第一次海洋法会议举行最后一次全体会议并通过四个公约以及相关决议和文件。4 月 29 日,相关国家签署《领海及毗连区公约》、《公海公约》、《渔业及公海生物资源养护公约》和《大陆架公约》,联合国第一次海洋法会议宣布结束。

关于领海问题,《领海及毗连区公约》正式确立了领海的概念,规定领海指国家主权及于本国领陆及内陆水域以外毗连本国海岸之一带海洋,同时规定了领海基线、领海无害通过原则等条款。对于争论最为激烈的领海宽度问题,《领海及毗连区公约》没有作出任何规定。关于毗连区问题,《领海及毗连区公约》规定了基于海关、财政、移民以及卫生检疫目的的 12 海里毗连区,但未提及毗连区的渔业问题。②

领海和沿海渔业问题是国际海洋议程中最关键的问题之一,实际上,促使各国提出更宽领海要求的动机很大程度上正是出于对渔业问题的关心。③ 作为政治妥协的产物,《领海及毗连区公约》对国际海洋谈判中争论最激烈的两个议题——领海宽度和毗连区渔业问题——均未作出明确规定。一方面,相对于领海概念的确立,关于领海宽度的争议更为复杂,领海宽度本身就是国家间关系中长期争论不休的问题,而以"杜鲁门公告"为肇引的渔业保护区问题和大陆架问题则导致领海宽

① *FRUS*, 1958 – 1960, Vol. 2, pp. 693 – 696, 700 – 704.

② 《国际条约集(1958—1959)》,北京:商务印书馆 1974 年版,第 160 – 169 页。

③ (加拿大)巴里·布赞:《海底政治》,第 58 页。

度之争更趋复杂化,①是有关国家在领海宽度和毗连区渔业问题上的分歧难以调和的重要诱因。另一方面,在联合国第一次海洋法会议围绕毗连区的谈判中,毗连渔业区是争论最多的议题,发展中国家和部分发达国家均主张将渔业问题纳入毗连区的范畴。② 基于渔业利益的考量,英国从一开始就强烈反对毗连区的设立,尤其反对毗连渔业区概念。作为包括美国在内的有关国家对英妥协的产物,关于毗连区的规定更多体现了英国的立场。③ 至此,"杜鲁门公告"引发的渔业保护区问题以及与之相关的领海宽度问题依然悬而未决,围绕领海机制和渔业机制的博弈仍将继续展开,统一的领海宽度界限和渔业区界限成为联合国第一次海洋法会议最突出的遗留问题。④ 同时应当看到,尽管争论异常激烈,《领海及毗连区公约》就领海宽度之外的广泛的领海议程达成协议,第一次确立了毗连区在国际法中的地位,标志着毗连区机制的建立,⑤从而充实并丰富了国际海洋议程。

关于公海问题,《公海公约》规定,公海指不属于领海或一国内陆水域的世界海洋的所有各部分,所有国家均享有公海自由。为此,《公海公约》例举了公海自由的主要内容,包括航行自由、捕鱼自由、铺设海底电缆和管线的自由、公海上空的飞行自由等。⑥

相较于国际海洋的其他议程,公海自由是世界各国公认的政策理

① Philip C. Jessup, "The United Nations Conference on the Law of the Sea," *Columbia Law Review*, Vol. 59, No. 2, 1959, pp. 244 - 245.

② Lloyd C. Fell, "Maritime Contiguous Zones," *Michigan Law Review*, Vol. 62, No. 5, 1964, p. 856.

③ Arthur H. Dean, "The Geneva Conference on the Law of the Sea: What Was Accomplished," *The American Journal of International Law*, Vol. 52, No. 4, 1958, p. 624.

④ James K. Sebenius, *Negotiating the Law of the Sea*, Cambridge: Harvard University Press, 1984, p. 12.

⑤ Shigeru Oda, "The Concept of the Contiguous Zone," p. 131.

⑥ 《国际条约集(1958—1959)》,第 169 - 179 页。

念,是传统海洋自由机制的核心组成部分,也是作为海洋大国的美国始终关注的海洋议程。作为世界历史上第一个关于公海的制度安排,《公海公约》为包括公海自由原则在内的公海机制奠定了基础。

关于渔业和公海生物资源养护问题,《渔业及公海生物资源养护公约》规定,公海生物资源养护问题应由有关国家通过国际合作予以解决;沿海国对于邻接其领海的公海区域内的生物资源享有特殊利益,其他国家在邻接另一国领海的公海区域从事渔业活动,有关各方应通过谈判方式达成包括公海生物资源养护在内的、基于渔业和海洋科学知识的相关措施。对于海洋渔业纠纷,《渔业及公海生物资源养护公约》规定由特设委员会予以处置。[①]

在邻接美国的公海区域建立渔业保护区是"杜鲁门公告"的重要内容,也是引发毗连区渔业问题和公海渔业纷争的源头。作为国际海洋关系中具有悠久历史的传统领域,渔业问题关乎各国经济利益,世界各国都将海洋渔业权益作为海洋权益中一项不可分割的重要权益,并采取各种措施维护国家周边海域或公海的渔业权益。正因如此,渔业问题是国际海洋议程中错综复杂的问题之一。随着"杜鲁门公告"的出台,战后渔业问题不仅与领海问题相关,而且牵扯到毗连区和大陆架事务,同时涉及公海生物资源养护及相关的国际合作。从某种意义上讲,公海渔业及相关问题的纷争和对峙是 20 世纪 50 年代国际海洋关系的重要特征。[②] 围绕海洋渔业问题,美国同拉美国家和英国展开了长期的颉颃抗衡,各方立场尖锐对立。鉴于此,《渔业及公海生物资源养护公约》对渔业权益的划分仅仅要求有关各方谈判解决,但并未规定具体的谈判规则,尤其没有赋予沿海国以排他性的渔业权利。这无疑意味

①　《国际条约集(1958—1959)》,第 180–187 页。

②　Francisco O. Vicuña, *The Changing International Law of High Seas Fisheries*, New York: Cambridge University Press, 1999, p.18.

着,以"杜鲁门公告"为起点,有关国家围绕海洋渔业资源和渔业权利的较量将持续进行。与此同时,作为第一个全球性的公海渔业公约,《渔业及公海生物资源养护公约》延续"杜鲁门公告"在名义上所宣示的渔业资源保护理念,①第一次确立了综合性国际合作规则,因此,《渔业及公海生物资源养护公约》是公海渔业管理和规制的一个转折点,②公海渔业资源养护成为国际海洋制度的一个重要组成部分。从这个意义上讲,《渔业及公海生物资源养护公约》是联合国第一次海洋法会议的突出成就之一。③

关于大陆架及其权利属性,《大陆架公约》规定,大陆架指邻接海岸但在领海之外的海底和底土,其外部界限为 200 米等深线,或在 200 米等深线之外但其上覆水域允许开采自然资源的深度;出于勘探大陆架并开发其自然资源的目的,沿海国对大陆架行使具有专属权利性质的主权权利;沿海国对大陆架的主权权利不影响大陆架上覆水域的公海性质及其法律地位,亦不影响大陆架上覆空域的法律地位;大陆架划界问题应由有关国家根据协定划分。④

毫无疑问,联合国第一次海洋法会议通过的《大陆架公约》是有关国家运用国际立法方式界定大陆架含义及其范畴的第一次重大努

---

① 沈鹏:《美国对公海渔业资源开发的政策》,《美国研究》2018 年第 3 期,第 64 页。

② Maria Gavouneli, *Functional Jurisdiction in the Law of the Sea*, Boston: Martinus Nijhoff Publshers, 2007, p. 98.

③ Arthur H. Dean, "The Geneva Conference on the Law of the Sea: What Was Accomplished," p. 625.

④ 《国际条约集(1958—1959)》,第 188 - 192 页。有关《大陆架公约》谈判过程的详细分析,参见 Marjorie M. Whiteman, "Conference on the Law of the Sea: Convention on the Continental Shelf," *The American Journal of International Law*, Vol. 52, No. 4, 1958, pp. 629 - 659。

力。① 随着《大陆架公约》的签署和生效,世界海洋史上第一个大陆架机制得以建立。纵观大陆架问题的谈判历程不难看出,美国的大陆架公告引发有关国家纷纷提出大陆架权利主张,进而构成从国际层面谈判大陆架制度安排的动力。② 对于美国而言,通过《大陆架公约》及以此为基础的大陆架机制,"杜鲁门公告"实现了国际层面的制度化,③美国的大陆架政策目标基本实现。首先,《大陆架公约》有关大陆架的界定及其外部界限规则基本采纳了"杜鲁门公告"的政策原则。其次,《大陆架公约》有关大陆架权利性质和权利限定的规则与"杜鲁门公告"的政策构想和美国的政策主张基本一致。④ 诚然,除 200 米等深线的外部界限外,《大陆架公约》还规定了可开采原则,但这一原则归根到底是美国为吸引发展中国家接受《大陆架公约》而作出的妥协,且对拥有技术优势的美国更为有利。因此,作为国际海洋制度的创新,《大陆架公约》的主要原则和规则体现了"杜鲁门公告"的构想,是"杜鲁门公告"政策原则的国际性延伸和拓展,⑤是美国主导大陆架机制的集中体现。从发展中国家的角度来看,《大陆架公约》的制度规则为专属经济区议程的设立开辟了道路,鉴于此,《大陆架公约》堪称联合国第一次海洋法会议达成的四个公约中最重要的一个公约。⑥

　　总之,面对源于"杜鲁门公告"的诸多海洋争议,美国无法单独解

① Richard Young, "The Geneva Convention on the Continental Shelf: A First Impression," *The American Journal of International Law*, Vol. 52, No. 4, 1958, p. 733.
② 刘中民:《世界海洋政治与中国海洋发展战略》,第 251 - 252 页。
③ Finn Laursen, *Superpower at Sea: U. S. Ocean Policy*, New York: Praeger, 1983, p. 3.
④ 舒建中:《美国对外政策与大陆架制度的建立》,第 42 页。
⑤ Jack N. Barkenbus, *Deep Seabed Resources: Politics and Technology*, New York: The Free Press, 1979, pp. 30 - 31.
⑥ Clyde Sanger, *Ordering the Oceans*, p. 17.

决,不得不转而依托联合国这一多边平台。同时,"杜鲁门公告"引发的一系列海洋问题和海洋争端同样是有关国家寻求借助联合国平台构建国际海洋制度的政策动因。在联合国第一次海洋法会议期间,领海宽度问题、毗连区渔业问题是美国同有关国家博弈的核心议题,与之相关的分歧是制约谈判进程的关键因素。① 作为谈判妥协的产物,联合国第一次海洋法会议通过四个多边公约,程度不等地改变了基于格劳秀斯传统的海洋自由机制。② 由于利益纠葛错综复杂,相关公约未能根本解决领海宽度问题和毗连区渔业问题,对公海渔业资源及其纠纷的规定亦是原则性和框架性的。同时应当看到,依托联合国第一次海洋法会议的谈判成果,领海及毗连区机制、公海机制、公海生物资源养护机制、大陆架机制等海洋制度初现端倪,尽管初创时期的海洋机制尚不完备,联合国第一次海洋法会议及其确立的相关机制毕竟为战后国际海洋关系的发展变革构筑了制度议程和谈判框架,标志着战后国际海洋制度的缘起。

综上所述,以"杜鲁门公告"为肇端,国际海洋事务成为战后国际关系中一个争论激烈的领域,进而触发了战后国际海洋制度的建构历程。在此期间,美国始终发挥着重要作用,是战后国际海洋制度谈判进程的肇引者和推动者。首先,"杜鲁门公告"不仅引发了大陆架问题的广泛争论,而且再度激活了传统的领海及领海宽度之争和渔业争论,成为引领战后国际海洋制度变革的先声。其次,在美国同拉美国家以及英国的早期谈判中,"杜鲁门公告"引发的领海及领海宽度、毗连区渔业等海

---

① 领海宽度和毗连区渔业问题是密切相关的海洋议题,但中国学术界专门研究联合国第一次海洋法会议期间渔业争论的成果并不多见。有关美、英、加围绕领海宽度展开的争论,参见张郭:《领海宽度之争与美国海洋自由观论析》,《中国海洋大学学报(社会科学版)》2020年第2期,第11-14页。

② Robert L. Friedheim, *Negotiating the New Ocean Regime*, Columbia: University of South Carolina Press, 1993, p. 24.

洋问题,始终是有关各方海洋谈判的主题。再次,在联合国第一次海洋法会议期间,领海及领海宽度、毗连区渔业问题同样是美国同相关国家争论的焦点,是制约谈判进程和谈判成果的核心议题,再度展示了"杜鲁门公告"设置的海洋议程,以及美国政策立场对国际海洋制度建构的波及力和影响力。从这个意义上讲,"杜鲁门公告"不仅引发了广泛的海洋争论,而且还以令人意想不到的方式促使有关国家和联合国开始制定新的国际海洋规则,寻求构建普遍性国际海洋制度。基于此,在战后国际海洋制度的缘起中,美国发挥了议程引领和谈判推动的作用。

（本文原载《史学月刊》2023 年第 9 期,收入本论文集时作了适当修改）

美国对外政策与大陆架制度的建立*

【摘　要】　大陆架制度是国际海洋制度的重要创新,美国的政策构想则为大陆架制度的建立奠定了基础。通过"杜鲁门公告",美国率先提出大陆架权利主张,从而将大陆架问题引入国际海洋制度议程。通过相关国际谈判,美国以"杜鲁门公告"的政策原则为基础,构筑起符合美国利益的大陆架制度。因此,在大陆架制度的建立过程中,美国发挥了政策设计、外交推动和规则制定等方面的主导作用。与此相对,由于美国拒绝批准《联合国海洋法公约》,美国又成为游离于国际海洋制度之外的唯一海洋强国。

【关键词】　美国　"杜鲁门公告"　大陆架制度　海洋议程

大陆架制度(Continental Shelf Regime)是现代国际海洋制度的重要组成部分,在大陆架制度的建立过程中,美国发挥了积极的主导作用,正是美国的政策计划和外交努力推动了大陆架制度的建立。鉴于此,探讨美国与大陆架制度的关系,对于理解国际海洋制度的发展演进

---

*　本文为"南京大学人文基金"资助项目,项目编号:LSRWG1006。

无疑具有重要意义。目前,国内学术界对大陆架问题的研究更多地侧重于法律层面,迄今尚没有从美国对外政策的角度探讨大陆架制度及其建立过程的研究成果。为此,本文利用美国国务院外交档案资料,从美国对外政策的角度探讨了大陆架制度的建立过程及其制度变迁,剖析了美国在大陆架制度中的主导作用,其标志就是:美国倡导的自然延伸原则、大陆架上覆水域公海性质原则和大陆架划界公平原则成为大陆架制度的基本原则。

一、大陆架问题与"杜鲁门公告"

长期以来,人类主要基于两个目的利用海洋:捕鱼和海运。正因如此,在相当长的历史时期内,国际社会没有形成具有普遍意义的国际海洋制度,海洋自由原则尤其是公海自由原则成为世界各国普遍遵循的基本原则。进入 20 世纪之后,随着现代科学技术的发展,海底资源的勘探开发已经具有现实可能性;现代军事技术的发展尤其是潜艇的出现,亦凸显了海底及其底土的战略与安全重要性。在此背景下,传统的海洋自由原则开始面临新的议题和挑战,因为技术的进步不仅拓展了海洋利用的规模和强度,而且深刻地改变了海洋利用的法律和政治基础。① 鉴于大陆架是海底资源开发尤其是海底石油开发最先展开的区域,大陆架问题遂成为海洋制度变革的突出议题之一。

实际上,在第二次世界大战期间,大陆架问题就引起了美国的重视。1943 年 6 月,美国内政部部长哈罗德・伊克斯就致函罗斯福总统,首次阐述了大陆架对美国的经济和安全意义。伊克斯认为,大陆架

---

① Jack N. Barkenbus, "The Politics of Ocean Resource Exploitation," *International Studies Quarterly*, Vol. 21, No. 4, 1977, p. 676.

及其上覆水域蕴藏着丰富的渔业、石油及其他自然资源,其经济开发潜力不容小视。与此同时,鉴于大陆架是潜艇的主要藏身之地,大陆架对于捍卫美国的安全同样具有重要意义。为此,伊克斯呼吁美国政府尽快制定大陆架政策,更新传统 3 海里领海的海洋观念,寻求通过国际谈判确认沿海国占有并利用大陆架及其上覆水域自然资源的权利。伊克斯的呼吁立即得到罗斯福总统和国务卿科德尔·赫尔的回应,并决定成立一个包括国务院、内政部、司法部和海军部等在内的政府部门间委员会以研究有关问题。① 至此,基于大陆架的经济和战略意义,美国启动了大陆架问题的政策设计。

经过紧张筹划,助理国务卿布雷肯里奇·朗主持草拟了两份政策方案:一份涉及大陆架海底和底土的自然资源问题,另一份涉及毗连美国海岸的公海区域的捕鱼权问题。此后,国务院和内政部的有关官员围绕上述方案展开了进一步磋商并达成原则共识。在此基础上,上述方案于 1944 年 9 月提交国务卿审阅。② 12 月初,国务卿爱德华·斯退丁纽斯批准了布雷肯里奇·朗提出的政策方案,并将其作为国务院的建议送交内政部部长伊克斯。斯退丁纽斯强调,一旦总统批准上述政策方案,美国将在非正式地征询有关国家的意见后予以公布。③

在进一步斟酌权衡之后,代理国务卿约瑟夫·格鲁和内政部部长伊克斯于 1945 年 1 月 22 日联名向罗斯福总统递交了一份备忘录,就大陆架及其资源和近海捕鱼权问题提出正式的政策计划(简称"1·22备忘录",Memorandum of January 22)。关于大陆架及其资源问题,

---

① U. S. , Department of State, *Foreign Relations of the United States* (cited as *FRUS*), 1945, Vol. 2, Washington, D. C. : U. S. Government Printing Office, 1967, pp. 1481 – 1482.
② *FRUS*, 1945, Vol. 2, pp. 1483 – 1485.
③ *FRUS*, 1945, Vol. 2, p. 1488.

"1·22备忘录"设计了三项原则:1. 位于公海之下但邻接美国海岸的大陆架海底和底土的自然资源属于美国,美国对其享有管辖权和控制权;2. 当大陆架延伸到其他国家海岸,或存在与邻近国家共享大陆架的情形时,大陆架的界限应由美国同相关国家根据公平原则予以确定;3. 大陆架上覆水域的公海性质及其自由与无障碍航行的权利并不因此受到任何影响。"1·22备忘录"同时强调,拟议中的大陆架政策将对美国的对外关系产生重要影响,鉴于美国从未向有关国家提及大陆架问题,在公布大陆架政策之前,美国将非正式地同有关国家交换意见。3月31日,罗斯福总统批准了"1·22备忘录"的政策建议。①

随着"1·22备忘录"的提出,美国有关大陆架问题的政策设计取得实质性进展。更为重要的是,"1·22备忘录"以地理邻接为前提,确立了美国大陆架政策的基本原则,即大陆架及其自然资源的管辖权原则、大陆架划界的公平原则以及大陆架上覆水域的公海性质原则,从而为美国的大陆架政策构筑了基本框架,并为"杜鲁门公告"奠定了政策基础。

作为对"1·22备忘录"的补充,美国于4月中旬制定了一份"关于适当利用与开发大陆架海底和底土自然资源的解释性声明"(以下简称"解释性声明"),进一步廓清了美国的大陆架政策构想。除重申"1·22备忘录"的政策原则之外,"解释性声明"指出,大陆架资源的利用有赖于各沿海国的合作,因而需要对沿海国的管辖权作出明确规定。"解释性声明"强调,国家安全考虑是美国提出大陆架管辖权的一个重要因素,其他国家在邻近美国海岸的大陆架上开发自然资源的行为必须得到美国的批准,其目的就是防止相关设施被用作军事基地以及其他军事用途,进而维护美国的海洋安全。更为重要的是,"解释性声明"首次

―――――――――――――――――

① *FRUS*, 1945, Vol. 2, pp. 1490 - 1492.

阐明了大陆架的政策内涵和外部界限,即大陆架指沿海国陆地在地理和地貌上向海的自然延伸,因而自然地附属于沿海国;大陆架海底和底土的自然资源是沿海国地下资源向海延伸的组成部分;大陆架的最大宽度不应超过 100 英寻(约 183 米)等深线。① 由此可见,"解释性声明"从经济、安全、地缘等方面解读了美国的大陆架政策,并为"杜鲁门公告"提供了最为全面的政策前提。② 尤其值得注意的是,通过"解释性声明",美国不仅设计了大陆架的外部界限,而且拓展了"1·22 备忘录"所内含的地理邻接概念,强调大陆架基于沿海国陆地向海的自然延伸并附属于陆地,由此阐明了确定大陆架的前提条件——地理邻接原则和自然延伸原则,从而进一步充实了"1·22 备忘录"的政策设计,并为美国大陆架政策的推进提供了更加完备的技术支撑。此后,在围绕海洋法及大陆架问题的国际谈判中,美国反复强调,自然延伸原则是支撑美国大陆架政策的基本依据之一,③地理邻接和自然延伸原则亦成为构筑大陆架制度的首要原则。

在完成了相关的政策准备后,美国随即着手同有关国家展开非正式磋商。鉴于大陆架问题与美国的两个邻国——加拿大和墨西哥——直接相关,美国于 4 月下旬首先将"1·22 备忘录"及"解释性声明"送交加拿大和墨西哥并寻求支持。④ 至此,按照既定的政策推进程序,美国开启了将"1·22 备忘录"的政策构想纳入非正式国际磋商的进程。

从 5 月初起,美国将"1·22 备忘录"和"解释性声明"分别送交英国、法国、苏联、荷兰等国,希望得到这些国家的响应和支持。但截至 6

---

① *FRUS*, 1945, Vol. 2, pp. 1499 – 1503.

② Ann L. Hollick, *U. S. Foreign Policy and the Law of the Sea*, Princeton: Princeton University Press, 1981, p. 49.

③ U. S. , Department of State, *American Foreign Policy: Current Documents 1957*, Washington, D. C. : U. S. Government Printing Office, 1961, p. 274.

④ *FRUS*, 1945, Vol. 2, pp. 1493 – 1495.

月中旬,上述国家仍然没有对美国的政策构想作出明确答复。① 由此可见,与传统的海洋自由观念和原则不同,大陆架的管辖权和控制权是一个全新的政策设想,在美国通报大陆架政策构想之前,其他国家并未考虑大陆架的管辖权问题。鉴于此,面对美国的政策倡议,相关国家需要更多的时间进行政策研究和评估,因而无法在短期内回应美国的构想。

实际上,按照"1·22备忘录"的政策设计,美国只是就大陆架问题非正式地征求其他国家的意见,这些磋商并不影响美国单方面公布有关大陆架的政策计划。因此,在完成了政策设计及与有关国家的磋商程序之后,美国决定公布其大陆架政策。1945年9月28日,美国总统杜鲁门发布公告,就大陆架问题阐明了美国的立场。关于大陆架管辖权,杜鲁门宣布,位于公海之下但邻接美国海岸的大陆架海底和底土的自然资源属于美国,美国对其享有管辖权和控制权;关于大陆架划界问题,杜鲁门表示,当大陆架延伸到其他国家海岸,或存在与邻近国家共享大陆架的情形时,大陆架界限应由美国与相关国家根据公平原则予以确定;关于大陆架管辖权与其上覆水域的关系问题,杜鲁门声称,大陆架上覆水域的公海性质及其自由与无障碍航行的权利并不因此受到任何影响。② 至此,经过两年多的精心设计和酝酿,美国最终以"杜鲁门公告"的形式正式公布了美国的大陆架政策。③

从根本上讲,"杜鲁门公告"完全沿袭了"1·22备忘录"的政策设计,单方面确立了美国的大陆架政策,并对国际海洋制度的发展演进产

① *FRUS*, 1945, Vol. 2, pp. 1510 – 1511.

② The National Archives of the United States, *Public Papers of the Presidents of the United States: Harry S. Truman, 1945*, Washington, D. C.: U. S. Government Printing Office, 1961, pp. 352 – 353.

③ "杜鲁门公告"的另一个内容是在邻近美国海岸的公海区域建立渔业保护区。本文主要探讨大陆架制度问题,渔业问题及其国际制度将另文论述。

生了重要影响。

首先，"杜鲁门公告"以"1·22备忘录"的大陆架及其自然资源管辖权原则为基础，明确宣示了美国对邻接其海岸的大陆架的管辖权，由此标志着美国的大陆架政策正式确立，以及美国的海洋政策出现重大变化。从对国际海洋制度的影响来看，"杜鲁门公告"是海洋大国对超出领海范围的大陆架及其自然资源主张管辖权的第一个权利诉求，由此对传统的海洋自由原则构成了全新的挑战，至少改变了广为接受的海洋自由原则，[①]因此，通过主张大陆架及其自然资源的管辖权，"杜鲁门公告"成为国际海洋关系及海底政治发展的一个里程碑。[②]进而言之，"杜鲁门公告"的国际影响就在于：该公告"首次提出了大陆架这一海洋法的概念和制度，在海洋法史上开创了扩大国家管辖范围的先例"。[③]正因如此，以"杜鲁门公告"为标志，大陆架问题成为国际海洋关系中一个全新的重要议题。

其次，根据"1·22备忘录"所设计的大陆架上覆水域公海性质原则，在确立美国的大陆架管辖权的同时，"杜鲁门公告"又明确表示美国的大陆架管辖权并不影响领海之外的大陆架上覆水域的公海性质，因此，"杜鲁门公告"展示了美国海洋政策的双重目标。一方面，鉴于3海里领海界限之外的大陆架蕴藏着丰富的石油和其他矿产品，鉴于美国拥有广阔的海岸线和大陆架及先进的海洋开发技术，将国家管辖权延伸至大陆架及其自然资源无疑将使美国获得更多的海洋利益；不仅如此，杜鲁门还特别强调，大陆架管辖权"对于维护美国的国家安全至关

---

①　Ram P. Anand, *Origin and Development of the Law of the Sea*, Hague: Martinus Nijhoff Publishers, 1982, p.164.

②　(加拿大)巴里·布赞:《海底政治》,时富鑫译,北京:生活·读书·新知三联书店1981年版,第16页。

③　孙书贤:《国际海洋法的历史演进和海洋法公约存在的问题及其争议》,《中国法学》1989年第2期,第104页。

重要"。① 另一方面,"杜鲁门公告"又重申,大陆架上覆水域仍然具有公海性质,并将继续适用海洋自由原则。作为贸易大国和海上强国,最大限度的海洋自由将有助于维护美国的海上航行、贸易发展、科学研究和军事利益。② 由此可见,"杜鲁门公告"所宣示的大陆架管辖权与美国坚持的海洋自由原则是一个政策统一体,是为美国量身定制的海洋政策,③其目的就是最大限度地维护并拓展美国的海洋利益。

再次,基于"1·22备忘录"的政策构想,"杜鲁门公告"正式宣布了大陆架划界的基本原则——公平原则,但美国并未阐明公平原则的具体标准,从而为大陆架划界的国际争论埋下了伏笔。与此同时,尽管"杜鲁门公告"没有指明大陆架外部界限,但白宫发布的新闻稿却明确表示,沿海国陆地向海延伸至100英寻等深线的区域应被视为大陆架,以此标准,美国管辖的大陆架区域约为75万平方海里;美方同时强调,美国对大陆架及其自然资源的管辖权决不意味着扩大美国的领海界限。④ 至此,美国有关大陆架及其外部界限的政策正式形成,即根据美国业已表明的立场,大陆架应以地理邻接原则和沿海国大陆的自然延伸原则为前提,以100英寻等深线为外部界限。由此可见,美国的大陆架及其外部界限政策为有关谈判的展开圈定了基本的范畴,并对大陆架制度的形成产生了重要影响。应当看到,鉴于有关国家对此持不同的观点,大陆架划界标准和大陆架外部界限标准亦成为国际谈判的焦点问题。

---

① Harry S. Truman, *Memoirs: Years of Trial and Hope*, Garden City: Doubleday & Company, Inc., 1956, p. 481.

② Louis Henkin, "Politics and the Changing Law of the Sea," *Political Science Quarterly*, Vol. 89, No. 1, 1974, pp. 58 - 59.

③ Lawrence Juda, *International Law and Ocean Use Management: The Evolution of Ocean Governance*, London: Routledge, 1996, pp. 96 - 97.

④ *FRUS*, 1945, Vol. 2, pp. 1528 - 1530.

总之,面对海洋开发技术和海洋军事技术的发展,美国开始制定新的海洋政策,包括大陆架政策。为此,美国拟定了"1·22备忘录",从而为美国的大陆架政策奠定了基本框架。以"杜鲁门公告"为标志,美国的大陆架政策正式确立,其目标就是最大限度地维护并拓展美国的海洋经济利益和海洋安全。其后,"杜鲁门公告"以单边方式宣布了美国对大陆架及其自然资源的管辖权,由此带来了国际海洋关系的新变化,引发了国际海洋关系的一个新议题——大陆架问题,进而开启了战后国际海洋制度变革的历史进程。

二、美国与大陆架问题的国际谈判

作为世界性海洋强国的单方面政策宣示,"杜鲁门公告"在很大程度上对海洋自由原则构成了最严重的冲击,其具体表现就是,"杜鲁门公告"引发了其他国家对于海洋资源的一系列单方面的、更大范围的政策诉求,[①]正因如此,"杜鲁门公告"及其大陆架权利主张是现代海洋史上海洋管辖权逐步扩展的开端。[②] 紧随"杜鲁门公告"之后,6个拉美国家宣布对邻接其海岸的大陆架自然资源行使管辖权。1951—1958年,又有28个沿海国家单方面宣布对大陆架行使管辖权,其中17个国家甚至宣布对大陆架行使某种形式的主权。1952年8月,智利、厄瓜多尔和秘鲁发表《圣地亚哥宣言》,宣布行使200海里领海主权,包括对领海之下的大陆架和洋底行使领土主权。尽管美国对其他国家扩大海洋管辖权甚至主权的作法表示强烈反对,但由于已经单方面开创了扩

---

① Jack N. Barkenbus, "The Politics of Ocean Resource Exploitation," p. 677.
② Robert L. Friedheim, *Negotiating the New Ocean Regime*, Columbia: University of South Carolina Press, 1993, p. 112.

大海洋管辖权的先例,美国的反对毫无效果。① 由此可见,以"杜鲁门公告"为先导,其他沿海国家纷纷寻求对大陆架行使管辖权甚至主权,进而引发了一系列海洋纷争和矛盾,海洋问题随即成为国际关系中的热点问题之一。在此背景下,美国开始考虑推动国际社会制定新的海洋法以应对国际海洋关系的新发展,从这个意义上讲,正是"杜鲁门公告"促使大陆架规则成为国际法亟待解决的问题。②

早在 1947 年 11 月,联合国大会就通过决议,设立国际法委员会以负责国际法的制定和编纂。鉴于国际海洋关系处于急剧变化的时期并出现诸多新问题,在 1949 年举行的国际法委员会第一次会议上,美国促使国际法委员会将公海问题(包括毗连区和大陆架)和领海问题列为优先处理事项,以期推动新的国际海洋制度的建立。1950 年至 1956 年,国际法委员会围绕海洋法问题展开了密集磋商。就大陆架而言,争论集中在三个问题上,即大陆架的法律含义问题;大陆架的外部界限问题(大陆架外部界限是以 200 米等深线为准,还是以可开采原则为准);大陆架的权利性质问题(包括管辖权、主权以及主权权利之争)。③ 在此期间,作为海洋大国的美国积极参与有关磋商,力图以"杜鲁门公告"的政策原则为基础影响大陆架问题的谈判进程,进而构建符合美国利益的大陆架制度。

为推动美国政策目标的实现,在参与国际法委员会有关磋商的同时,美国还同英国围绕海洋法问题展开了一系列非正式会谈。在 1951 年 3 月 23 日的会谈中,美英集中讨论了有关大陆架的国际法原则问

---

① James B. Morell, *The Law of the Sea: An Historical Analysis of the 1982 Treaty and Its Rejection by the United States*, Jefferson: McFarland & Company, Inc., 1992, p. 5.

② Louis Henkin, "Politics and the Changing Law of the Sea," p. 49.

③ Lawrence Juda, *International Law and Ocean Use Management*, pp. 98 - 102.

题。关于大陆架及其外部界限,美英认为,与"杜鲁门公告"的政策原则相一致,沿海国对邻接其海岸的大陆架拥有初始权利,大陆架外部界限应为200米等深线;对于拉美国家提出的200海里领海主权及领海之下大陆架和洋底的领土主权问题,美英均认为应予反对。关于大陆架的权利性质,美方强调,根据"杜鲁门公告",美国宣布对大陆架及其自然资源行使管辖权,其目的就是不改变大陆架上覆水域的公海性质,但包括英国在内的其他国家却宣布对大陆架行使主权,这有违美国的政策初衷。关于大陆架权利主张对大陆架上覆水域航行的影响,尤其是大陆架上建立的人工设施对航行的影响问题,美英认为,处理这一问题的基本原则是:大陆架的开采权利及其人工设施不应对公海航行构成不合理的妨碍。鉴于国际法委员会建议在人工设施周围可设定约500米的安全带,美英认为,安全带不是领海,应严格限制为管辖权。关于在大陆架上铺设海底电缆和石油管线问题,美方强调,根据"杜鲁门公告"设定的管辖权原则,在大陆架上铺设海底电缆和石油管线的行为无需事先获得沿海国的批准。美英一致认为,两国在海洋法问题上达成共同立场将足以影响国际法委员会的最终报告。①

由此可见,通过一系列会谈,美英就大陆架问题广泛交换了意见。尽管在大陆架权利性质上存在分歧,美英仍然就大陆架及其外部界限等问题达成原则共识,基本框定了大陆架问题的谈判议程,并对国际法委员会的谈判进程以及大陆架制度的建立产生了重要影响。

在美国的积极推动下,国际法委员会于1951年6—7月围绕大陆架及其相关问题进行了专门磋商,并形成一个大陆架草案。1952年4月,国际法委员会将包括大陆架草案条款的中期报告送交有关国家审

---

① *FRUS*, 1951, Vol. 1, Washington, D. C.: U. S. Government Printing Office, 1979, pp. 1705 - 1712.

议。在认真研究之后,美国于 5 月对国际法委员会中期报告中的大陆架草案作出回复,美方认为,大陆架草案有关大陆架及其界限、大陆架权利性质等问题的界定与"杜鲁门公告"基本一致,因此,美国同意大陆架草案的原则条款,希望以此为基础推动有关磋商的进一步展开并形成最后文本。美方同时强调,大陆架草案所定义的管辖权和控制权实际上就是沿海国勘探大陆架并开发其资源的专属权利。① 由此可见,国际法委员会的大陆架草案基本沿袭了"杜鲁门公告"所界定的政策原则,因而标志着美国以"杜鲁门公告"为基础推动建立大陆架制度的努力取得积极进展。

鉴于国际法委员会的大陆架草案基本符合美国的政策要求,为按照"杜鲁门公告"的政策原则尽快推动大陆架制度的建立,美国竭力寻求 1953 年举行的第八届联合国大会先期通过大陆架草案。美方的理由是:大陆架与渔业保护区问题及公海的相关问题截然不同,而且,大陆架问题可以在不影响有关国家的领海诉求的情况予以妥善处理。但由于冰岛等国的反对,联合国大会于 12 月通过的决议强调,公海、领海、毗连区和大陆架问题是一个密切相关的整体,在包括公海和领海等问题的所有海洋法条款制定之前,联合国大会将不对海洋制度的部分条款采取任何行动,②美国希望联合国大会单独通过大陆架草案的努力没有成功。

为扭转联合国大会决议通过之后美国面临的被动局面、推动大陆架制度的建立,美国再度展开了紧张的外交磋商。在 1954 年 7 月与英国的会谈中,美国强调,为避免其他国家采取进一步的单边行动以扩大公海管辖权,美国主张将大陆架问题同渔业保护区问题及领海问题区

---

① *FRUS*, 1952 – 1954, Vol. 1, Part 2, Washington, D. C.: U. S. Government Printing Office, 1983, pp. 1665 – 1666.

② UN, *Yearbook of the United Nations* (cited as *YUN*), 1953, pp. 678 – 679.

别对待,以期敦促联合国批准大陆架草案,从而为大陆架制度的建立奠定法律基础,维护海洋自由原则。为此,美国正在寻求有关国家的支持并将相关问题尤其是大陆架问题再次纳入联合国议程。对于美国的建议,英国表示完全赞同。关于大陆架草案的具体条款,美国再次对大陆架的权利性质阐明立场,认为大陆架的主权原则将导致有关国家对大陆架上覆水域和空域主张主权;鉴于主权原则是英国将其殖民地领土向海延伸部分纳入大陆架范畴的基础,英国方面仍坚持大陆架的主权原则。① 由此可见,美国的政策意图是:绕开存在广泛争议的公海制度、领海制度以及相关的渔业制度问题,并以"杜鲁门公告"的政策原则为基础,敦促联合国采取必要措施,先期建立符合美国利益的大陆架制度。

但是,其他国家坚持海洋法涉及的问题是一个彼此相关的有机整体,反对将大陆架问题从其他海洋制度的谈判中分割出去。在此背景下,联合国大会于 1954 年 12 月通过决议,要求国际法委员会继续研究公海制度、领海制度及所有相关问题并形成整体性最终报告,以便提交1956 年联合国大会审议。② 至此,美国先期建立大陆架制度的努力再度受挫。与此同时,联合国大会决议也为国际法委员会的海洋磋商设定了明确的期限,从而展示了联合国推进有关谈判的政治意愿,并为包括大陆架制度在内的海洋制度的建立创造了条件。

按照联合国大会决议的要求,国际法委员会于 1956 年 7 月完成了海洋法问题的磋商并将最终报告提交联合国大会,建议召开一次专门的海洋法国际会议,以便不仅从法律方面,而且从技术、生物、经济和政治等方面综合考虑海洋问题,并将其谈判成果体现为一个国际公约或

---

① *FRUS*, 1952－1954, Vol. 1, Part 2, pp. 1704－1711.
② *YUN*, 1954, p. 414.

多个国际公约,或其他相关文件。对于国际法委员会的报告,美国表示完全支持。相对于国际法委员会更具法律专业性质的磋商而言,海洋法国际会议的谈判可以将政治、经济和法律等因素纳入其中,从而为美国影响谈判进程提供了广阔的空间和多样的手段,因此,美国更愿意通过国际会议的方式磋商包括大陆架在内的海洋问题。① 更为重要的是,通过国际制度实现"杜鲁门公告"的制度化是美国追求的目标,而订立大陆架国际公约则是建立大陆架制度的有效途径。为此,美国建议将大陆架问题同海洋法的其他问题区别对待,力主先期建立大陆架制度。在美国的支持下,国际法委员会报告认为,海洋法会议的谈判成果可以体现为多个国际公约。以此为依据,即使公海和领海等问题相持不下,美国也可以要求订立有关大陆架的国际公约。因此,国际法委员会的报告符合美国有关分别处理海洋问题的政策主张,即在无法就海洋法的其他问题达成一致的情况下,先期就大陆架问题达成国际协议并建立大陆架制度。

1957 年 2 月,联合国大会以美国起草的决议案草案为基础通过一项决议,决定在 1958 年举行一次海洋法国际会议,以便根据国际法委员会提交的报告,就领海、公海、渔业保护区以及大陆架等海洋问题展开谈判,并寻求达成相应的国际公约。鉴于联合国大会决议符合美国的政策预期和谈判思路,美国对海洋法会议高度重视,并为此展开了积极的外交努力,同有关国家展开了密集的会前磋商。美国的目标是:摸清有关国家的基本政策观点,寻求就有关问题达成最大可能的谅解,尤其是敦促有关国家接受美国的政策立场,②以期推动海洋法会议沿着美国预期的谈判方向顺利进行。

---

① *FRUS*, 1955 - 1957, Vol. 11, Washington, D. C.: U. S. Government Printing Office, 1988, pp. 557 - 558.
② *FRUS*, 1955 - 1957, Vol. 11, pp. 570 - 571.

美国的会前外交取得积极的效果,尽管有关国家在领海宽度等问题上仍然存在巨大分歧,但在海洋法会议举行之前,有关国家已经就大陆架问题达成基本一致并接受了美国的政策主张,同意以国际法委员会提交的大陆架草案为基础订立大陆架公约。① 由此可见,在海洋法会议召开之前,有关国家在大陆架问题上已经不存在重大争议,并为大陆架公约的签署铺平了道路。

总之,面对"杜鲁门公告"之后国际海洋关系的新发展,美国开始考虑通过国际谈判确立新的国际海洋制度规则,包括寻求建立大陆架制度以实现"杜鲁门公告"及其政策原则的制度化和国际化。在美国的推动下,大陆架问题最终被纳入联合国海洋法磋商的议事日程。与此同时,美国还以"杜鲁门公告"的政策原则为指导,积极展开双边和多边外交,会同有关国家就大陆架问题达成原则共识。从很大程度上讲,正是美国的外交努力推动了联合国第一次海洋法会议的召开及大陆架制度的建立。

三、美国在大陆架制度中的主导作用与地位变迁

根据联合国大会决议,联合国第一次海洋法会议于 1958 年 2—4 月在日内瓦举行,86 个国家出席会议。经过紧张谈判,联合国第一次海洋法会议达成四项国际公约,即《领海及毗连区公约》《公海公约》《渔业及公海生物资源养护公约》《大陆架公约》。鉴于此次会议尚未就领海宽度和渔业保护区界限达成一致,联合国大会于 1958 年 12 月通过决议,决定于 1960 年举行联合国第二次海洋法会议,以期就悬而未决

---

① *FRUS*, 1958-1960, Vol. 2, Washington, D. C.: U. S. Government Printing Office, 1991, p. 648.

的海洋法问题达成协议。

尽管美国同其他国家在领海宽度等问题上仍然存在巨大分歧,但通过联合国第一次海洋法会议,美国最终敦促有关国家达成了《大陆架公约》。① 概括地讲,《大陆架公约》的主要内容包括以下几点。1. 关于大陆架的界定及其外部界限。所谓大陆架,是指邻接海岸但在领海之外的海底和底土,其外部界限为 200 米等深线,或在 200 米等深线之外但其上覆水域允许开采自然资源的深度。2. 关于大陆架的权利性质。出于勘探大陆架并开发其自然资源的目的,沿海国对大陆架行使主权权利,该主权权利是专属权利。3. 关于大陆架上覆水域的法律地位。沿海国对大陆架的主权权利不影响大陆架上覆水域的公海性质及其法律地位,亦不影响大陆架上覆空域的法律地位。4. 关于大陆架权利的限定。沿海国对大陆架行使的主权权利,包括在大陆架上建立人工设施的权利,不应对公海自由航行、捕鱼等构成不合理的妨碍;大陆架上的人工设施不具有岛屿地位,其存在不影响领海界限的划定。5. 关于大陆架划界问题。大陆架划界问题应由有关国家根据协定划分;当同一大陆架邻接两个以上海岸相向的国家时,大陆架划界应以相关国家领海基线最近各点距离相等的中央线为界线;当同一大陆架邻接两个毗邻国家时,大陆架划界应以相关国家领海基线最近各点距离相等的原则划定。② 随着《大陆架公约》的签署和生效,世界海洋史上第一个大陆架制度得以建立,美国的政策目标基本实现。

首先,《大陆架公约》有关大陆架的界定及其外部界限规则基本采纳了"杜鲁门公告"的政策原则。尽管《大陆架公约》在确立地理邻接原

---

① 按照相关程序,《大陆架公约》于 1964 年 6 月生效。截至 1969 年 8 月,共有 40 个国家批准或加入《大陆架公约》。

② 《国际条约集 1958—1959》,北京:商务印书馆 1974 年版,第 188 - 190 页。*YUN*,1958, pp. 379 - 380.

则的同时没有明确规定自然延伸原则,但按照联合国公共信息办公室的解释,根据地理邻接原则,大陆架就是指领海海底和底土向公海的自然延伸。① 因此,《大陆架公约》对大陆架的界定是以"杜鲁门公告"和美国的政策主张为基础的。关于大陆架的外部界限,《大陆架公约》规定了两个原则:一是美国主张的 200 米等深线原则;二是拉美国家主张的可开采原则,其目的就是最大限度地维护窄大陆架国家的利益。尽管美国一度指责拉美国家的主张将使大陆架的外部界限变得模糊不清且难以确定,②但在随后的谈判中,美国最终接受了可开采原则。因为作为拥有海洋开发技术优势和资金优势的国家,可开采原则实际上更有利于美国拓展大陆架的管辖和开发范围。因此,大陆架外部界限的规定仍然体现了美国的政策主张和利益取向。

其次,《大陆架公约》有关大陆架权利性质和权利限定的规则与"杜鲁门公告"的政策构想和美国的政策主张是基本一致的。在美国的坚持下,《大陆架公约》没有采纳拉美国家主张的主权原则,而是将沿海国的大陆架权利规定为主权权利,并明确规定该主权权利本质上是一种专属权利,从而顺应了美国的基本政策立场。此外,《大陆架公约》对沿海国大陆架权利的限定亦完全采纳了美国的政策主张,再次体现了美国对大陆架规则的影响力。更为重要的是,《大陆架公约》明确规定了大陆架上覆水域的公海性质,这与"杜鲁门公告"的政策原则完全一致,集中体现了美国推动建立大陆架制度的政策目标和利益。

再次,《大陆架公约》有关大陆架划界的规定是美国政策推动的结果。大陆架划界是美国关注的问题,但"杜鲁门公告"仅仅提出了公平划界的原则,并没有阐明大陆架划界的具体标准和途径。《大陆架公

① *YUN*, 1958, p.379.
② *FRUS*, 1955–1957, Vol.11, p.556.

约》根据"杜鲁门公告"的公平原则,确立了大陆架的划界方式,从而充实了公平原则的含义。同时应当看到,由于有关国家对于测算领海基线的标准和方法存在巨大的分歧,基于领海基线的大陆架划界问题实际上仍然具有不确定性,大陆架划界成为大陆架制度中长期悬而未决且争议不断的问题。

总之,《大陆架公约》的主要原则和规则体现了"杜鲁门公告"的政策构想和原则,从这个意义上讲,《大陆架公约》是"杜鲁门公告"政策原则的国际性延伸与拓展。[①] 通过《大陆架公约》及以此为基础的大陆架制度,"杜鲁门公告"实现了国际层面的法律化和制度化。[②] 正因如此,《大陆架公约》的签署是美国推进"杜鲁门公告"及其大陆架政策的重要成果,是美国主导大陆架制度的集中体现。

综上所述,大陆架制度是国际海洋制度的一个重要创新,而"杜鲁门公告"的政策构想和美国的政策原则则为大陆架制度的建立奠定了基础,《大陆架公约》的主要规则亦体现了美国的政策目标和利益取向。通过"杜鲁门公告",美国率先提出了大陆架的权利主张,从而将大陆架问题引入国际海洋议程,"杜鲁门公告"由此成为第二次世界大战后国际海洋关系发生巨大变革的开端。面对其他国家紧随美国之后提出的诸多海洋权利诉求,作为世界海洋大国,美国遂主张通过制定新的海洋制度规则以应对国际海洋关系的变迁,包括建立大陆架制度以实现"杜鲁门公告"及其政策原则的多边化和制度化,进而维护美国的海洋利益。为此,美国展开了积极的外交努力,推动了大陆架问题的国际谈判以及联合国第一次海洋法会议的召开。尽管有关国家在领海制度及渔

---

① Jack N. Barkenbus, *Deep Seabed Resources: Politics and Technology*, New York: The Free Press, 1979, pp. 30 - 31.

② Finn Laursen, *Superpower at Sea: U. S. Ocean Policy*, New York: Praeger, 1983, p. 3.

业保护区制度等问题上仍然存在广泛争议,但通过联合国第一次海洋法会议的多边谈判,美国最终促使有关国家以"杜鲁门公告"的政策原则为基础,达成了具有历史性意义的《大陆架公约》,确立了大陆架制度的基本规则。鉴于此,在大陆架制度的建立过程中,美国发挥了政策设计、外交推动和规则制定等方面的主导作用,大陆架制度亦是美国重构国际海洋秩序的一个重要方面。

实际上,"杜鲁门公告"不仅引发了大陆架问题的国际谈判,而且进一步刺激了领海及毗连区、渔业保护区等海洋问题的国际争论,但1960年举行的联合国第二次海洋法会议仍然未能就领海宽度和渔业保护区等问题达成一致。不仅如此,随着海洋谈判的深入,国际海底资源的开发与管理及其制度建设亦成为世界各国关注的焦点问题。在此背景下,联合国第三次海洋法会议(1973—1982年)经过长期谈判,最终达成一个涉及国际海洋关系所有领域的、迄今为止最广泛的《联合国海洋法公约》,[①]并以此取代联合国第一次海洋法会议达成的四个公约。

关于大陆架问题,《联合国海洋法公约》在继承1958年制度的基础上进一步发展了大陆架规则,这主要体现为以下几点。1. 大陆架的界定及其外部界限。《联合国海洋法公约》规定,沿海国大陆架包括其领海以外依其陆地领土的自然延伸,扩展到大陆边外缘的海底区域的海床和底土,如果从领海基线到大陆边的外缘的距离不到200海里,则扩展到200海里的距离;大陆架的最大宽度不应超过从领海基线量起的350海里,或不应超过2500米等深线100海里。2. 大陆架权利性质与权利限定。《联合国海洋法公约》规定,沿海国基于勘探大陆架并开发其自然资源的目的,可以对大陆架行使主权权利;沿海国对大陆架权利

---

① 　按照相关程序,《联合国海洋法公约》于1994年11月16日正式生效。

的行使不得对航行自由构成不合理的侵害或干扰;所有国家均享有在大陆架上铺设海底电缆和管道的权利。3. 大陆架上覆水域的法律地位。《联合国海洋法公约》明确规定,沿海国对大陆架的主权权利不影响大陆架上覆水域的公海性质及其法律地位,亦不影响大陆架上覆空域的法律地位。4. 大陆架划界问题。《联合国海洋法公约》规定,海岸相向或相邻国家间大陆架的界限,应在国际法院规约第 38 条所指国际法的基础上以协议划定,以便得到公平解决;有关国家应本着谅解和合作的精神,在达成协议之前寻求就大陆架界限作出临时性安排,以便促成大陆架界限最后协议的达成。① 至此,一个新的大陆架制度——1982 年大陆架制度——得以建立。

值得注意的是,除拓展了大陆架的外部界限之外,基于《联合国海洋法公约》的大陆架制度延续并重申了自然延伸原则、主权权利和权利限定原则、上覆水域公海性质原则以及划界公平原则。因此,1982 年大陆架制度及其规则同样体现了"杜鲁门公告"的政策构想和美国的政策原则,从这个意义上讲,1982 年大陆架制度仍然是美国政策影响的产物。

应当看到,在联合国第三次海洋法会议期间,发展中国家以前所未有的姿态全面参与了新的海洋法的谈判。一方面,正是在发展中国家的积极推动下,《联合国海洋法公约》规定了 200 海里专属经济区制度和国际海底开发制度,因此,《联合国海洋法公约》的通过与生效标志着发展中国家第一次积极参与了国际海洋新规则的制定,②表明发展中国家在新的国际海洋制度中的地位明显提升。另一方面,尽管美国对

---

① 联合国第三次海洋法会议:《联合国海洋法公约》,北京:海洋出版社 1992 年版,第 39 - 43 页。

② 联合国新闻部编:《〈联合国海洋法公约〉评价》,高之国译,北京:海洋出版社 1986 年版,第 7 页。

《联合国海洋法公约》的其他条款总体上不持异议,但对国际海底开发制度深表不满,声称国际海底开发条款有违美国的目标和利益,鉴于此,美国宣布拒绝接受《联合国海洋法公约》并投票反对。① 为推动《联合国海洋法公约》的生效与实施,联合国大会于 1994 年 7 月通过了《关于执行 1982 年 12 月 10 日〈联合国海洋法公约〉第十一部分的协定》,基本满足了美国有关修改《联合国海洋法公约》第十一部分及其附件三的要求。但时至今日,美国仍然没有批准《联合国海洋法公约》,成为游离于以《联合国海洋法公约》为核心的国际海洋制度——包括大陆架制度——之外的唯一海洋强国。

不容否认,美国是全程参与并主导《大陆架公约》有关谈判的国家,《大陆架公约》及其制度规则亦基本符合美国的利益和需要;1982 年大陆架制度同样沿袭了“杜鲁门公告”的政策原则,因而再次体现了美国在大陆架制度中的主导作用。但是,美国却以种种理由拒绝批准《联合国海洋法公约》。从根本上讲,美国拒绝批准《联合国海洋法公约》的主要原因就是试图进一步与有关国家和国际社会讨价还价,以期谋求更多的利益。应该看到,美国拒绝批准并加入《联合国海洋法公约》的行为损害了美国的国际形象,削弱了美国在全球海洋领域的主导作用,导致美国没有合法权利参与全球海洋政策的谈判和决策。②

随着发展中国家广泛参与国际海洋问题的谈判,《联合国海洋法公约》最终顺应发展中国家的要求,正式确立了专属经济区制度和国际海底开发制度,美国在主导大陆架制度的同时失去了在专属经济区制度和国际海底开发制度中的主导地位,由此表明其控制国际海洋谈判的能力相对削弱,以及在国际海洋关系中的地位面临新的变迁,并由此产

---

① U.S., Department of State, *American Foreign Policy: Current Documents 1982*, Washington, D.C.: U.S. Government Printing Office, 1985, pp. 356 – 358.

② 付玉:《美国与〈联合国海洋法公约〉》,《太平洋学报》2010 年第 8 期,第 91 页。

生了不满和抵制。与此同时，美国拒不批准《联合国海洋法公约》的行为亦表明，面对国际海洋关系的新变化，美国凭借其作为海洋强国的优势，在国际海洋关系中奉行单边主义，力图继续维护在国际海洋制度中的主导地位，但是，世界多极化已经是不可逆转的趋势，国际海洋关系的新格局已经确立和发展，《联合国海洋法公约》不会因美国的抵制而失去效力。

尽管美国至今仍然游离于由其主导建立的大陆架制度之外，但正是在美国的率先倡导和积极推动下，自然延伸原则、大陆架上覆水域公海性质原则和大陆架划界公平原则成为大陆架制度的基本原则。不容否认，在《联合国海洋法公约》生效后，大陆架制度及国际海洋关系面临的一个争论焦点就是大陆架划界问题。鉴于自然延伸原则是大陆架制度的首要原则和基本前提，《联合国海洋法公约》关于大陆架制度的原则和规则为有关国家通过谈判协商解决大陆架纷争、公平确定大陆架界限提供了具有约束力的制度框架。

（本文原载《国际论坛》2013 年第 4 期，收入本论文集时作了适当修改）

美国对外政策与联合国教科文组织的建立[*]

【摘　要】　利用全球性国际组织谋求美国在国际文化领域的主导地位,进而推进美国的国际文化战略是美国筹划建立联合国教科文组织的主要动因。在联合国教科文组织的谈判和建立过程中,美国发挥了政策设计、议程引领和规则制定等方面的主导作用,最终促成了联合国教科文组织的建立。但在主导建立联合国教科文组织之后,美国却无法控制联合国教科文组织的运转,更无法将联合国教科文组织作为推进美国国际文化战略与对外政策的工具。

【关键词】　美国　对外政策　联合国教科文组织　制度权力

作为联合国制度体系的一个重要组成部分,联合国教育、科学和文化组织(United Nations Educational, Scientific and Cultural Organization,简称联合国教科文组织,UNESCO)是教育、科学和文化领域最重要的全球性国际组织,在其建立过程中,美国发挥了积极的主

---

*　本文为"南京大学人文基金"资助项目,项目编号:LSRWG1006。

导作用。通过倡导在联合国框架内建立一个普遍性的教育和文化组织,美国将有关国家纳入美国设计的多边谈判轨道,最终促成了联合国教科文组织的建立。对于美国与联合国教科文组织的关系,国外学术界进行了广泛讨论且成果丰硕;中国学术界对这一问题的研究处于起步阶段,尚未展开系统的学术探讨,研究成果十分有限,尤其缺乏基于档案资料的论证。鉴于此,本文主要利用美国外交档案资料并借鉴国外学术界的研究成果,着重探讨了美国在联合国教科文组织建立过程中的主导作用,以期勾勒美国与联合国教科文组织的早期历史关系,进而为理解美国在联合国教科文组织中的政策与地位变迁提供启示。

一、战后教育和文化重建议程的启动

文化历来是国际关系的重要组成部分,是国际关系中最具深远影响力的因素。面对第二次世界大战给人类文明造成的巨大破坏,有关国家在思考战后国际安全问题以及经济贸易重建的同时,亦将关注的目光投向国际教育和文化关系的重建问题。

值得注意的是,在教育和文化重建领域率先展开实际行动的国家不是美国,而是身处世界反法西斯战争前线的英国。鉴于欧洲大陆相继被德、意法西斯占领,有关国家政府纷纷流亡英国,伦敦成为欧洲国家战时合作的中心。在此背景下,英国意识到,大量欧洲国家教育部长云集伦敦为英国倡导并主持欧洲国家的教育合作提供了独特的机会。① 于是,经过紧张筹划,英国会同欧洲各国流亡政府于 1942 年 11 月举行会议,其主要目的就是磋商战后欧洲教育体系的重建与合作。

---

① H. H. Krill De Capello, "The Creation of the United Nations Educational, Scientific and Cultural Organization," *International Organization*, Vol. 24, No. 1, 1970, p. 2.

该会议最初由英国、法国、比利时、卢森堡、希腊、挪威、荷兰、波兰、捷克斯洛伐克、南斯拉夫等国组成,此后,澳大利亚、加拿大、印度、新西兰、南非等英联邦国家亦参与会议进程。随着与会国的增加,有关国家遂决定设立定期举行的盟国教育部长会议,以便筹划建立一个国际教育组织。① 尽管最初的目的仅限于探讨战后欧洲教育体系的重建问题,盟国教育部长会议却成为酝酿建立联合国教科文组织的起点。②

在英国组织盟国教育部长会议的同时,大西洋彼岸的美国也在思考国际文化关系的重建问题。作为"山巅之城",美国坚信负有捍卫和传播西方文明的历史使命,并将文化外交作为美国对外政策必不可少的组成部分和有力工具。在美国看来,文化外交可以传播美国的思想、价值和观念,进而确保美国的安全。③ 由于教育具有塑造社会价值观念、传播文化意识形态的功能,美国对国际文化关系重建的关注也首先体现在教育领域,国务卿科德尔·赫尔早在 1940 年就指出,在构筑公正与持久和平的基石中,教育发挥着第一要务的作用。④ 由此可见,尽管此时的美国尚未参战,教育重建问题已经引起了美国决策者的重视。面对英国主持的盟国教育部长会议取得的进展,美国更加意识到教育和文化重建的战略意义,副国务卿萨姆纳·韦尔斯遂指示国务院咨询

① Charles Dorn and Kristen Ghodsee, "The Cold War Politicization of Literacy: Communism, UNESCO, and the World Bank," *Diplomatic History*, Vol. 36, No. 2, 2012, p. 376.

② UNESCO, *UNESCO: On the Eve of Its 40th Anniversary*, Paris: UNESCO, 1985, p. 12.

③ S. E. Graham, "The (Real) Politiks of Culture: U. S. Cultural Diplomacy in UNESCO, 1946 - 1954," *Diplomatic History*, Vol. 30, No. 2, 2006, p. 236.

④ William Preston, Jr., Edward S. Herman and Herbert I. Schiller, *Hope and Folly: The United States and UNESCO, 1945 - 1985*, Minneapolis: University of Minnesota Press, 1989, pp. 32 - 33.

委员会研究建立一个国际文化组织的可能性。① 与此同时,由于美国将建立一个普遍性国际安全组织作为战后对外政策的优先议程,战后国际贸易秩序、国际货币金融秩序、国际民用航空秩序的筹划亦在紧锣密鼓地进行之中,在此背景下,建立一个国际文化组织的构想仅限于政策研究的层面,美国并未立即采取实际行动。

在美国静待时机之际,盟国教育部长会议仍在继续发展。鉴于战后教育和文化的重建离不开联合国家的广泛参与,在 1943 年 7 月的盟国教育部长会议上,有关国家同意建立一个筹备委员会,并决定邀请美国、苏联、中国以及其他联合国家参加,②由此预示着盟国教育部长会议的组织规模有可能进一步扩大,进而促使美国加紧谋划国际教育和文化组织的构建。

尽管美国仅派驻英使馆官员列席前期的盟国教育部长会议,但密切注视着会议的发展动向,同时捕捉掌握主导权的时机,因为美国方面坚信,没有美国的援助(包括图书资料、实验室以及其他教育设施的援助),欧洲教育和文化的重建将难以付诸实施。③

随着教育和文化重建议程的展开,美国派遣国务院官员拉尔夫·特纳作为观察员出席 1943 年 10 月的盟国教育部长会议,目的就是进一步摸清欧洲国家尤其是英国的政策意图和政策计划,以便为美国的政策制定提供更为充分的准备。在会后致国务院的电文中,特纳呼吁美国尽快参加盟国教育部长会议,因为置身会外的美国将无法影响盟国教育部长会议的进程,更无法按照美国的意愿调整会议的组织结构

---

① James P. Sewell, *UNESCO and World Politics*: *Engaging in International Relations*, Princeton: Princeton University Press, 1975, p.56.

② U.S., Department of State, *Foreign Relations of the United States* (cited as *FRUS*), 1943, Vol.1, Washington, D.C.: U.S. Government Printing Office, 1963, p.1152.

③ *FRUS*, 1943, Vol.1, p.1154.

和政策方向。① 由此可见,面对盟国教育部长会议的逐步发展,美国深感必须全面参与有关谈判,进而推动会议朝着美国期望的方向发展,防止国际教育和文化组织的构建脱离美国的影响和控制。

总之,尽管英国在教育重建领域率先采取了实际行动并主持了盟国教育部长会议,但美国并未将教育和文化议题置于自身有关战后国际秩序的规划之外。美国的政策策略是:静观盟国教育部长会议的发展,寻机提出美国的政策计划并掌握主导权。

二、美国的政策设计与战略目标

在美国的领导下重建战后世界秩序是"山姆大叔"既定的战略目标,因此,对于教育和文化领域的秩序重建,美国自然不会袖手旁观。1943 年 11 月,美国非正式地建议将盟国教育部长会议转变为联合国家教育和文化会议,以便制定教育和文化领域的国际合作计划。面对美国的呼吁,英国立即作出回应。12 月 9 日,英国代表盟国教育部长会议正式邀请美国、苏联、中国以及其他联合国家参与有关谈判,以期在战后建立一个永久性的国际组织,帮助遭受战争破坏的国家重建教育和文化体系,推动教育和文化领域的国际合作。②

作为全面参与教育和文化谈判的政策准备,美国副国务卿爱德华·斯退丁纽斯于 1944 年 2 月 14 日向罗斯福总统递交了一份详细的政策备忘录(简称"斯退丁纽斯备忘录",Memorandum of Stettinius),正式勾画了美国的政策目标并得到罗斯福总统的批准。"斯退丁纽斯备忘录"首先指出,为推动战后教育和文化领域的重建与国际合作,必

---

① Roger A. Coate, *Unilateralism*, *Ideology*, *and U. S. Foreign Policy*: *The United States in and out of UNESCO*, Boulder: Lynne Rienner Publishers, 1988, p. 26.
② *FRUS*, 1943, Vol. 1, pp. 1158 – 1160.

须建立一个行之有效的政府间国际组织,为此,应将盟国教育部长会议转变成为联合国家教育和文化重建咨询委员会,以便就相关问题展开磋商,最终目标就是寻求建立联合国家教育和文化重建机构。基于这一目标,"斯退丁纽斯备忘录"设计了教育和文化领域的多边谈判议程,强调联合国家教育和文化重建咨询委员会的磋商议题应当包括:联合国家教育体系的恢复和重建,图书资料、期刊杂志、科学设备的援助,纪念馆、艺术馆、档案馆、图书馆的重建及其援助事项等。①

以"斯退丁纽斯备忘录"的出台为标志,美国有关国际教育和文化领域制度设计的政策原则基本确立。鉴于战后国际教育和文化秩序的重建离不开美国的援助,教育和文化援助事宜的磋商将有利于美国影响谈判的议题和方向,体现了美国寻求主导谈判进程的政策意图。更为重要的是,鉴于拟议中的联合国将在美国的主导下建立起来,"斯退丁纽斯备忘录"主张将教育和文化领域的国际机构作为未来联合国的组成部分,以期凭借美国在联合国中的主导地位影响并控制教育和文化领域的国际组织。由此可见,"斯退丁纽斯备忘录"集中展示了美国的政策目标和战略意图,即以援助为手段,利用拟议中的联合国组织为平台,以联合国家教育和文化组织取代英国主持的盟国教育部长会议,进而谋求美国在教育和文化领域的国际领导地位。对于美国的政策构想和战略目标,特纳作出明确的诠释:在教育和文化领域提供国际领导是美国的责任,美国不应让这种责任旁落到英国手上,而应通过多边方式推进并拓展教育和文化领域的国际合作,维护美国的国际领导地位。②

---

① *FRUS*, 1944, Vol. 1, Washington, D. C. : U. S. Government Printing Office, 1966, pp. 966 - 967.

② Frank A. Ninkovich, *The Diplomacy of Ideas : U. S. Foreign Policy and Cultural Relations*, *1938 - 1950*, Cambridge : Cambridge University Press, 1981, p. 78.

在进一步研究"斯退丁纽斯备忘录"的政策设计之后,国务卿赫尔于 3 月 21 日致电英国政府,对英国的邀请作出回应,并同时告知苏联、中国等相关国家。赫尔电文沿袭了"斯退丁纽斯备忘录"设计的政策原则,强调美国参与教育和文化领域国际合作的目的就是建立一个联合国家教育和文化重建机构。[①] 在随后发表的声明中,美国国务院明确指出,教育体系的瓦解与经济和社会的混乱是紧密相关的,两者的结合将对世界的经济稳定、政治安全及和平建设构成严重威胁,因此,参与战后教育和文化的重建与合作符合美国的利益,建立联合国家教育和文化重建机构可以促进民主的国际合作,以及基于自由原则的国际文化交流,有利于维护世界和平与安全。[②] 至此,美国将组建联合国家教育和文化组织的构想正式通报英、苏、中等国并予以公布,首次向有关国家阐明了美国的政策原则和制度构想,力图将盟国教育部长会议转变为一个全新的国际组织,[③]标志着美国启动了寻求主导建立联合国教科文组织的外交努力。而且,美国的与会目标还超出了教育和文化重建的范畴,更多地关注国际教育和文化关系的政治与战略意义,强调建立联合国家教育和文化重建机构的长远目标就是推进基于自由和民主理念的国际文化合作,由此提升了美国设计战后国际教育和文化秩序的战略考量,美国的双重战略目标正式确立,即谋求美国在国际文化领域的主导地位,推进自由民主的国际文化战略。

总之,面对战后国际教育和文化重建议程的发展,美国在前期政策酝酿的基础上提出了建立联合国家教育和文化机构的政策原则和制度

---

① *FRUS*, 1944, Vol. 1, pp. 967 - 968.

② World Peace Foundation, *Documents on American Foreign Relations* (cited as *DAFR*), Vol. 6, 1943 - 1944, Boston: World Peace Foundation, 1945, pp. 488 - 489.

③ James P. Sewell, *UNESCO and World Politics*, p. 63.

方案,力图将国际教育和文化秩序的重建纳入美国主导的联合国体系,其战略目标就是谋求美国在国际教育和文化领域的主导地位,进而凭借国际组织提供的多边制度平台及其自由原则,拓展美国文化和意识形态的国际影响,推进美国标榜的自由民主的国际文化战略。

三、美国与联合国教科文组织的谈判

1944 年 4 月,盟国教育部长会议再度举行。在此期间,以国会议员威廉·富布赖特为首的美国代表团出席会议并重申,美国深知教育和文化国际合作的重要性,主张建立一个教育和文化领域的联合国家机构,为此,美国向会议提交了一份题为"关于将盟国教育部长会议发展成为联合国家教育和文化重建组织的建议案"。美国的意图很明显:以美国的政策原则和制度方案为指南,寻求创建美国主导的联合国家教育和文化重建组织。① 为实现这一目标,美国积极参与会议进程,将援助作为谈判筹码,竭力敦促与会国家接受美国的政策方案,美国甚至公开宣称,与会各国接受美国的政策计划是美国提供资金支持和教育援助的前提条件。② 在美国的积极推动下,会议的主要成果就是以美国设计的制度方案为基础,达成一个联合国家教育和文化重建组织章程草案,③由此表明"斯退丁纽斯备忘录"的政策原则及美国的政策方案获得了有关国家的一致认可,国际教育和文化领域的制度建设开始

---

① Roger A. Coate, "Changing Patterns of Conflict: The United States and UNESCO," in Margaret P. Karns and Karen A. Mingst, eds., *The United States and Multilateral Institutions: Patterns of Changing Instrumentality and Influence*, New York: Routledge, 1992, p. 232.

② H. H. Krill De Capello, "The Creation of the United Nations Educational, Scientific and Cultural Organization," pp. 8 – 9, 11.

③ *FRUS*, 1944, Vol. 1, pp. 969 – 971.

朝着美国预期的方向推进，美国已经取代英国成为战后教育和文化秩序的主要设计者和推动者。

随着筹建联合国的敦巴顿橡树园会议(1944 年 8—10 月)取得重大进展，美国遂于 12 月向有关国家建议修改谈判议程，将拟议中的联合国家教育和文化重建组织更名为联合国教育和文化组织。① 在进一步酝酿之后，美国于 1945 年 4 月将由其修订的联合国教育和文化组织章程草案分别送交英、苏、中、法等国，强调其目标就是建立永久性国际教育和文化机构。经过磋商，有关国家接受了美国的方案，决定以美国的章程草案为基础制订相关计划，以便提交正式的国际会议审议。② 美国在谈判过程中的主导地位进一步增强。

在谈判制定《联合国宪章》的旧金山会议(1945 年 4—6 月)上，美国明确要求在宪章中规定教育和文化国际合作的内容。不仅如此，美国还展开了积极的外交努力，敦促有关国家接受美国的建议，在《联合国宪章》中确立了相关条款和基本原则。为推动《联合国宪章》原则的落实，美国总统杜鲁门在旧金山会议的闭幕式上再次强调，必须建立一个有效的国际机构以促进思想和观念的国际交流，③由此强化了美国力主建立联合国教育和文化组织的政治意愿。进而言之，随着《联合国宪章》相关原则的确立，美国进一步掌握了筹建联合国教育和文化组织的主导权。与此同时，为体现盟国教育部长会议的延续性，减缓英国被取而代之的不满情绪，美国还建议由英国负责召集国际会议以寻求建立联合国教育和文化组织。

对于美国的建议，英国自然乐于接受，但英国也有自己的打算，即

---

① FRUS, 1944, Vol. 1, p. 980.
② FRUS, 1945, Vol. 1, Washington, D. C. : U. S. Government Printing Office, 1967, pp. 1510 - 1511.
③ DAFR, Vol. 7, 1944 - 1945, Princeton: Princeton University Press, 1947, p. 454.

谋求维护英国在教育和文化领域的国际地位。鉴于此,在未与美国就邀请的具体事项进行磋商的情况下,英国于 7 月 12 日邀请所有联合国家出席 11 月在伦敦举行的联合国教育和文化国际会议,其主要议程就是审议"盟国教育部长会议方案",商讨建立联合国教育和文化组织。在发出邀请时,英国玩弄了一个小伎俩,根本没有提及美国在"盟国教育部长会议方案"形成过程中所发挥的作用,更没有说明"盟国教育部长会议方案"是以美国提出的章程草案为基础的。对此,美国非正式地向英方表达了不满。① 其实,盟国教育部长会议是由英国发起并主持的,但面对美国取代英国角色的现实,"约翰牛"已经心存怨气,因此,英国此举的目的就是淡化美国的作用,突出英国及其主持的盟国教育部长会议的地位。

"盟国教育部长会议方案"是以美国的章程草案为基础的,②实质性地体现了美国的政策原则和目标,因此,美国同意将"盟国教育部长会议方案"作为 11 月会议的谈判文件,同时强调应将国际科学合作作为谈判的重要内容。③ 至此,除教育和文化议题之外,确立科学交流领域的国际规则成为美国寻求组建联合国教育和文化组织的目标之一,谈判议程的拓展同样展示了美国在联合国教科文组织建立过程中的主导作用。

总之,在确立了筹建联合国教育和文化组织的政策目标之后,美国随即展开了一系列外交努力,积极引导谈判议程的设置,促使有关国家同意以美国提出的政策原则和制度方案为谈判基础,从而在联合国教科文组织的谈判过程中发挥了议程引领和外交推动的主导作用,推动

---

① *FRUS*, 1945, Vol. 1, pp. 1512 – 1514.

② H. H. Krill De Capello, "The Creation of the United Nations Educational, Scientific and Cultural Organization," p. 25.

③ *FRUS*, 1945, Vol. 1, pp. 1514 – 1515.

联合国教科文组织的筹建按照美国设计的方向有序展开。

四、美国与联合国教科文组织的建立

按照美国设计的谈判路径,有关建立联合国教育和文化组织的国际会议于 1945 年 11 月在伦敦正式举行,44 个国家及相关国际组织出席会议(苏联没有参加)。为推动自身政策目标的最终实现,美国派出以国会议员阿奇博尔德·麦克利什为团长、以助理国务卿威廉·本顿为副团长的阵容最为庞大的代表团出席会议。在此期间,与会各国以"盟国教育部长会议方案"为主要谈判依据,围绕联合国教育和文化组织的目的、作用、职责范围、组织机构、决策程序等问题展开了密集磋商。[1] 根据美国的建议,拟议中的国际组织正式定名为联合国教育、科学和文化组织。经谈判,会议一致通过了《联合国教育、科学和文化组织章程》,并决定设立一个筹备委员会,负责处理联合国教科文组织的组建事宜。

鉴于大众传媒——包括广播、电影、报刊等——是传播思想、文化和价值观念的重要渠道,在伦敦会议期间,美国率先倡导将基于自由原则的大众传媒条款列入联合国教科文组织章程。[2] 借助战时对外宣传的成功经验,美国坚持认为,相对于传统传播手段见效慢的缺陷,现代大众传媒能够快捷地影响人们的思想,因此,应将大众传媒同教育、科学和文化置于同等重要的地位,并作为联合国教科文组织的重要领

---

[1] Walter H. C. Laves and Charles A. Thomson, *UNESCO: Purpose, Progress and Prospects*, Bloomington: Indiana University Press, 1957, pp. 25 - 26.

[2] *FRUS*, 1945, Vol. 1, p. 1523.

域,①以期将自由的大众传媒国际规则作为拓展美国国际文化战略的制度保障,从而彰显了美国推进基于自由民主理念的国际文化战略的政策立场。为此,本顿强烈呼吁伦敦会议对大众传媒问题予以特别关注,通过相应的制度规则在联合国教科文组织和大众传媒之间建立正式联系,确保大众传媒在联合国教科文组织中获得纲领性地位。② 麦克利什亦公开声称,联合国教科文组织的目标应集中在两个方面:一是致力于提高世界各国的大众教育水平,二是通过大众传播媒介增进世界各国的了解,加强自由的国际文化交流。③ 在美国的强力敦促下,伦敦会议接受了美国的主张,大众传媒及其自由原则作为重要条款被列入联合国教科文组织章程。同样是在美国的倡导下,伦敦会议还通过决议,要求联合国教科文组织筹备委员会对大众传媒问题给予特别关注。④

在完成批准程序后,联合国教科文组织于 1946 年 11 月建立,并于 12 月成为联合国的一个专门机构,其总部设在法国巴黎。按照《联合国教育、科学和文化组织章程》的规定,联合国教科文组织的宗旨就是推动国家间教育、科学、文化领域的国际合作,尤其是增进自由的国际教育和文化交流,进而促进世界和平与安全。⑤

由此可见,在联合国教科文组织的建立过程中,美国发挥了政策设

---

① William Preston, Jr. , Edward S. Herman and Herbert I. Schiller, *Hope and Folly*, p. 37.

② James P. Sewell, "UNESCO: Pluralism Rampant," in Robert W. Cox and Harold K. Jacobson, eds. , *The Anatomy of Influence: Decision Making in International Organization*, New Haven: Yale University Press, 1974, p. 143.

③ Charles S. Ascher, "The Development of UNESCO's Program," *International Organization*, Vol. 4, No. 1, 1950, pp. 13 – 14.

④ Byron Dexter, "UNESCO Faces Two Worlds," *Foreign Affairs*, Vol. 25, No. 3, 1947, p. 397.

⑤ Douglas Williams, *The Specialized Agencies and the United Nations: The System in Crisis*, New York: St. Martin's Press, 1987, p. 30.

计、议程引领和规则制定等方面的主导作用;更为重要的是,联合国教科文组织的建立总体上体现了美国在多边基础上谋求国际文化领域主导地位、推进其国际文化战略的政策意图。

首先,联合国教科文组织的建立是美国政策设计和外交推动的结果,与美国的全球战略构想是基本一致的。在美国的领导下通过多边方式重塑战后国际秩序及其制度体系是美国既定的战略目标,为此,美国在战争期间就展开了大规模的政策设计,到战争临近结束之际,涉及联合国组织、国际货币基金组织、国际复兴开发银行、国际民用航空组织、联合国粮农组织等的多边谈判基本结束,国际贸易组织的谈判亦在紧锣密鼓地进行之中。在此背景下,联合国教科文组织的建立进一步充实了美国主导设计的国际秩序的内涵,战后国际制度规则的范围延伸到教育、科学和文化领域,因此,联合国教科文组织的建立是美国全球战略的组成部分。同样值得注意的是,尽管战后教育重建议程的启动源自英国的倡议,但建立联合国教科文组织的构想却是美国率先倡导的,为此,美国制定了包括"斯退丁纽斯备忘录"在内的政策方案,进而推动有关国家予以接受,并将其作为多边谈判的基础,最终构筑起联合国教科文组织的制度规则框架。因此,联合国教科文组织的建立是美国政策设计和外交推动的产物,充分体现了美国谋求国际文化领域主导地位的政治意愿。

其次,联合国教科文组织的建立在很大程度上体现了美国推进其国际文化战略的政策构想与制度筹划。文化和制度是国家重要的权力资源及对外政策工具,也被称为软权力。① 联合国教科文组织将文化与国际制度融为一体,由此决定了联合国教科文组织在国际文化领域

---

① Joseph S. Nye, Jr., "The Changing Nature of World Power," *Political Science Quarterly*, Vol. 105, No. 2, 1990, pp. 181 - 182.

的特殊地位,即联合国教科文组织可以作为推进国家软权力的多边制度平台。正因为联合国教科文组织确立了国际文化交流的自由原则并承担了世界范围内教育和文化传播的功能,在美国看来,联合国教科文组织具有重要的战略意义,美国可以利用联合国教科文组织推进美国的对外政策目标,[①]尤其是国际文化战略目标。进而言之,美国决策者认为,美国主导的联合国教科文组织及其多边规则将有助于在全球范围内传播美国的民主自由观念和意识形态,拓展美国文化的国际影响力,[②]增进美国的软权力,维护美国在战后国际秩序中的领导地位。

再次,大众传媒条款的增设完全基于美国的政策设计和外交推动,集中体现了美国的权力优势和战略目标。在欧亚国家文化遭受战争重创的同时,美国文化产业——包括新闻出版、广播电影等——却取得长足发展,并在国际文化产业领域占据了优势地位。更为重要的是,美国还将自由的大众传媒视为传播美国文化和意识形态、推进美国国际文化战略的最快捷、最有效的途径。因此,美国对大众传媒问题格外重视,力主将自由的大众传媒条款纳入联合国教科文组织的制度体系。在美国的坚持下,联合国教科文组织的制度规则扩展到大众传媒领域,《联合国教育、科学和文化组织章程》规定,联合国教科文组织应通过大众传播媒介促进世界各国的相互了解与合作,推动国家间思想和观念的自由交流。正因如此,大众传媒条款是美国在伦敦会议上取得的积极成果,凸显了美国在世界范围内拓展美国文化产业、传播美国文化观念的政策构想;致力于推动大众传媒自由亦是美国在联合国教科文组织中的优先考虑。[③]

总之,联合国教科文组织是在美国主导下建立的,其基本原则和规

① *DAFR*, Vol. 8, 1945 - 1946, Princeton: Princeton University Press, 1948, p. 743.
② Frank A. Ninkovich, *The Diplomacy of Ideas*, pp. 84 - 85.
③ Roger A. Coate, *Unilateralism, Ideology, and U. S. Foreign Policy*, p. 27.

则主要体现了美国的政策计划。因此,联合国教科文组织的建立彰显了美国推进其国际文化战略的制度筹划,昭示了美国试图利用联合国教科文组织巩固其国际领导地位的战略意图。

余 论

利用全球性国际组织谋求美国在国际文化领域的主导地位,推进美国的国际文化战略是美国积极筹划建立联合国教科文组织的主要动因,但美国主导和控制联合国教科文组织运转的意愿却受到诸多因素的制约。首先,作为一个政府间国际组织,联合国教科文组织在建立之后又具有相对独立的运转机制,一国一票的决策程序亦在很大程度上制约了美国主导权的行使。其次,教育和文化议题是国际关系中极为重要和极为敏感的问题,在国家间关系中占据了独特的地位。国际关系理论大师汉斯·摩根索就明确指出,领土完整、国家主权和文化完整是国家利益的三个重要方面。[1] 鉴于文化完整涉及国家的核心利益,世界各国对于保持自身教育和文化的完整性与独立性、防止于己不利的文化渗透均高度重视。因此,教育和文化的特殊性与敏感性同样限制了美国利用联合国教科文组织推进其国际文化战略的意图。再次,联合国教科文组织的制度规则对所有成员国无疑具有约束力,但联合国教科文组织没有强制实施其制度规则的措施,这与美国主导建立的其他国际组织是不同的。例如:在布雷顿森林体系中,美国可以依托黄金-美元本位制对其他国家的货币金融政策施加影响,主导国际货币基金组织和世界银行的运转;在多边贸易体系中,美国可以凭借具体的关

---

① Hans J. Morgenthau, "Another Great Debate: The National Interest of the United States," *American Political Science Review*, Vol. 46, No. 4, 1952, p. 973.

税减让承诺以及贸易报复措施主导关贸总协定制度的运转。尽管文化外交是美国对外政策与战略的重要工具,在联合国教科文组织中,美国却缺乏推进其政策的强制手段。上述因素的综合作用限制了美国按照自己的意愿控制联合国教科文组织的能力,因此,在主导建立联合国教科文组织之后,美国无法按照既定的政策构想左右联合国教科文组织的运转。

以美国最为关注的大众传媒问题为例,在伦敦会议之后,尽管联合国教科文组织尚未正式建立,美国已经竭力主张尽快推动大众传媒自由条款的具体落实,本顿公开声称,大众传媒是联合国教科文组织最重要的工作领域。① 但截至1948年年底,联合国教科文组织并未就美国提出的大众传媒自由方案采取任何实质性行动,美国遂称深感失望。②

作为推进大众传媒自由的另一个具体步骤,美国在1946年年初的筹备委员会会议上提出,联合国教科文组织应规划建立一个世界范围的、自由的无线电广播网络,并将其作为构建全球自由民主秩序的组成部分,但美国的倡议并未得到联合国教科文组织的回应。不仅如此,随着新独立的发展中国家的加入,联合国教科文组织的成员结构发生了巨大变化,美国控制联合国教科文组织的能力面临新的挑战。与建立国际经济新秩序的倡议相呼应,发展中国家在联合国教科文组织中提出建立世界信息与传媒新秩序的主张,其目的就是改变全球传媒资源分布不均衡的局面,尤其是打破西方国家对全球新闻传媒的垄断及西方国家主导的信息单向流动。对于发展中国家的要求,美国竭力反对,指责发展中国家的倡议旨在对新闻传媒施加控制,限制新闻自由及信

---

① T. V. Sathyamurthy, *The Politics of International Cooperation: Contrasting Conceptions of UNESCO*, Geneva: Librairie Droz, 1964, p. 160.

② S. E. Graham, "The (Real) Politiks of Culture: U. S. Cultural Diplomacy in UNESCO, 1946-1954," p. 242.

息的自由传播。① 由此可见,尽管美国对自由的大众传媒议题颇为青睐,但由于诸多因素的制约,美国利用联合国教科文组织推进大众传媒自由的努力并未取得实际成果,这也是美国对联合国教科文组织深表不满的原因之一。

综上所述,美国主导了联合国教科文组织的建立,但无法控制联合国教科文组织的运转,更无法按照其政策预期将联合国教科文组织作为推进美国国际文化战略与对外政策的工具。实际上,自联合国教科文组织建立以来,美国与联合国教科文组织的关系一直纠葛不断,由此导致美国于 1983 年 12 月宣布退出联合国教科文组织。按照程序,美国于 1984 年年底正式退出联合国教科文组织。

但是,美国的退出并没有妨碍联合国教科文组织的运转,相反,美国因退出而失去了影响联合国教科文组织的能力,更无法在联合国教科文组织中推进美国的政策议程。在权衡利弊之后,美国于 2003 年重返联合国教科文组织。纵观美国从主导联合国教科文组织的建立—宣布退出—重返联合国教科文组织的历程不难看出,美国对待国际组织的态度完全是基于其政策考量和战略利益,具有典型的现实主义特征。

（本文原载《史学集刊》2014 年第 6 期,收入本论文集时作了适当修改）

① Roger A. Coate, *Unilateralism*, *Ideology*, *and U. S. Foreign Policy*, pp. 28, 33 – 34.

美国对外政策与国际原子能机构的建立[*]

【摘　要】　面对国际原子能关系的发展,出于维护自身在国际原子能领域主导地位的战略考量,美国提出了"原子为和平计划",主张建立一个国际原子能机构。为此,美国展开了积极的外交努力,推动和平利用原子能的国际谈判沿着美国设计的谈判议程和方向有序展开,最终促成了国际原子能机构的建立,国际原子能机构的宗旨和规则亦主要体现了美国的政策原则和利益取向。凭借以国际原子能机构为中心的国际制度体系,美国政府基本实现了确立并维护美国在和平利用原子能领域主导地位的战略目标。

【关键词】　美国　对外政策　"原子为和平计划"　国际原子能机构

国际原子能机构是原子能和平利用的全球性国际组织,也是核不扩散领域的重要国际组织之一。在国际原子能机构的谈判与建立过程中,美国发挥了政策设计和外交推动的主导作用,国际原子能机构的制

---

*　本文为 2013 年江苏省高校哲学社会科学研究重大项目"新兴大国在国际秩序变革中的机遇与作用研究"的阶段性成果,项目编号:2013ZDAXM007。

度规则亦主要体现了美国的政策构想和政策原则。通过倡导建立国际原子能机构,美国实现了维护其在国际原子能领域主导地位的战略目标。目前,国内外学术界对这一问题的研究取得了一定成果,但并没有详细论证美国的政策设计和外交努力与国际原子能机构之间的关系,更没有阐明美国倡导建立国际原子能机构的政策目标和战略意图。为此,本文利用美国外交档案资料,从美国对外政策的角度探讨了国际原子能机构的建立过程,剖析了美国在国际原子能机构中的主导地位。

一、"原子为和平计划"的提出及其动因

1945 年美国成功进行核试验,以及原子弹在日本广岛和长崎的实际使用标志着核时代的来临,展示了核武器的巨大破坏力。与此同时,原子能的军事与和平利用潜力亦引起有关国家和国际社会的关注,原子能及其国际控制由此成为国际关系的新议题。

为应对原子能问题,美国、英国和加拿大于 1945 年 11 月发表共同声明,呼吁联合国建立一个国际保障体系以确保原子能仅用于和平目的。同年 12 月,美、英、苏外长会议发表《莫斯科公报》,主张在联合国主持下建立一个原子能委员会,商讨原子能及其相关问题。①

根据联合国大会决议,联合国原子能委员会于 1946 年 1 月成立。在 6 月举行的联合国原子能委员会第一次会议上,美国代表伯纳德·巴鲁克正式提出有关原子能国际控制的计划,此即"巴鲁克计划"(Baruch Plan)。该计划指出,为确保原子能用于和平目的,应建立一个拥有广泛权力的国际原子能开发机构。巴鲁克强调,国际原子能开

---

① David Fischer, *History of the International Atomic Energy Agency: The First Forty Years*, Vienna: IAEA, 1997, p. 18.

发机构的权力应以原子能材料的控制为起点并包括对世界安全具有潜在威胁的所有原子能活动的控制权和占有权;对其他原子能活动的控制权、核查权和许可权。巴鲁克声称,在美国停止核武器生产和处理库存核武器之前,世界各国必须同意建立有效的原子能国际控制体系。[1] 尽管涉及原子能和平利用,"巴鲁克计划"强调原子能控制在先、核武器处置在后,因此,"巴鲁克计划"目的就是防止其他国家拥有原子武器,从而维护美国的核垄断地位。[2] 与此同时,美国国会于 1946 年 7 月通过《1946 年原子能法》,规定在有效的原子能国际保障体系建立之前,美国将不同任何国家展开和平利用原子能的信息和技术交流。因此,《1946 年原子能法》的目的仍然是力图维护美国的核垄断。

对于"巴鲁克计划",苏联明确表示反对。为此,联合国原子能委员会中的苏联代表安德烈·葛罗米柯随即提出一项建议,主张订立国际公约以禁止原子武器的生产和使用,销毁现存原子武器,同时通过联合国原子能委员会促进基于和平目的的原子能技术交流,并建立具有核查和监督职能的原子能国际控制体系。[3] 由此可见,与"巴鲁克计划"正好相反,苏联主张将核裁军和核控制联系起来,在建立原子能国际控制体系之前,应首先禁止并销毁核武器,其目的就是打破美国的核垄断,避免拟议中的原子能国际控制体系妨碍苏联核武器的发展。在此之后,是先控制、后裁军,还是先裁军、后控制,就成为美苏核能角逐的焦点。

随着冷战格局的形成,美苏在原子能国际控制问题上的立场更加

---

[1] Lawrence Scheinman, *The International Atomic Energy Agency and World Nuclear Order*, Washington, D. C. : Resources for the Future, 1987, p. 52.

[2] Larry G. Gerber, "The Baruch Plan and the Origins of the Cold War," *Diplomatic History*, Vol. 6, No. 1, 1982, p. 75.

[3] Daniel S. Cheever, "The UN and Disarmament," *International Organization*, Vol. 19, No. 3, 1965, p. 469.

难以调和,联合国原子能委员会的谈判毫无进展并陷入僵局。1949 年年底,联合国原子能委员会宣布结束使命,有关谈判被迫中止,原子能国际控制问题依然悬而未决。

1953 年年初,艾森豪威尔入主白宫,并将重启原子能控制的国际谈判纳入议事日程。在 1953 年 2 月 18 日的国家安全委员会会议上,艾森豪威尔指出,联合国框架内的裁军谈判没有必要继续进行,美国应当另辟蹊径。在 2 月 25 日的国家安全委员会会议上,艾森豪威尔强调,美国应适时将原子能政策的重点转向和平利用问题。① 至此,美国开始调整国际原子能政策,而"原子为和平计划"(Proposal of Atoms for Peace)则是美国政策调整的产物。诚然,促使美国作出政策调整的动因纷繁复杂,但总括起来主要有以下几个方面:

首先,核垄断地位的丧失是美国政策调整的国际背景。自 1946 年以来,美国国际原子能政策的基本立足点就是维护美国的核垄断地位,为此,美国停止了与所有国家包括与英国和加拿大的原子能合作。但是,美国的政策未能阻止其他国家发展核武器。1949 年 9 月,苏联成功进行第一次核试验,美国的核垄断地位被打破,世界核格局出现重大变化,美国维护核垄断地位的政策被证明是无效的。1952 年 10 月,英国也成功进行了核试验,核武器发展的新格局再次彰显。与此同时,法国等国也在加紧制订核计划。在此背景下,美国不得不考虑调整政策以应对国际原子能关系的新发展。在承诺向其盟国提供核保护伞的同时,美国还将政策关注的重点转向国际原子能关系的另一个重要领

---

① U. S., Department of State, *Foreign Relations of the United States* (cited as *FRUS*), 1952 - 1954, Vol. 2, Part 2, Washington, D. C. : U. S. Government Printing Office, 1984, pp. 1106 - 1107, 1110 - 1112.

域——原子能的和平利用问题。① 因此,美国核垄断地位的结束是促使美国调整政策并提出"原子为和平计划"的重要因素。②

其次,利用美国的原子能技术优势,寻求维护美国在和平利用原子能领域的主导地位是美国政策调整的主要战略目标。随着反应堆技术的发展,原子能的和平利用已为期不远。除美国之外,苏联、英国和加拿大均在着手制订核能开发计划,核能的商业开发前景和国际竞争引起了美国的高度关注。美国决策者认为,美国应当充分利用其原子能技术优势,率先提出和平利用原子能的政策计划。换言之,美国在原子能领域的技术优势和领导地位不能变成"浪费的资源",而应加以充分利用。③ 从对外关系的角度看,美国的政策考量如下。第一,通过倡导原子能的和平利用,美国可以反驳苏联的指责,即美国仅对原子能的毁灭性功能感兴趣,而苏联则致力于原子能的和平目的。第二,鉴于向美国提供铀材料的国家(主要是比利时、南非和澳大利亚)持续要求分享原子能开发的收益,借助于原子能的和平利用与国际合作,美国不仅可以确保铀材料以及其他原子能材料的供应,而且可以开拓潜在的原子能材料供应市场,获取更多的原子能材料。第三,通过倡导原子能的和平利用,美国可以加强与盟国的联系,吸引其他国家与美国展开原子能合作,从而使美国占据更加有利的外交地位。④ 第四,通过率先倡导用于和平目的的原子能,美国可以向全世界展示"山姆大叔"致力于推进

① Mason Willrich, *Global Politics of Nuclear Energy*, New York: Praeger, 1971, pp. 45 – 46.
② Lawrence Scheinman, "Security and a Transnational System: The Case of Nuclear Energy," *International Organization*, Vol. 25, No. 3, 1971, p. 628.
③ J. Samuel Walker, "Nuclear Power and Nonproliferation: The Controversy over Nuclear Exports, 1974 – 1980," *Diplomatic History*, Vol. 25, No. 2, 2001, p. 216.
④ *FRUS*, 1952 – 1954, Vol. 2, Part 2, pp. 1126 – 1127.

人类进步的努力,彰显美国政策的人道主义性质,以及增进自由世界经济福利的愿望。① 第五,鉴于苏联正在寻求向其他国家提供核技术,以作为巩固社会主义阵营并团结新独立的发展中国家的手段,为防止苏联占据原子能国际合作的有利地位,美国必须抢先向世界发出政策倡议。② 第六,基于先进的原子能技术,美国坚信,通过展开国际合作并创造有利的国际环境,美国可以在世界原子能市场占据强有力的地位。③ 总之,率先倡导原子能的和平利用对美国具有重要的政治、经济和战略意义,国务卿约翰·杜勒斯更是明确强调了美国倡导原子能和平利用的战略目标,即"美国必须在和平利用原子能领域承担领导责任"。④

经过紧张筹划,艾森豪威尔总统于 1953 年 12 月 8 日在联合国大会发表题为"和平利用原子能"的演讲,正式提出了"原子为和平计划"。艾森豪威尔指出,一方面,人类正面临核武器的巨大威胁,另一方面,原子能也可以服务于全人类的利益。为此,艾森豪威尔建议在联合国的主持下建立一个国际原子能机构(International Atomic Energy Agency, 简称 IAEA),有关主要国家(包括苏联)应根据谈判达成的程序和比例向该机构提供铀和其他裂变材料,并建立世界范围的核查和控制体系;而国际原子能机构则负责保管、储存和保护这些裂变材料,并将原子能运用于农业、医疗以及其他和平目的,尤其是电力能源的

---

① *FRUS*, 1952 – 1954, Vol. 2, Part 2, p. 1181.

② William Walker and Mans Lonnroth, *Nuclear Power Struggles*: *Industrial Competition and Proliferation Control*, London: George Allen & Unwin, 1983, pp. 8 – 9.

③ Mason Willrich, *Global Politics of Nuclear Energy*, p. 47.

④ *FRUS*, 1952 – 1954, Vol. 2, Part 2, p. 1131.

开发。①

由此可见,面对国际原子能关系的新发展,以及原子能商业开发的广阔前景,美国率先提出了"原子为和平计划",力图主导原子能的和平利用;而倡导建立国际原子能机构则是"原子为和平计划"最重要的提议,并为和平利用原子能的国际谈判提供了依据。② 至此,以"原子为和平计划"为标志,美国抢占了倡导原子能和平利用并进行国际谈判的先机,同时通过"原子为和平计划"向全世界展示了美国在原子能领域的规模和实力,③彰显了美国谋求主导原子能和平利用及其制度建设的战略意图。

二、美国与国际原子能机构的谈判

在提出"原子为和平计划"之后,美国遂积极筹划与有关国家尤其是苏联就"原子为和平计划"展开谈判,以期按照美国设计的政策议程和方向推动国际原子能机构的建立。

从 1954 年 1 月起,美苏围绕原子能问题举行了数轮会谈。在此期间,美方一再强调应将原子能的和平利用问题与核武器的控制或废除问题完全区别开来,原子能的和平利用是美苏原子能谈判的唯一议题。苏方则坚持认为,原子能和平利用的谈判与无条件放弃核武器的谈判

---

① The National Archives of the United States, *Public Papers of the Presidents of the United States*: *Dwight D. Eisenhower*, 1953, Washington, D. C.: U. S. Government Printing Office, 1960, pp. 820 - 821.

② Bernhard G. Bechhoefer, "Negotiating the Statute of the International Atomic Energy Agency," *International Organization*, Vol. 13, No. 1, 1959, pp. 39 - 40. 伯恩哈德·G. 贝克霍弗为美国国务院官员,全程参与了筹建国际原子能机构的谈判。

③ Dwight D. Eisenhower, *The White House Years*: *Mandate for Change 1953 -1956*, Garden City: Doubleday & Company, Inc. , 1963, p. 254.

应同时进行,两者密不可分。① 不难看出,美苏在谈判议题上存在巨大分歧,美国致力于推动"原子为和平计划"的实施,而苏联则继续关注核裁军问题,美苏原子能会谈难以取得进展。

在与苏联谈判的同时,美国与其盟国也保持着密切的磋商。1954年2月,美国将有关具体落实"原子为和平计划"的备忘录分别送交英国、加拿大、法国等国。在进一步酝酿之后,美国于3月17日制定了一份"国际原子能机构草案"并随即递交给苏联。概括地讲,"国际原子能机构草案"的主要内容如下。1. 建立国际原子能机构的主要目的是促进世界范围内原子能的和平研究与开发,并将核材料用于农业、医疗以及电力开发等和平用途。2. 应联合国安理会和大会的要求,国际原子能机构将向其提交报告,并与联合国其他机构展开合作。3. 所有拥有核材料和核信息的成员国应向国际原子能机构提供相应的核材料与核信息,国际原子能机构的主要功能就是接收并保管成员国提供的核材料,同时根据统一的标准向提出申请的成员国分配核材料。为此,国际原子能机构将规定提供核材料的条件与安全保障条款,要求成员国提供核材料的使用和运行报告,规定核废料的处置方式,同时履行核查和监督职能。4. 国际原子能机构应鼓励成员国间的科学和技术信息交流,对于成员国和平利用原子能的项目,国际原子能机构将提供技术咨询和培训服务,设计并提供相应的设备包括实验设备。5. 国际原子能机构的最高决策机构是理事会,其成员国的组成应综合考虑地域分布和核技术能力等因素,核材料的主要提供国应当成为理事会成员国。② 由此可见,"国际原子能机构草案"首次对国际原子能机构的目的、功

---

① *FRUS*, 1952 – 1954, Vol. 2, Part 2, pp. 1343, 1346.
② *FRUS*, 1952 – 1954, Vol. 2, Part 2, pp. 1366, 1372 – 1376.

能、职责、运转等问题提出了具体方案，①标志着"原子为和平计划"的政策原则发展为更加具体的政策规则，美国对国际原子能机构的制度设计又向前迈进了一步，并为有关谈判的展开设置了主要议程，再次体现了美国寻求主导和平利用原子能国际谈判的战略意图。

4月27日，苏联对"国际原子能机构草案"作出答复，声称在苏美就放弃使用核武器问题达成协议之前，苏联将不会考虑美国的"原子为和平计划"，因为美国的计划不仅不会限制核武器的生产，反而会增加核材料和核武器的数量。② 7月9日，美国回复苏联，声称苏联方面完全误解了"原子为和平计划"的目的，该计划致力于原子能的和平利用，因而不是一个核裁军计划。由于苏联不愿就此展开进一步谈判，美国将与其他国家磋商原子能的和平利用以及国际原子能机构问题，并随时欢迎苏联的加入。③ 至此，美苏原子能谈判暂时中断。

为推动"原子为和平计划"的实施，美国随即着手同其他国家展开谈判。8月18日，美国邀请英国、法国、比利时、加拿大、葡萄牙、澳大利亚和南非等七国就国际原子能机构的筹建举行谈判，并随即得到这些国家的积极回应。9月8日，美国将略作修改的"国际原子能机构草案"递交英、加等国，以期作为"八国小组"谈判的基础。④ 至此，美国启动了通过多边途径推动"原子为和平计划"的实施以及通过谈判建立国际原子能机构的进程。

不仅如此，美国还采取了一系列政策行动，以期全方位呼应美国致力于建立国际原子能机构的努力。首先，艾森豪威尔总统于8月签署

---

① Lawrence Scheinman, *The International Atomic Energy Agency and World Nuclear Order*, p. 66.
② *FRUS*, 1952 – 1954, Vol. 2, Part 2, pp. 1398, 1413.
③ *FRUS*, 1952 – 1954, Vol. 2, Part 2, pp. 1473 – 1475.
④ *FRUS*, 1952 – 1954, Vol. 2, Part 2, pp. 1501, 1515.

《1954 年原子能法》(即《1946 年原子能法修正案》)。根据该法案,美国可与其他国家展开原子能和平利用的国际合作,但依据该法签订的国际合作协定必须规定相关核材料和设施不能用作核武器或其他军事目的,并应列有安全保障条款。① 因此,《1954 年原子能法》为美国展开双边和多边原子能合作奠定了国内立法基础,并为"原子为和平计划"的具体实施打开了绿灯。② 其次,作为"开创性的事业"以及美国和平利用原子能政治意愿的象征,世界上第一个商用核电站于 9 月 6 日在美国宾夕法尼亚州的希平港破土动工,③从而进一步展示了美国的原子能技术优势,并为国际原子能机构的谈判提供了新的动力。再次,9 月 23 日,国务卿杜勒斯在联合国大会发表题为"和平伙伴"的演讲,重申美国决不会放弃建立国际原子能机构的努力,呼吁在联合国的主持下召开国际科学大会。杜勒斯同时宣布,美国将在 1955 年开办轻型反应堆培训学校,为世界各国培训原子能和平利用方面的技术人员;美国还将邀请世界各国的医务人员参与美国癌症医院的工作,学习原子能技术用于抗癌的方法。④ 由此可见,美国的上述政策措施均以原子能的和平利用为中心,表明美国加大了贯彻"原子为和平计划"、寻求建立国际原子能机构的政策推进力度。

在美国的倡导和推动下,联合国大会于 12 月 4 日通过了关于和平利用原子能的决议。关于国际原子能机构,联大决议呼吁推进原子能

---

① U. S., Department of State, *American Foreign Policy* (cited as *AFP*), 1950 – 1955, Vol. 2, Washington, D. C.: U. S. Government Printing Office, 1957, pp. 2861 – 2877.

② Gerard H. Clarfield and William M. Wiecek, *Nuclear America: Military and Civilian Nuclear Power in the United States*, 1940 – 1980, New York: Harper & Row, Publishers, 1984, p. 187.

③ Rebecca S. Lowen, "Entering the Atomic Power Race: Science, Industry, and Government," *Political Science Quarterly*, Vol. 102, No. 3, 1987, pp. 459, 475.

④ *FRUS*, 1952 – 1954, Vol. 2, Part 2, pp. 1519 – 1520.

的和平利用及相关国际合作,加快国际原子能机构的谈判进程。关于和平利用原子能国际会议,联大决议建议在 1955 年 8 月之前举行和平利用原子能国际会议,以期探讨通过国际合作促进原子能和平利用的途径。[①] 至此,建立国际原子能机构的目标获得联合国的正式认可,[②]美国推进"原子为和平计划"的努力取得新进展。

与此同时,"八国小组"的谈判仍在继续进行。1955 年 3 月,美国将由其起草的国际原子能机构章程草案送交谈判小组其他七国,以期在达成原则一致后递交联合国其他成员国,进而展开更大范围的磋商,[③]推动国际原子能机构的建立。

面对国际原子能机构谈判取得的实际进展,苏联在外交上已陷入被动地位,因此,苏联的立场开始转变。7 月 18 日,苏联方面致函美国,表示愿意参加国际原子能机构的谈判,并在国际原子能机构建立后向其提供 50 公斤裂变材料。作为回应,美国于 7 月 29 日将国际原子能机构章程草案送交苏联,希望就此与苏联展开进一步磋商,[④]美苏原子能谈判出现转机。

根据联合国大会决议,和平利用原子能国际会议于 1955 年 8 月在日内瓦举行,其主要目的就是展示核电发展的前景。在此期间,美国、苏联、英国、法国、联邦德国(西德)、加拿大等国还举办了原子能技术(铀浓缩技术除外)与设备展览。通过和平利用原子能国际会议,原子能和平利用尤其是核电开发的潜力获得了国际社会的广泛认可。因此,和平利用原子能国际会议极大地增强了有关国家对于拟议中的国

① UN, *Yearbook of the United Nations* (cited as *YUN*), 1954, New York: United Nations Publications, 1955, pp. 9 - 10.

② David Fischer, *History of the International Atomic Energy Agency*, p. 23.

③ *FRUS*, 1955 - 1957, Vol. 20, Washington, D. C.: U. S. Government Printing Office, 1990, p. 82.

④ *FRUS*, 1955 - 1957, Vol. 20, pp. 164 - 165.

际原子能机构的兴趣,充分展示了美国在和平利用原子能领域取得的进展,实质性地推进了"原子为和平计划"的实施。①

借助于和平利用原子能国际会议成功举办所创造的有利国际环境,美国于8月22日将国际原子能机构章程草案送交联合国其他成员国以及联合国相关专门机构,②以期全面推进国际原子能机构的多边谈判。10月21日,美国正式邀请苏联、捷克斯洛伐克、巴西和印度参加筹建国际原子能机构的谈判,③从而将"八国小组"扩大为"十二国小组"。根据美国的建议,"十二国小组"于1956年2—4月在华盛顿围绕美国提出的国际原子能机构章程草案进行了18轮密集的谈判和磋商,一致通过了经修订的《国际原子能机构章程》,同意将其提交拟于9月举行的国际会议审议。④ 随着"十二国小组"谈判的结束,国际原子能机构的框架基本定形,由此标志着"原子为和平计划"取得重大进展,国际原子能机构的筹建按照美国设计的方向全面推进。

总之,为推动"原子为和平计划"的实施,美国展开了一系列外交活动,积极主导谈判议程的设置,引领谈判的方向,最终促使有关国家就国际原子能机构的主要制度规则达成原则一致。因此,在国际原子能机构的谈判过程中,美国发挥了外交推动和议程引领的主导作用。

三、美国在国际原子能机构中的主导地位

按照计划,筹建国际原子能机构的国际会议于1956年9—10月在联合国总部举行,81个国家出席会议。在此期间,安全保障条款成为

---

① *AFP*, 1950-1955, Vol. 2, p. 2831.
② *FRUS*, 1955-1957, Vol. 20, pp. 171, 211-213.
③ *AFP*, 1950-1955, Vol. 2, p. 2835.
④ *FRUS*, 1955-1957, Vol. 20, pp. 348-349.

争论的焦点。在苏联的支持下,印度等国批评拟议中的安全保障条款将导致国际原子能机构对成员国经济发展的干涉。美国则强调,安全保障条款是确保原子能和平利用的底线,是"原子为和平计划"的基本要素。经过磋商,有关国家同意在不削弱安全保障条款的前提下,合理关注原子能在经济发展中的积极作用,避免安全保障条款的适用损害成员国的经济发展。① 在达成妥协之后,会议一致通过了《国际原子能机构章程》并向所有国家开放签署;会议还同意,国际原子能机构总部设在维也纳。在会议结束的 10 月 26 日,包括美国在内的 70 个国家签署了《国际原子能机构章程》。②

尽管经过适当修改,《国际原子能机构章程》仍然是以美国提出的"国际原子能机构章程草案"为基础的。概括地讲,《国际原子能机构章程》的主要内容如下。1. 国际原子能机构的宗旨是促进原子能对世界和平、健康与繁荣的贡献;确保由其本身、或经其请求、或在其监督和控制下提供的材料和设施,不致用于任何军事目的。2. 国际原子能机构的主要功能包括:鼓励和平利用原子能的研究、开发与应用;提供用于和平目的的原子能材料、服务和设备;促进和平利用原子能的科学和技术交流;制定安全保障条款和标准,确保相关裂变材料、服务与设施不致用于军事目的;应相关成员国的请求,将安全保障条款适用于双边或多边安排,以及一国在原子能领域的活动;对于所接收的特种裂变材料的使用与分配实施监督和控制,以确保其仅用于和平目的;向联合国大会提交年度工作报告,对于涉及国际和平与安全的事项,则应通知联合国安理会并适时提交报告。3. 有关成员国应根据议定的条件和方式向国际原子能机构提供特种裂变材料,以及相关服务、设备和科学信

---

① Bernhard G. Bechhoefer, "Negotiating the Statute of the International Atomic Energy Agency," p. 57.

② *YUN*, 1956, New York: United Nations Publications, 1957, pp. 104 – 107.

息;成员国基于和平利用原子能的目的,可以向国际原子能机构提请援助,以获得必要的特种裂变材料或其他材料,以及相关服务和设备,并订立含有安全保障条款的合作协定。4. 国际原子能机构的安全保障职责主要是:对包括核反应堆在内的特种设备进行审查;索取并接受项目进展报告和运转记录;保障和处理特种裂变材料的副产品;经与接收国协商后,派员进行现场核查;对于不履行义务的接收国,可暂停或终止合作并撤回国际原子能机构及相关国家提供的原子能材料与设备。5. 国际原子能机构的组织机构包括成员国大会、理事会和秘书处;所有成员国在大会中均有一票表决权,有关重大决议需三分之二多数票通过,一般问题的决议则需半数通过;理事会是国际原子能机构的决策机构,理事会成员国的构成既应考虑地缘分布的因素,更应权衡成员国向国际原子能机构提供原子能材料和技术的能力;秘书处是国际原子能机构的执行机构,在总干事领导下展开工作。① 至此,一个以和平利用原子能为主要目标的多边国际制度框架初具规模。

为推动国际原子能机构的正式建立,艾森豪威尔总统于 1957 年 3 月将《国际原子能机构章程》提交参议院审议。艾森豪威尔指出,《国际原子能机构章程》主要体现了美国的政策计划与目的,有关的安全保障条款和决策程序足以保护美国的利益,因此,艾森豪威尔呼吁参议院尽快批准《国际原子能机构章程》。② 按照相关程序,美国参议院于 6 月批准了《国际原子能机构章程》;在达到约定条件后,《国际原子能机构章程》于 7 月正式生效。10 月,国际原子能机构成员国大会第一次会

① *AFP*, 1956, Washington, D. C. : U. S. Government Printing Office, 1959, pp. 915 – 933.
② *AFP*, 1957, Washington, D. C. : U. S. Government Printing Office, 1961, pp. 1371 – 1374.

议在维也纳举行,美国人斯特林·科尔当选为第一任总干事,[1]国际原子能机构投入运转,一个以国际原子能机构为中心的原子能和平利用全球体系基本建立。[2]

纵观国际原子能机构的谈判和建立过程及其制度规则体系不难看出,美国在其中扮演了主导者的角色,这主要体现在三个方面。

第一,国际原子能机构的建立是美国政策设计的产物。面对核裁军和核控制谈判的僵持局面,以及国际原子能关系的新发展,尤其是面对原子能和平利用的广阔前景,出于谋求并维护美国在和平利用原子能领域主导地位的战略考量,美国率先提出了"原子为和平计划",呼吁谈判建立国际原子能机构,从而确立了和平利用原子能的谈判议题和谈判方向。通过"国际原子能机构草案",美国设计了国际原子能机构的主要规则,从而为国际原子能机构谈判的展开设置了具体的议程和范畴,并为《国际原子能机构章程》提供了基本的制度蓝图。因此,国际原子能机构的建立源于"原子为和平计划",[3]是美国政策设计的产物。

第二,国际原子能机构的建立是美国外交推动的结果。在设计国际原子能机构及其制度规则的同时,美国还展开了积极的外交努力,以期推动"原子为和平计划"国际谈判的展开和国际原子能机构的建立。为此,美国首先同苏联展开了双边谈判。在美苏谈判未果的情况下,美国迅速决定通过多边途径全面推进"原子为和平计划"。与此同时,美国积极倡导在联合国主持下召开和平利用原子能国际会议,展示原子能和平利用的前景以及美国的原子能技术优势;建立世界上第一个商

① *FRUS*, 1955 – 1957, Vol. 20, p. 741.

② Michael J. Brenner, *Nuclear Power and Nonproliferation*: *The Remaking of U. S. Policy*, Cambridge: Cambridge University Press, 1981, p. 5.

③ Joseph A. Yager, *International Cooperation in Nuclear Energy*, Washington, D. C. : The Brookings Institution, 1981, p. 26.

用核电站,开办轻型反应堆培训学校,以此吸引并激发其他国家参与原子能和平利用的国际合作与谈判。通过一系列环环相扣的政策举措,美国最终将包括苏联在内的有关国家纳入了美国设计的谈判轨道,促成了国际原子能机构的建立。

第三,国际原子能机构的制度规则是美国政策目标的体现。《国际原子能机构章程》是以美国的"国际原子能机构草案"为基础的,总体上体现了美国的政策目标。尽管谈判过程错综复杂,美国提出的"国际原子能机构草案"的完整性并未改变,美国在实质性和原则性问题上均未作出让步。[1] 例如:国际原子能机构的宗旨是"原子为和平计划"政策原则的体现;国际原子能机构的主要规则,包括国际原子能机构的功能和运转方式等,均以美国的政策方案为基本依据;其中,国际原子能机构的安全保障条款与"原子为和平计划"的政策原则和"国际原子能机构章程草案"的政策规则是完全一致的,是美国主导原子能和平利用以及国际原子能机构的重要制度手段之一。此外,国际原子能机构的组织架构和决策程序亦充分体现了美国的政策主张和利益。实际上,正因为原子能材料的提供将在很大程度上决定一国在国际原子能机构中的地位和权力,在美国签署《国际原子能机构章程》的当天,艾森豪威尔总统就宣布,为推动国际原子能机构的运转,美国将根据议定的条件,向国际原子能机构提供5千公斤铀-235以用于原子能研究和电力计划;艾森豪威尔同时宣称,美国将继续向国际原子能机构提供必要的核材料,以确保美国提供的核材料足以超过其他成员国所供核材料的总和。[2] 美国的政策意图十分明显:通过提供占据绝对优势的核材料维

---

①　*AFP*, 1957, pp. 1375 - 1376.

②　The National Archives of the United States, *Public Papers of the Presidents of the United States: Dwight D. Eisenhower*, 1956, Washington, D. C.: U. S. Government Printing Office, 1958, p.1031.

护美国在国际原子能机构中的主导地位。

总之,国际原子能机构为原子能和平利用的国际合作奠定了组织和制度基础。在国际原子能机构的建立过程中,美国在政策设计、外交推动、规则制定等方面均发挥了主导作用,国际原子能机构的制度规则亦主要体现了美国的政策目标。通过主导建立国际原子能机构,美国将有关国家纳入美国设计的和平利用原子能的国际制度体系,基本实现了率先倡导制定和平利用原子能的国际规则,建立和平利用原子能的国际组织,树立和平利用原子能的国际形象,巩固美国与其盟国的关系,进而确立并维护美国在和平利用原子能领域主导地位的战略目标。凭借在国际原子能机构中的主导地位,美国强化了与其他国家的原子能合作,进一步巩固了西方联盟的团结,弱化了苏联在国际原子能领域的影响力,确立了美国在和平利用原子能领域的政治和制度优势。因此,国际原子能机构既是美国主导的产物,又为美国施展核能外交提供了一个重要的制度平台,并为美国主导的国际制度体系增添了新的范畴。

根据《国际原子能机构章程》的规定,国际原子能机构的功能可归纳为两方面:一是发展功能,即促进原子能的和平利用;二是控制功能,即通过安全保障规则,防止原子能材料和设施用于军事目的。[①] 为推进原子能和平利用,国际原子能机构从 1961 年起制定了相应的安全保障协定范本,以规范国际原子能机构与相关国家的原子能合作。随着《不扩散核武器条约》的签署(1968 年 7 月)和生效(1970 年 3 月),国际原子能机构的保障功能进一步强化。按照《不扩散核武器条约》的规定,所有缔约国均有从事和平核活动的权利,国际原子能机构则进一步

---

① John G. Stoessinger, "The International Atomic Energy Agency: The First Phase," *International Organization*, Vol. 13, No. 3, 1959, p. 394.

承担了核不扩散的安全保障功能,所有非核武器缔约国(即除美国、英国、法国、苏联和中国之外的国家)应将其所有和平核活动置于国际原子能机构的安全保障之下,接受国际原子能机构的监督与核查。① 由此可见,《不扩散核武器条约》拓展了国际原子能机构在和平核活动方面的安全保障功能,因而可以称为"原子为和平计划"发展的一个重要步骤,②以国际原子能机构的制度框架为基础的国际安全保障体系亦是"原子为和平计划"的主要成果之一。③ 至此,美国主导的国际原子能机构在和平利用原子能领域及核不扩散领域的地位进一步提升,美国在国际原子能领域的主导地位进一步巩固。

(本文原载《国际论坛》2015 年第 1 期,收入本论文集时作了适当修改)

---

① George H. Quester, "The Nuclear Nonproliferation Treaty and the International Atomic Energy Agency," *International Organization*, Vol. 24, No. 2, 1970, pp. 163 - 164.

② Mason Willrich, *Global Politics of Nuclear Energy*, p. 66.

③ Joseph S. Nye, "Maintaining a Nonproliferation Regime," *International Organization*, Vol. 35, No. 1, 1981, p. 17.

美国对外政策与国际能源机构的建立 *

【摘　要】　1973 年石油危机对西方联盟的团结以及美国主导的战后国际石油体系构成了严峻挑战,作为应对石油危机的一项战略举措,美国积极倡导建立一个由发达国家组成的能源消费国组织。为此,美国进行了周密的政策设计并展开了积极的外交努力,推动 1974 年华盛顿能源会议的召开,最终按照自身设计的谈判议程和政策方向促成了国际能源机构的建立。通过设立国际能源机构并确立制度规则,美国实现了巩固西方联盟,重塑国际能源秩序的战略目标,进而维护了美国在国际能源领域的主导地位。

【关键词】　美国外交　能源合作　石油危机　国际能源机构

国际能源机构(International Energy Agency, 简称 IEA)是经济合作与发展组织(Organization for Economic Cooperation and Development,简称经合组织,OECD)框架下的能源消费国组织,是全球重要的国际能源组织之一。除紧急石油共享机制之外,国际能源机

---

*　本文为"南京大学人文基金"资助项目。在本文修改过程中,《美国研究》编辑部和匿名评审专家提出了宝贵意见,特此感谢!

构在能源保护(节能)、替代能源和新能源研究与开发等领域均发挥着重要作用。在国际能源机构的建立过程中,美国发挥了积极的主导作用,正是美国的政策计划和外交努力推动了国际能源机构的建立。通过倡导建立国际能源机构,美国实现了巩固大西洋联盟关系、重塑国际能源秩序的战略目标,进而维护了美国在国际能源领域的主导地位。因此,探讨美国在国际能源机构中的主导作用,对于理解国际能源关系的演进无疑具有重要意义。目前,学术界对这一问题的研究取得一定成果,但由于缺乏档案资料的支撑,这些研究均存在不足,尤其是没有阐明美国对外政策与国际能源机构的关系,以及美国主导建立国际能源机构的战略意图。为此,本文利用美国最新解密的外交档案资料,从美国对外政策的角度探讨国际能源机构的建立过程,剖析美国致力于组建国际能源机构的战略考量,以期为理解国际能源关系的演进提供借鉴。

一、美国倡导建立国际能源机构的主要动因

1973 年 10 月 6 日,埃及和叙利亚联合向以色列发动突然袭击,"十月战争"爆发。10 月 26 日,参战各方接受联合国安理会第 338 号决议,实现停火,战争就此结束。"十月战争"不仅带来了中东局势的变化,而且战争引发的石油危机亦对大国关系以及国际能源格局产生了深远影响,1973 年石油危机遂成为国际能源关系发展演进的重要转折点。在此期间,美国积极调整国际能源政策,促成了国际能源机构的建立。从对外政策的角度来看,美国倡导建立国际能源机构主要基于两点考虑:一是化解因石油危机而出现的美欧日分歧,维护大西洋联盟的团结,整合发达国家能源合作的政治和制度基础;二是应对石油危机对美国主导的国际石油体系的冲击,重塑国际能源秩序,维系美国在国际

能源领域的主导地位。

　　"十月战争"爆发当天,美国政府部门间负责处理能源问题的协调机构——"华盛顿特别行动小组"(Washington Special Actions Group)——就连续举行两次紧急会议,讨论战争可能带来的影响,认为阿拉伯国家实施石油禁运的可能性非常大;由于西欧和日本的石油需求大部分来自中东,为确保石油供应不致中断,西欧国家和日本极有可能采取损害美国利益的中东政策,美欧日关系将因此面临困难局面。① 由此可见,在"十月战争"爆发之初,美国就预见阿拉伯国家实施石油禁运等政策的可能性及其对美欧日关系的影响,并开始考虑应对之策。

　　事态的发展将美国的担心变为现实。10 月 16 日,阿拉伯石油输出国组织宣布将石油价格提高 70%,由每桶 3.01 美元提升至每桶 5.12 美元。② 10 月 17 日,阿拉伯石油输出国组织再次作出决定,实施石油减产,具体措施包括:将石油产量逐月削减 5%以上,直至以色列完全撤出其所占领的阿拉伯领土;对于向阿拉伯世界提供帮助的友好国家,阿拉伯石油输出国组织将继续保持正常的石油供应;对于向以色列提供军事援助的国家,阿拉伯石油输出国组织将考虑实施石油禁运。③ 至此,石油危机拉开帷幕。鉴于美国在"十月战争"爆发后继续奉行偏袒以色列的政策,加紧向以色列提供军事援助,利比亚和沙特阿拉伯分别于 10 月 19 日和 20 日宣布对美国实施石油禁运,并随即得到阿拉伯石油输出国组织其他成员国的积极响应(1974 年 3 月 18 日,阿

---

① U. S. , Department of State, *Foreign Relations of the United States* (cited as *FRUS*), 1969 – 1976, Vol. 36, Washington, D. C. : U. S. Government Printing Office, 2011, pp. 574, 580.

② Francisco Parra, *Oil Politics : A Modern History of Petroleum*, New York: I. B. Tauris, 2004, pp. 178 – 179.

③ *FRUS*, 1969 – 1976, Vol. 36, p. 620.

拉伯石油输出国组织宣布解除对美国的石油禁运),①石油危机向纵深发展。由于荷兰追随美国奉行支持以色列的政策,阿拉伯石油输出国组织于 10 月 23 日将荷兰列入石油禁运名单(直至 1974 年 9 月,针对荷兰的石油禁运方才解除),石油危机达到高潮。

正如美国所料,面对石油危机的巨大冲击,西欧国家的中东政策开始疏远美国,对"十月战争"普遍采取中立立场,拒绝飞往以色列的美国战机飞越其领空,拒绝为飞往以色列的美国战机提供加油服务,由此导致美国与其北约欧洲盟国的关系趋于紧张。② 不仅如此,欧洲经济共同体还于 11 月 6 日发表声明,要求以色列撤出其所占领的阿拉伯领土,从而表明欧共体采取了明确的亲阿拉伯立场。③ 11 月 19 日,阿拉伯石油输出国组织宣布不再实施针对西欧国家的石油出口削减计划,此举对日本形成巨大压力,日本遂于 11 月 22 日发表声明,明确要求以色列撤出其所占领的阿拉伯领土,否则,日本将重新考虑对以政策。④此举标志着日本的战后外交政策第一次与美国发生重大分歧,美日关系因石油危机而面临严峻考验。由此可见,面对石油危机的巨大压力,西欧国家和日本纷纷采取措施以密切同阿拉伯国家的政治关系,从而与美国强硬支持以色列的立场形成鲜明对照;与此同时,西欧国家和日本还纷纷在政治和军事上同美国拉开距离,大西洋联盟的分歧昭然于世。⑤

---

① *FRUS*, 1969–1976, Vol. 36, pp. 627, 946.
② *FRUS*, 1969–1976, Vol. 36, pp. 624, 672.
③ Rudiger Graf, "Making Use of the 'Oil Weapon': Western Industrialized Countries and Arab Petropolitics in 1973–1974," *Diplomatic History*, Vol. 36, No. 1, 2012, p. 203.
④ *FRUS*, 1969–1976, Vol. 36, pp. 682, 687.
⑤ Robert J. Lieber, *The Oil Decade: Conflict and Cooperation in the West*, New York: Praeger, 1983, p. 17.

除在对以政策上同美国的立场相左之外,西欧国家和日本还积极寻求与阿拉伯国家签订双边协定,承诺向阿拉伯国家提供经济和技术援助,并以此换取阿拉伯国家的石油供应。据美方统计,截至 1974 年 2 月初,法国、英国、西德、日本与沙特阿拉伯、阿布扎比(现为阿拉伯联合酋长国)、阿尔及利亚、科威特、伊朗、伊拉克等签署了一系列涉及经济和技术合作以及石油供应的双边协定。[1] 对于西欧国家和日本抛开美国寻求阿拉伯国家石油供应的一系列行动,美国表示强烈不满,指责西欧国家和日本的举措助推了石油价格的上涨,削弱了能源消费国的谈判实力。[2] 由此可见,石油危机不仅引发了美国与其盟国的政治分歧,而且加剧了美欧日在经济利益上的矛盾,大西洋联盟的稳定与合作因石油危机以及对石油供应的争夺而面临威胁,[3]大西洋联盟关系面临前所未有的考验。

　　实际上,在石油危机之前,美欧日经济关系就已面临诸多问题。在贸易领域,1964 年举行的关贸总协定制度"肯尼迪回合"并未化解美欧农业贸易政策的分歧。在货币金融领域,1971 年布雷顿森林体系解体后,美欧日围绕确立新的国际货币金融规则亦爆发了激烈的争论。在贸易与货币政策分歧尚未解决的情况下,1973 年石油危机更是对大西洋联盟关系构成了新的全球挑战。[4] 在此背景下,美国深感应首先设法化解大西洋联盟在能源政策上的分歧,避免美欧日矛盾进一步发展,

① *FRUS*, 1969 - 1976, Vol. 36, pp. 842 - 843.

② Richard P. Stebbins and Elaine P. Adam, eds., *American Foreign Relations, 1974: A Documentary Record*, New York: New York University Press, 1977, p. 455.

③ James E. Katz, "The International Energy Agency: Energy Cooperation or Illusion," *World Affairs*, Vol. 144, No. 1, 1981, p. 58.

④ John A. Cicco, Jr., "The Atlantic Alliance and the Arab Challenge: The European Perspective," *World Affairs*, Vol. 137, No. 4, 1975, p. 321.

进而维护西方盟国的团结。早在"十月战争"爆发之初,美国就考虑举行一次经合组织成员国高级别能源会议,以展示西方世界的团结,共同应对石油危机的威胁。在 10 月 14 日的"华盛顿特别行动小组"会议上,国务卿亨利·基辛格再次强调,美国必须着手准备一个政治方案以处理石油危机对美欧日关系的影响。① 由此可见,应对石油危机对美欧日关系的冲击、维护大西洋联盟团结、整合发达国家能源合作的政治基础是美国寻求组建国际能源机构的一个重要动因。

更为重要的是,美国倡导建立国际能源机构的主要战略目标就是化解石油危机对美国主导的国际石油体系的冲击,以期在美国的领导下重塑国际能源秩序及其制度规则,维护美国在国际能源领域的主导地位。

第二次世界大战结束之后,在主导建立贸易和金融等领域的国际制度的同时,美国并没有组建能源领域的多边国际制度,而是支持以国际石油公司为中心的运转机制,因此,在 1974 年之前,国际能源消费领域尚无管理国家间能源政策的具有约束力的多边规则。基于美国强大的政治、经济和军事实力,以及美国石油公司在"石油七姐妹"②中的优势地位,战后世界石油体系形成由美国和国际石油公司共同主导的基本格局。③

不容否认,随着 1960 年石油输出国组织(简称欧佩克)的建立,国际石油体系的变革已在孕育之中,但基于石油开采的特许权制度,国际

---

① *FRUS*, 1969–1976, Vol. 36, pp. 581–582, 586.

② 所谓"石油七姐妹"是指 7 家著名的国际石油公司,包括新泽西标准石油公司(后来的埃克森石油公司)、纽约标准石油公司(后来的美孚石油公司)、加利福尼亚标准石油公司(后来的雪佛龙石油公司)、海湾石油公司、德士古石油公司、皇家荷兰壳牌公司和盎格鲁波斯石油公司(后来的英国石油公司),其中前 5 家是美国石油公司。

③ 孙溯源:《国际石油公司研究》,上海:上海人民出版社 2010 年版,第 134 页。

石油的定价权和所有权仍然掌握在国际石油公司手中,美国和国际石油公司共同主导世界石油体系的基本格局并未动摇。1968 年阿拉伯石油输出国组织建立之后,海湾产油国随即展开了收回石油权利的努力。通过 1971 年的《德黑兰协定》(Tehran Agreement)和《的黎波里协定》(Tripoli Agreement),海湾产油国开始参与国际石油价格的谈判,石油生产国和国际石油公司共同定价的局面初步形成。由于美元是石油的计价货币,美国认为,石油提价不仅可以增加美国石油公司的利润,抵消石油价格上涨对美国的不利影响,而且可以抬高石油消费成本,削弱西欧和日本产品的国际竞争力,因此,对于海湾产油国的提价努力,美国实际上持支持态度。[①] 与此同时,国际石油关系的新变化仍在悄然行进之中。一方面,20 世纪 70 年代初期,美国从石油出口国转变为石油净进口国,因而无法在紧急时期向其盟国提供石油供应,由此失去了一个影响国际石油关系的权力资源。另一方面,石油生产国收回石油所有权和定价权的努力仍在继续,并以石油危机的方式充分表现出来。

从国际石油关系的发展演进来看,1973 年石油危机严重动摇了以国际石油公司为中心的运转机制,阿拉伯石油输出国组织所采取的提价、减产和禁运措施表明,海湾产油国完全掌握了石油资源的所有权和定价权,从而对美国和国际石油公司共同主导的世界石油体系构成实质性挑战。在此背景下,美国深感必须调整国际能源政策以应对国际能源关系的新变化,通过协调西方世界的能源政策、拓展发达国家能源合作的范畴以共同应对石油危机和石油输出国组织对国际石油体系的挑战,进而维护美国在国际能源领域的主导地位。

[①] Peter R. Odell, *Oil and World Power*: *Background to the Oil Crisis*, Baltimore: Penguin Books, 1974, p.195.

但是,面对石油危机对国际石油关系的冲击,西欧国家和日本却主张通过石油生产国与消费国之间的对话和谈判解决石油危机带来的一系列问题。对此,美国竭力反对,因为这样的政策选择将提升以欧佩克为代表的石油生产国的谈判地位,削弱美国在国际能源领域的主导作用。不仅如此,面对石油危机冲击下美国与其他西方国家间巨大的政策分歧,国际能源消费领域缺乏多边规则的缺陷亦暴露无遗,从一定程度上讲,正因为发达国家间缺乏能源合作的国际机制,才导致美国与其西方盟国在面对石油危机时难以协调政策立场且纷争迭起,美国在石油危机初期亦丧失了外交主动权和领导地位。[1] 鉴于此,与西欧国家和日本的政策选择不同,美国应对石油危机的战略选择之一就是组建能源消费国集团,重构国际能源秩序。[2]

实际上,面对石油危机的影响,美国维护自身在国际能源领域的主导地位从一开始就是其战略目标。在 10 月 26 日举行的国务院会议上,基辛格明确提出美国国际能源政策设计的政治原则:在同能源消费国的谈判中,美国应凭借实力优势充分发挥领导作用,将石油危机转化为可以利用的资源,进而谋求美国的政治利益。[3] 不难看出,尽管尚未制订出具体的国际能源计划,美国利用石油冲击谋求化危为机,进而维护能源主导地位的战略意图已初现端倪。为实现美国的战略意图,美国决策者强调,应通过提供援助等方式,敦促西欧国家和日本同美国采取协调一致的立场,共同应对石油危机,同时充分利用美国更少依赖中东石油的有利条件,以及美国拥有的贸易和货币优势,谋求维系美国在

---

①   Robert O. Keohane, *After Hegemony*: *Cooperation and Discord in the World Political Economy*, Princeton: Princeton University Press, 1984, pp. 192, 224.

②   *FRUS*, 1969 – 1976, Vol. 36, pp. 665 – 666.

③   *FRUS*, 1969 – 1976, Vol. 36, pp. 644 – 645.

国际能源领域的领导地位。①

综上所述,面对石油危机对美欧日关系以及美国主导的国际石油体系的冲击,美国积极倡导建立一个以能源消费国集团为主体的国际能源组织,进而通过规则约束实现发达国家能源关系的制度化,借此加强大西洋联盟团结,以期为维护美国的能源主导地位构筑大国合作的政治基础。因此,寻求建立国际能源机构是美国应对石油危机政策的重要组成部分,其战略目标就是重塑国际能源秩序,维系美国在国际能源领域的主导地位。

二、美国的政策方案与国际能源机构的筹划

随着政策酝酿的逐步深入,美国开始考虑制订具体的国际能源政策计划,以期推动美国能源战略目标的实现。为此,基辛格加紧催促美国政府相关部门尽快制定国际能源政策的具体方案,应对石油危机对西方世界的挑战。在 11 月 26 日同政府有关官员的会谈中,基辛格重申了制定国际能源计划的必要性,强调美国能源计划的主要内容就是处理西方世界的能源政策协调问题,以及能源消费国之间的长期关系问题。② 此后,美国政府相关部门按照基辛格圈定的政策思路,加紧制订美国的国际能源政策计划。

作为基辛格欧洲之行的政策准备,美国国家安全委员会顾问团于1973 年 12 月 4 日向基辛格提交了一份有关美欧日关系和能源政策的备忘录(简称"12·4 备忘录",Memorandum of December 4),阐述了美国多边能源政策的基本构想。该备忘录首先指出,尽管石油危机对

---

① *FRUS*, 1969 – 1976, Vol. 36, pp. 661 – 662.
② *FRUS*, 1969 – 1976, Vol. 36, p. 701.

美欧日关系产生了严重的不利影响,美国在石油危机中却处于独特的有利地位,拥有政治、经济和技术等方面的筹码,足以敦促其他发达国家与美国合作,防止西方联盟的进一步分化,并为西方世界的能源合作构筑基本框架。"12·4备忘录"认为,美国的谈判筹码主要包括以下几点。1. 美国的能源供应可以实现自给自足,可在没有西欧国家帮助的情况下度过石油危机;但如果能源局势继续恶化,西欧则需要美国的帮助。2. 除拥有充足的资源以影响以色列之外,美国对沙特阿拉伯和伊朗同样拥有欧洲无法比拟的政治和经济影响力。3. 世界上多数国际石油公司为美国所有;而且,美国在能源领域尤其是新能源领域的技术普遍领先于西欧国家,拥有能源技术优势。"12·4备忘录"进而强调,美国应充分利用上述筹码,敦促西欧国家和日本同美国展开能源政策谈判,具体磋商的内容包括:经合组织框架内的能源共享安排;能源研究与开发领域的合作;应对能源对大西洋共同体的挑战,以及美欧日能源政策的协调问题。①

由此可见,面对石油危机对美欧日关系的巨大冲击,"12·4备忘录"首次系统设计了美国国际能源政策的基本框架,初步界定了美国能源合作政策的主要内容,从而为美国的国际能源政策确定了基本的政策路径。更为重要的是,"12·4备忘录"阐明了美国所拥有的谈判筹码和谈判策略,彰显了美国试图凭借政治、经济和技术优势以主导制定国际能源规则、维护美国在国际能源领域的领导地位的战略意图。因此,"12·4备忘录"是美国寻求主导建立国际能源机构的第一个政策蓝图,并为"基辛格计划"的出台作出铺垫。

在完成了相应的政策设计和前期准备之后,基辛格于12月12日在英国清教徒协会(Pilgrim Society)发表演讲,正式提出美国有关能源

---

① *FRUS*, 1969–1976, Vol. 36, pp. 728–735.

合作的计划方案(以下简称"基辛格计划",Kissinger Plan),以期重振大西洋共同体。基辛格首先指出,除增加石油的生产和供应以及合理利用现有能源之外,解决能源危机的长期途径之一就是开发替代能源。为此,基辛格建议成立一个国际性"能源行动小组"(Energy Action Group),其主要目标就是寻求建立能源的保护和勘探开发机制,以及新能源技术研究的协调机制,进而确保长期稳定的能源供应,维护能源安全。基辛格强调,"能源行动小组"将主要由能源消费国组成,美国将竭尽全力,为尽早实现"能源行动小组"的目标提供强有力的资金和技术支持。[1]

不难看出,"基辛格计划"基本沿袭了"12·4备忘录"的政策设计路径,尤其强调了新能源研究与开发合作的重要性,由此标志着美国正式启动了寻求与西欧国家和日本展开能源谈判并建立国际能源机构的历史进程,其战略目标就是通过多边能源合作化解美欧日能源政策分歧,巩固美国领导下的大西洋联盟,[2]维护美国的能源主导地位。基辛格公开声称,面对石油危机对西方世界的冲击,美国承担了义不容辞的责任,没有美国的领导,能源领域的国际合作不可能取得任何进展。[3]因此,"基辛格计划"的出台是美国寻求主导建立国际能源机构的第一个重要步骤。[4] 值得注意的是,考虑到西欧国家和日本在能源共享问题上存在诸多疑虑,尤其是不愿因与美国展开石油共享谈判而影响与

① *FRUS*, 1969–1976, Vol. 36, pp. 762–763.
② Ann-Margaret Walton, "Atlantic Bargaining over Energy," *International Affairs*, Vol. 52, No. 2, 1976, p. 185.
③ Richard P. Stebbins and Elaine P. Adam, eds., *American Foreign Relations*, *1974: A Documentary Record*, p. 464.
④ Gawdat Bahgat, *Energy Security: An Interdisciplinary Approach*, Chichester: John Wiley & Sons, Ltd, 2011, p. 197.

阿拉伯国家的关系,①"基辛格计划"并未提及能源共享问题,但在随后的谈判中,能源共享始终是一个重要议题。

对于"基辛格计划",欧共体第一个作出回应。12 月 15 日,欧共体发表声明,强调美国的计划对于能源消费国在经合组织框架内处理能源问题是有益的。12 月 19 日举行的经合组织石油委员会会议则对设立"能源行动小组"的倡议明确表示支持,认为经合组织为"能源行动小组"提供了谈判的平台。从有关国家的反应来看,英国、西德、意大利、荷兰、挪威和加拿大认为"基辛格计划"是"富有想象力和建设性的倡议",法国对此则不置可否。② 由此可见,西欧国家对"基辛格计划"总体上表示支持,从而为有关谈判的展开创造了条件。

为敦促法国接受美国的计划,基辛格于 12 月 20 日在巴黎同法国总统蓬皮杜举行会谈。基辛格重申,西方国家只有放弃内部争斗,才有可能解决能源问题。蓬皮杜则阐述了法国的政策立场,强调阿拉伯石油仅占美国石油需求的 10% 左右,而法国的石油供应却完全依赖阿拉伯国家,因此,法国不赞成组建能源消费国集团,但愿意举行能源消费国和生产国之间的对话。③ 至此,法国对"基辛格计划"采取了明确的反对立场。

实际上,欧共体一方面对"基辛格计划"表示原则支持,另一方面,仍然试图加强与阿拉伯世界的联系,以期增强欧共体在国际能源关系中的地位。12 月 15—16 日,阿拉伯国家代表团出席在哥本哈根举行的欧共体峰会,同时计划在 1974 年 2 月举行欧共体-阿拉伯国家间部长级会议。此举引起美国的高度关注,认为欧共体的举措将损害美国的多边努力。面对欧共体的骑墙态度,美国深感应采取有力措施,加快

---

① *FRUS*, 1969 - 1976, Vol. 36, p. 745.

② *FRUS*, 1969 - 1976, Vol. 36, pp. 763 - 764.

③ *FRUS*, 1969 - 1976, Vol. 36, p. 771.

推进"基辛格计划",通过拟议中的华盛顿能源会议强化传统的跨大西洋合作,①缓解因能源问题而出现的美欧紧张关系。

12 月 23 日,阿拉伯石油输出国组织宣布将石油价格提升至每桶 11.60 美元。此举再度引发了西欧和日本的恐慌,但美国认为,石油价格的上涨为促使西欧国家同美国合作并共同寻求能源问题的解决之道提供了新的动力,有助于推动"基辛格计划"的实施。在 1974 年 1 月 8 日举行的国务院会议上,基辛格再次强调,美国决不会容忍西欧或其他国家在石油问题上所采取的骑墙行动,"能源行动小组"是西方世界磋商能源问题的唯一论坛。② 至此,美国进一步强化了以多边方式推进"基辛格计划"、主导建立国际能源机构的政治决策。

1 月 9 日,美国总统尼克松正式邀请主要能源消费国出席华盛顿能源会议。尼克松声称,国际能源局势的发展对国际关系产生了深远影响,应对能源问题的骑墙行动将导致西方世界的进一步分裂,损害西方世界的相互依赖关系。为此,尼克松呼吁西方国家采取一致行动以共同应对能源挑战。尼克松强调,华盛顿能源会议的目的就是具体落实"能源行动小组"倡议并寻求达成协议。③ 随着会期的临近,美国的战略意图更加清晰,基辛格就明确表示,美国倡导华盛顿能源会议的目的就是充分运用美国独特的领导地位,主导制定能源领域的多边国际规则。④ 由此可见,美国决意通过发达国家间多边谈判的方式,全面推动"基辛格计划"的实施。

面对美国力图通过华盛顿能源会议主导建立能源消费国合作机制的努力,法国公开表达了不同观点,主张采取另一种方式处理能源危

---

① *FRUS*, 1969 - 1976, Vol. 36, pp. 883 - 885, 878.

② *FRUS*, 1969 - 1976, Vol. 36, pp. 774 - 775, 794.

③ *FRUS*, 1969 - 1976, Vol. 36, p. 795.

④ *FRUS*, 1969 - 1976, Vol. 36, p. 860.

机。1月18日,法国建议在联合国的主持下举行一次世界能源会议,从而与美国的倡议形成分庭抗礼之势。美国认为,法国之所以不支持自身倡议,其原因就在于法国坚信此举将增强美国对西欧国家的影响力,法国有关举行联合国能源会议的主张则是试图转移有关国家对美国倡导的华盛顿能源会议的注意力。鉴于此,基辛格对法国的倡议表示强烈不满,指责联合国能源会议将制造混乱。① 显然,相对美国热衷于组建能源消费国组织的努力,法国更倾向于强调能源消费国和出口国之间的合作,不愿因追随美国的政策而影响法国与阿拉伯国家的关系,更不愿美国凭借组建新的国际能源组织进一步增强对欧洲的影响力,法国甚至认为,华盛顿能源会议昭示了美国在欧洲重建霸权地位的意图。② 由此可见,美法两国存在巨大的政策分歧,美法矛盾亦将成为影响华盛顿能源会议的重要因素。

为推动华盛顿能源会议的顺利召开,美国作出积极的外交努力,促使英国、西德和日本等国接受了美国的邀请。在此背景下,法国于2月6日勉强同意出席华盛顿能源会议,同时重申法国与会"是为了满足欧洲可以采取共同立场的愿望",但法国无法赞成建立一个由西方石油消费国单独组成的国际机构。鉴于此,基辛格立即指责法国的真实意图就是通过欧共体影响有关国家的立场,干扰华盛顿能源会议的谈判进程。③ 值得注意的是,尽管在中东政策和能源政策上与美国存在分歧,但在维护大西洋联盟问题上,绝大多数西方国家与美国仍然拥有基本的政策共识和广泛的共同利益,美国由此相信,凭借英国、西德和日本

---

① *FRUS*, 1969 – 1976, Vol. 36, pp. 796 – 797, 841.

② Louis Turner, "Politics of the Energy Crisis," *International Affairs*, Vol. 50, No. 3, 1974, p. 412.

③ Henry Kissinger, *Years of Upheaval*, Boston: Little, Brown and Company, 1982, pp. 904 – 905.

的支持,美国可以确保华盛顿能源会议的顺利举行。①

综上所述,为应对石油危机的冲击,实现改善大西洋联盟关系、维护能源主导地位的战略目标,美国进行了充分的政策准备和强劲的外交努力,同时力图依托美国的政治、经济和技术优势,积极推动华盛顿能源会议的召开,并为国际能源机构的建立开辟道路。

三、华盛顿能源会议与国际能源机构的建立

经过紧张的外交筹备,华盛顿能源会议于 1974 年 2 月 11—13 日正式举行,与会国家和国际组织包括:美国、英国、西德、法国、日本、意大利、比利时、加拿大、丹麦、爱尔兰、卢森堡、荷兰、挪威、欧共体和经合组织。

在会议开幕式的致辞中,基辛格强调,美国在世界经济体系中承担着重要的道义责任,愿意通过协调一致的多边行动解决世界面临的能源问题,因为在美国看来,能源领域的双边行动只能带来灾难性的政治和经济后果。基辛格重申,美国愿意分享自身先进的能源技术——包括铀浓缩技术——展开能源研究与开发领域的国际合作,以期联合开发新能源,并建立一个紧急能源共享体系。为此,基辛格提出会议的谈判议程,主要涉及能源保护、替代能源、能源的研究与开发、紧急能源共享等问题。基辛格指出,应建立一个国际协调小组就相关问题展开进一步磋商。② 由此可见,通过谈判议程的设置,美国力图引导华盛顿能源会议朝着美国设计的方向发展,进而实现"12·4 备忘录"和"基辛格计划"所确立的战略目标。

---

① *FRUS*, 1969 – 1976, Vol. 36, p. 824.
② Richard P. Stebbins and Elaine P. Adam, eds., *American Foreign Relations*, *1974 : A Documentary Record*, pp. 35 – 43.

正如所料,法国尽管出席了华盛顿能源会议,但对美国发起会议的意图却始终持强烈的批评态度,反对美国利用华盛顿能源会议谋求领导地位,指责美国利用撤军威胁恐吓西德,同时利用支持英镑的承诺对英国施加压力。总之,在法国看来,美国主导华盛顿能源会议的真实意图就是要么支配欧洲,要么拆散欧共体。面对法国的态度,基辛格随即指责法国出席华盛顿能源会议的目的实际上就是破坏会议。① 由此可见,美法两国在能源及相关问题上的立场尖锐对立,而这种对立本身就是美法矛盾的一个缩影。

正如"12·4备忘录"所作出的政策评估,在能源领域,美国确实拥有更多的谈判筹码,这也是美国可以主导华盛顿能源会议的原因所在。因此,尽管遭遇法国的反对,但在美国的敦促下,华盛顿能源会议的谈判仍然有序展开,绝大多数与会国对美国的政策计划表示支持,法国陷入孤掌难鸣的境地。基辛格由此坚信,华盛顿能源会议将成功结束。②

凭借英国和西德等绝大多数与会国的支持,美国最终推动华盛顿能源会议达成一个最后公报(由于法国的反对,西欧国家以单个国家的身份而不是以欧共体的身份参加联合公报)。该公报强调,日益上涨的石油价格对世界贸易和金融格局产生了重要影响,需要采取有效的国际措施加以应对,进而通过协调一致的国际合作为稳定的国际能源关系奠定基础。为此,华盛顿能源会议与会国同意,在经合组织框架内制订一个综合性行动计划,涉及的议题包括:能源保护、紧急石油共享、替代能源和能源供应多样化、能源研究与开发;为协调上述行动,应建立一个能源协调小组(Energy Coordinating Group)就相关问题展开进一

---

① *FRUS*, 1969 – 1976, Vol. 36, p. 894.

② *FRUS*, 1969 – 1976, Vol. 36, p. 895.

步磋商。①

由此可见,在美国的推动下,华盛顿能源会议最终接受了美国的政策主张,会议公报集中体现了"基辛格计划"的政策原则,基本沿袭了美国提出的公报草案。② 因此,华盛顿能源会议是美国推进"基辛格计划"、主导建立国际能源机构的又一个重要步骤。与此同时,通过华盛顿能源会议,美国成功扭转了石油危机初期西方世界难以整合能源政策的局面,推动有关国家实现了政策立场的重大转变,缓解了美国与西欧国家(法国除外)和日本的紧张关系,因此,华盛顿能源会议是美国与其他西方国家协调能源政策、共同应对石油危机的转折点。③

根据华盛顿能源会议达成的程序,经合组织框架内的能源协调小组(法国没有参加)于 2 月 25 日成立。3 月 13—14 日,能源协调小组会议再次举行。随着能源协调小组开始围绕美国设定的议程进行磋商,基辛格认为,美国已经掌握了谈判的主动权。④

在 5 月 2 日举行的能源协调小组会议上,美国提出应制定一项包括能源保护、能源储备和紧急能源共享等内容的"综合应急方案",该政策构想获得了能源协调小组以及有关国家的原则认可。此次会议还商定,在下一次能源协调小组会议上,有关国家将以"综合应急方案"的政策构想为基础展开谈判,推动达成有关"综合应急方案"的政府间协定。⑤

按照计划,能源协调小组将于 6 月中旬再度举行会议,为此,美国

① Richard P. Stebbins and Elaine P. Adam, eds., *American Foreign Relations, 1974: A Documentary Record*, pp. 44 – 47.

② *FRUS*, 1969 – 1976, Vol. 36, p. 901.

③ Robert J. Lieber, "Europe and America in the World Energy Crisis," *International Affairs*, Vol. 55, No. 4, 1979, pp. 533 – 534.

④ *FRUS*, 1969 – 1976, Vol. 36, pp. 941 – 942, 947.

⑤ *FRUS*, 1969 – 1976, Vol. 36, p. 997.

进一步完善了"综合应急方案"的政策构想,重申美国的目标就是在美国的领导下建立一个能源消费国组织。就紧急能源共享而言,美国认为,其核心机制应包括两项内容:一是确立成员国的石油储备目标;二是建立紧急状态下的石油共享机制。美国强调,尽管"综合应急方案"将允许西欧国家和日本在紧急状态下共享美国的石油资源,但对美国而言,"综合应急方案"也是保护美国免遭有选择的石油禁运的有效方式。6月12日,美国将"综合应急方案"草案送交有关国家,以期推动能源协调小组的谈判进程。在美国的敦促下,6月17—18日举行的能源协调小组会议决定成立一个专门工作组,进一步磋商美国提出的"综合应急方案"。①

经过紧张谈判与磋商,有关国家最终根据美国提出的"综合应急方案"1974年9月达成国际能源计划的最终文本,决定建立一个政府间国际能源机构。② 11月15日,经合组织理事会正式批准在经合组织的框架内建立国际能源机构(法国、芬兰和希腊弃权)。11月18日,经合组织24个成员国中的16国在巴黎签署《国际能源计划协定》(Agreement on an International Energy Program)。③ 按照约定程序,《国际能源计划协定》自11月18日起临时生效;1976年1月19日,《国际能源计划协定》正式生效。《国际能源计划协定》规定,国际能源机构的宗旨就是确保合理条件下的石油供应,实施紧急状态下的石油分配与共享,推动发展替代能源,积极展开能源研究与开发领域以及铀浓缩领域的国际合作。在紧急能源共享方面,《国际能源计划协定》规

---

① *FRUS*, 1969 - 1976, Vol. 36, pp. 1006 - 1007.
② Svante Karlsson, *Oil and the World Order : American Foreign Oil Policy*, Totowa: Barnes & Noble Books, 1986, p. 245.
③ *FRUS*, 1969 - 1976, Vol. 37, Washington, D. C. : U. S. Government Printing Office, 2012, p. 34.

定,国际能源机构各成员国在近期内应达到相当于 60 天净进口量的紧急石油储备(亦称战略石油储备)的短期目标,并最终实现 90 天紧急石油储备。在决策机制方面,《国际能源计划协定》规定,表决权依据基本投票权(每个成员国各占 3 票)和石油消费投票权(以成员国 1973 年的石油消费量为基础)进行划分,实行综合加权投票制,美国拥有 51% 的综合加权投票权,位列第一并占据绝对优势地位。①

由此可见,《国际能源计划协定》的基本原则和规则是以美国提出的"综合应急方案"为基础的,体现了"12·4 备忘录"和"基辛格计划"所确立的政策理念和政策目标。因此,《国际能源计划协定》的签署和生效以及国际能源机构的建立是美国政策设计和外交推动的产物,是华盛顿能源会议的重要成果,基辛格将其称为走向能源消费国团结的历史性步骤。② 更为重要的是,国际能源机构的建立标志着美国基本实现了巩固大西洋联盟关系、重塑国际能源秩序、维护美国能源主导地位的战略目标。

随着国际能源机构的建立,美国基本实现了巩固大西洋联盟、确立西方战略能源关系的政策目标。毫无疑问,因石油危机而遭到削弱的大西洋联盟关系是美国关注的一个重要问题,在冷战背景下,这一问题对美国而言尤其重要。③ 为此,美国倡导建立国际能源机构的战略目标之一就是将西方国家团结在美国周围,修补并巩固大西洋联盟关系。以国际能源机构为制度平台,美国的战略目标基本实现。一方面,《国际能源计划协定》为西方国家制定共同的能源政策与战略提供了一个

---

① Richard P. Stebbins and Elaine P. Adam, eds., *American Foreign Relations*, *1974: A Documentary Record*, pp. 465 – 490.

② Richard P. Stebbins and Elaine P. Adam, eds., *American Foreign Relations*, *1974: A Documentary Record*, pp. 457 – 458.

③ Roy Licklider, *Political Power and the Arab Oil Weapon: The Experience of Five Industrial Nations*, Berkeley: University of California Press, 1988, p. 212.

基本的制度框架；①另一方面,国际能源机构亦为西方国家协调能源关系提供了一个政府间论坛,国际能源机构的能源保护、战略石油储备等机制更是为西方国家的能源合作奠定了稳固的基础。② 正因如此,通过加强西方国家的能源政策协调、确立制度化的能源关系,国际能源机构的建立有助于巩固大西洋联盟,避免西方国家因能源政策分歧而影响内部团结,并为维护美国的能源主导地位奠定大国合作的政治基础。基辛格声称,国际能源机构的建立对促进西方国家在能源领域的团结作出重大贡献。③ 法国虽然没有参与国际能源机构的组建,但是通过经合组织与国际能源机构保持联系,并通过欧共体参与国际能源机构的紧急石油共享机制,国际能源机构总部亦设在巴黎(法国于1992年加入国际能源机构),所有这些均展示了国际能源机构在整合西方世界能源关系中的作用。

更为重要的是,国际能源机构的建立是美国政策计划和外交推动的结果,标志着美国实现了主导确立多边能源规则、重塑国际能源秩序的战略目标,美国在国际能源领域的主导地位得以维持和延续。建立国际能源机构是美国应对石油危机的重要政策举措之一,④也是美国寻求维护国际能源主导地位的战略选择。为此,美国进行了周密的政策设计和外交准备,先通过"12·4备忘录"确立了相关的谈判议程和美国的战略目标,随后通过"基辛格计划"向西方国家发出了展开能源

---

① Mason Willrich and Melvin A. Conant, "The International Energy Agency: An Interpretation and Assessment," *American Journal of International Law*, Vol. 71, No. 2, 1977, p. 202.

② *FRUS*, 1969–1976, Vol. 37, pp. 33–34.

③ Henry Kissinger, *Years of Upheaval*, p. 921.

④ Simon Bromley, *American Hegemony and World Oil: The Industry, the State System and the World Economy*, New York: The Pennsylvania State University Press, 1991, p. 157.

政策谈判的倡议。通过华盛顿能源会议,美国将西方国家纳入由其设计的国际能源政策的谈判轨道,最终促成了国际能源机构的建立。因此,在国际能源机构的建立过程中,美国发挥了积极的领导作用。[①] 不仅如此,国际能源机构的主要规则——包括能源保护规则、紧急石油共享规则、新能源合作规则、能源研究与开发规则等——均源自美国的政策计划,总体上体现了美国的政策目标和利益取向。其中,紧急石油共享规则既是美国为免遭有选择的石油禁运而作出的制度设计,又是美国整合西方国家能源和对外关系的制度手段;基于能源技术尤其是新能源技术优势,新能源开发与合作规则则为美国影响国际能源关系提供了新的权力资源。此外,在国际能源机构的决策机制中,美国凭借综合加权投票制占据了绝对优势地位,是国际能源机构中最具影响力的国家。总之,随着国际能源机构的建立,能源领域的消费国协调机制基本形成,并以具有约束力的多边规则为制度保障,而美国则凭借主导国际能源机构的制度规则和决策机制,确立了其在国际能源领域的制度优势,由此维持并延续了美国在国际能源领域的主导地位。

综上所述,作为应对 1973 年石油危机的战略举措,美国积极倡导建立一个发达国家间的能源消费国组织。为此,美国进行了周密的政策设计,根据美国的利益取向和战略意图提出了明确的政策计划,同时展开了积极的外交努力,推动了华盛顿能源会议的召开,最终按照美国设计的谈判议程和政策方向促成了国际能源机构的建立。一方面,美国主导建立的国际能源机构及其紧急石油共享机制和新能源开发与合作机制不仅增强了发达国家集体防范和抵御石油风险的能力,而且拓展了国际能源政策的合作领域,由此在很大程度上化解了 1973 年石油

---

① Robert O. Keohane, "The International Energy Agency: State Influence and Transgovernmental Politics," *International Organization*, Vol. 32, No. 4, 1978, p. 945.

危机对西方能源关系的冲击。另一方面,通过国际能源机构及其制度规则,美国实现了巩固大西洋联盟关系、确立多边能源规则、重塑国际能源秩序的战略目标,维护了美国在国际能源领域的主导地位。因此,国际能源机构的建立是美国回应 1973 年石油危机的政策举措,更是美国重塑国际能源秩序、维护能源主导地位的战略选择。

结　语

诚然,在建立之初,国际能源机构只是一个能源消费国组织,但随着国际能源关系的发展演进,国际能源机构已经成为一个重要的国际能源组织,在能源安全、能源保护、新能源及其技术的研究与开发、环境保护等诸多领域发挥着积极作用。由此可见,国际能源机构的建立为国际能源关系注入了新的内容,为理解国际能源关系的发展演进提供了借鉴。

首先,第二次世界大战结束之后,美国占据了国际能源领域的主导地位。尽管 1973 年石油危机对美国和国际石油公司共同主导的世界石油体系构成严峻挑战,但通过主导建立国际能源机构,美国与其他发达国家的能源关系实现了制度化并拓展了国际能源合作的新领域,美国在国际能源领域的主导地位得以维系。因此,美国的主导地位成为其他国家制定国际能源政策时必须加以考虑的一个重要因素。

其次,随着国际能源机构的建立,能源安全、新能源开发与利用等问题成为国际能源关系的重要议题。凭借国际能源机构的信息和技术交流平台,发达国家积极合作开发石油之外的替代性能源(如天然气、煤气)和可再生能源(如核能、风能、太阳能),由此带来了国际能源结构的巨大变化,国际能源关系进入一个全新的发展时期。

再次,能源是世界经济发展的重要资源,因而日益引起有关国家的高度重视,确保能源安全亦是有关国家对外政策的一个重要目标。毫无疑问,在国际能源关系中,有关国家既存在共同利益,又难免出现利益分歧甚至利益冲突,正因如此,能源问题成为当代国际关系的一个核心议题。国际能源机构的建立及其实践表明,在一个相互依赖的世界里,国际能源合作是化解能源矛盾、稳定国际能源关系、实现能源安全的有效途径。

（本文原载《美国研究》2013年第1期,收入本论文集时作了适当修改）

附:舒建中学术简历

舒建中,1964 年 10 月生,四川自贡人,历史学博士,南京大学历史学院国际关系史专业教授,博士生导师,同时受聘为南京大学-约翰斯·霍普金斯大学中美文化研究中心教授,南京大学亚太发展研究中心研究员,中国南海研究协同创新中心研究员,并在南京大学国际关系学院承担教学任务。自 2023 年 7 月起,受聘担任西南政法大学国家安全学院兼职研究员。在《世界历史》《美国研究》《史学月刊》《史学集刊》《历史教学问题》《太平洋学报》等中文核心期刊发表学术论文 60 余篇,独立出版学术专著 7 部,主持并完成国家社科基金项目"美国隐蔽行动实施路径研究"。

1982 年,我有幸考入西南师范大学(现西南大学)历史学系,开启了学习并研究历史的人生历程,从此与历史研究结下不解之缘。

1989 年,我进入南京大学历史学系,攻读国际关系史专业硕士研究生,先后师从时殷弘先生和卢明华先生。在此期间,我对国际经济关系产生了浓厚兴趣,尝试以国际经济组织和国际经济制度作为研究方向。经过三年的专业学习,我运用历史学的研究方法,以美国外交档案资料为基础并借鉴相关研究成果,完成了硕士学位论文《布雷顿森林体系和关贸总协定的建立与美国对外政策》并顺利通过硕士论文答辩（1992年5月）。当时，中国的国际政治经济学研究刚刚起步，运用档案资料梳理美国与国际制度之间关系的成果亦是凤毛麟角。在硕士论文的写作过程中，我虽然没有运用国际关系的相关理论，但从美国对外政策的角度初步考察了布雷顿森林体系和关贸总协定制度的建立轨迹，可以说无意之中涉足国际政治经济学的研究领域。

硕士研究生毕业后，我开始了独自在外打拼的人生经历，其间饱受磨难，遂于1996年初萌生回到四川老家之意，并于1997年进入自贡高等专科学校任教，有诗为证：

七律·自贡感怀

釜溪晨雾起归帆，欲诉沧桑梦似烟。

七载同窗情可贵，十年抱刺路尤难。

春风桃李香茶暖，秋雨江湖苦酒寒。

龙凤山头言未尽，渔舟唱晚日西残。

1996年1月28日

本以为会在家乡终老此生，但不愿被命运操控的我依然满怀热爱和从事学术研究的初心。时隔十年，我于2001年再次回到魂牵梦萦的南大校园，师从朱瀛泉先生攻读国际关系史博士学位。记得博士研究生面试的时候，先生曾说了一句话："十年磨一剑。"对于先生的殷殷教诲，我铭记于心。历经秋雨江湖苦酒寒，再沐春风桃李香茶暖，对于来之不易的学习机会，我自然倍加珍惜，以不忘学术初心之志，开始了博士研究生的新里程。

在朱瀛泉先生的指导和鼓励下，我结合硕士学位论文的早期研究成果，开始运用历史学与国际政治经济学相结合的方法，致力于从政策设计、外交推动和制度生成的层面，探究美国对外政策和关贸总协定制度建立之间的关系。依托丰富的美国外交档案资料，我最终完成了博士学位论文《走向贸易霸权：美国与关贸总协定制度的建立(1941—1950)》，并于2004年5月顺利通过博士学位论文答辩，获得博士学位。

随后，我留校任教，在中国国际关系史研究的发源地——南京大学国际关系研究院——从事教学科研工作。在朱瀛泉先生的关心和鞭策下，我借鉴最新的学术研究成果，对博士论文进行了完善和修改，于2009年出版了我学术生涯的第一本专著《多边贸易体系与美国霸权：关贸总协定制度研究》。该书的特色是运用美国外交档案资料，从国际关系的角度梳理关贸总协定制度的建立过程，剖析美国对外政策与多边贸易体系之间的互动联系，厘清美国在战后国际贸易领域的"制度霸权"，进而从历史的视域回应国际贸易关系的政治经济学研究。从此以后，运用外交档案资料考察美国与全球性国际组织建立的关系并据此透视国际制度生成的历史渊源，就成为我学术研究的主要志趣之一。

2006年，我参加了华东师范大学沈志华教授主持的教育部哲学社会科学研究重大课题攻关项目"冷战时期美国重大外交政策研究"（项目批准号：06JZD0013），主要负责研究美国的"成功行动"计划与1954年危地马拉政变之间的关系，这是我第一次接触美国隐蔽行动问题。在查阅资料和进行研究的过程中，我对美国隐蔽行动研究产生了浓厚兴趣，深感隐蔽行动是美国进行冷战对抗的有效工具，是美国施行对外政策与战略的重要手段。此后，美国隐蔽行动研究成为我另一个重要的学术研究领域。

至此，在前期学术积累的基础上，我主要的学术研究方向基本定型：一是美国与国际制度研究，二是美国与隐蔽行动研究。

战后国际关系发展演进的一个基本特征就是国际关系的制度化，而一系列全球性国际组织和机制的建立则是国际关系制度化的基石。国内外学术界普遍认为，战后主要的国际组织和国际机制均是美国主导建立的，并为美国霸权地位的确立奠定了制度基础，此即"制度霸权"。但是,对于美国是如何主导建立国际关系各特定领域的国际制度、这些国际制度的建立对于美国的意义及其国际影响是什么等具体问题,国内外学术界却缺乏详细的历史考察和研究,从而也就无法完整解释美国制度霸权与美国对外政策的关系,无法理解国际制度发展变革的历史脉络,甚至造成了对国际制度的误读。

正因如此,我充分利用美国外交档案材料并借鉴相关研究成果,运用历史学的研究方法,从政策设计、外交推动、制度生成三位一体的角度,对美国主导建立战后国际制度的历程进行了深入考察和研究,已经发表的成果涉及联合国制度、关贸总协定制度、布雷顿森林体系和牙买加体系、国际民用航空制度、国际海洋制度、国际能源机构、国际原子能机构、联合国教科文组织等。鉴于上述国际组织和国际制度均是战后国际制度体系的重要组成部分,因此,对这些问题的研究有助于阐明特定领域国际制度的建立和发展轨迹,有助于厘清美国制度霸权的起源和变迁,更为客观看待当今国际制度的变革提供了历史依据。基于历史考察,我还总结了国际制度的建立路径,即政策设计—外交推动—制度生成,从而为分析国际制度的建立与变革提供了新的视角和框架。

国内外学术界普遍认为,美国的冷战对抗手段主要有两种:一是构建以美国为中心的军事同盟体系,二是策动局部战争。鉴于冷战从根本上讲是意识形态对抗,因此,囊括了隐蔽宣传行动、隐蔽政治行动、经济战(包括隐蔽经济行动)、准军事行动的隐蔽行动成为美国实施冷战战略的更为有效的工具,在美国对外政策和战略中占据了独特而重要的位置。

依托翔实的外交档案资料并据此进行详细的历史考察,是我分析美国隐蔽行动具体案例的基本思路。我探讨美国隐蔽行动的一个特色是:首先分析美国的政策设计及其背景和目标,进而考察美国隐蔽行动的实施路径和政策手段,最后剖析美国隐蔽行动的后果及其影响,总结美国隐蔽行动的基本模式。基于这样的研究思路,我对美国与"自由欧洲电台"的建立、1954 年危地马拉政变和智利 1973 年"9·11 政变"进行了详细的历史解读。

我研究美国隐蔽行动的另一个特色是:将历史案例研究与理论研究相结合,实现了历史考察和理论研究的有机融合。在对 1954 年危地马拉政变和智利"9·11 政变"的研究中,我既注重从历史案例中归纳美国隐蔽行动的基本模式,又致力于运用隐蔽行动理论总结美国隐蔽行动的实施手段和政策平台,以理论指导历史案例的研究,以历史案例验证理论框架,从而为美国隐蔽行动的研究提供了新的视角。

自 2004 年以来,我在著名学府南京大学从事教学科研已逾 20 年,在此期间,既有收获的欢乐,也有失落的惆怅。2022 年仲秋,我来到心仪已久的安徽六安,一是怀着对红色沃土的景仰,二是探访故人的足迹,慰藉心有不舍的牵挂,更期盼融入一尘不染的蔚蓝天空,洗净尘世的忧愁和烦扰,将难以释怀的思念转化为激荡学术人生的动力,有诗为证:

七律·金寨秋思

忽有故人心上过,顾盼金寨已是秋。

桂花载酒少年韵,芙蓉伴茶倩影柔。

嫣红六安碧水近,蔚蓝金陵白云悠。

未解尘颜空牵挂,一怀愁绪付东流。

2022 年 12 月 10 日

回望学术历程,我收获了满满的师生情谊和厚重的朋友情谊。我深信,学术研究贵在不忘初心,脚踏实地,默默耕耘,踔厉奋发,砥砺前行。虽寒窗辛苦,却有一番"采菊东篱下"的悠然和自在。虽居鼓楼之陋室,却有"蔚蓝金陵白云悠"的心境和情怀。祝愿所有真心追梦学术的人,在浩瀚的知识海洋中寻找到属于自己的精神家园。

2023年初秋,我再访成都,漫步府南河畔小径,徘徊百花潭公园,慕荷花之圣洁,仰修竹之傲骨。怀揣追梦学术的理想,我此行的目的是编写《权力之翼:美国与国际制度》论文集的初稿。与三年前在蓉城完成《美国隐蔽行动研究》书稿时的心潮澎湃相比,此时我的心境更增添了几分恬适闲静,有诗为证:

七律·蓉城抒怀

府南河畔柳如烟,百花潭水自流连。

荷影依依映清漳,修竹林林致奕轩。

瑞城暮色心潮急,启雅晨晖思绪闲。

天府锦书言未尽,云开彩虹绽蔚蓝。

2023 年 8 月 28 日

2023 年 10 月,我再次踏上这人杰地灵的天府之国,最终完成《权力之翼:美国与国际制度》论文集的审核校对。往事如烟,谨以此书致敬花甲之年的学术人生!

舒建中

2023 年 10 月 14 日于成都启雅尚